历 程 —— 洛阳市文物工作队三十年

洛阳市文物工作队 编著

1981-2011

文物出版社

装帧设计	刘 远
责任印制	梁秋卉
责任编辑	李缙云

图书在版编目（CIP）数据

历程：洛阳市文物工作队三十年/洛阳市文物工作队编著. --北京：文物出版社，2011.9
ISBN 978-7-5010-3236-5

Ⅰ．①历… Ⅱ．①洛… Ⅲ．①考古工作－概况－洛阳市－1981~2011 Ⅳ．①K872.613

中国版本图书馆CIP数据核字（2011）第158699号

历 程——洛阳市文物工作队三十年

洛阳市文物工作队　编著

出版发行	文物出版社
地　　址	北京市东直门内北小街2号楼
邮　　编	100007
网　　址	http://www.wenwu.com
	E-mail:web@wenwu.com
制版印刷	北京圣彩虹制版印刷技术有限公司
开　　本	889毫米×1194毫米　1/16
印　　张	17
版　　次	2011年9月第1版
印　　次	2011年9月第1次印刷
书　　号	ISBN 978-7-5010-3236-5
定　　价	380.00元

《历程——洛阳市文物工作队三十年》编辑委员会

主　　编	周　立
副 主 编	程永建　　俞良亘　　张振宇
编　　委	王　炬　　黄吉博　　商春芳
资料收集	商春芳　　王　炬　　司马国红 吴　迪　　邢建洛
文　　字	商春芳
摄　　影	高　虎

目录

008-027　第一章　发展历程

　　第一节　建队之前洛阳市的文物工作概况 …………………………………… 010
　　第二节　洛阳市文物工作队的成立与发展 …………………………………… 012
　　第三节　主要业务工作 ………………………………………………………… 018
　　　一、考古发掘 \ 019
　　　二、文化遗产保护 \ 021
　　　三、文物科技保护 \ 024
　　　四、学术研究 \ 026
　　第四节　规划与展望 …………………………………………………………… 026

028-183　第二章　考古发现与成果

　　第一节　洛阳地区史前时期文化探索 ………………………………………… 030
　　　一、洛阳地区旧石器时代文化探索和研究 \ 031
　　　二、伊洛河流域新石器时代文化的主要收获 \ 033
　　　三、夏商时期文化探索 \ 039
　　第二节　洛阳历代城址考古 …………………………………………………… 042
　　　一、两周城址 \ 042
　　　二、汉河南县城遗址 \ 056

三、隋唐洛阳城遗址 \ 059

　　四、北宋洛阳城遗址的发掘 \ 085

　　五、金元明洛阳城及藩王府遗址 \ 087

第三节　历代墓葬的发掘 ········· 094

　　一、西周墓葬及车马坑 \ 094

　　二、东周墓葬及车马坑 \ 105

　　三、战国晚期秦人墓 \ 132

　　四、两汉墓葬 \ 134

　　五、魏晋北朝墓葬 \ 144

　　六、隋唐五代墓葬 \ 149

　　七、宋金元明墓葬 \ 161

第四节　配合国家大型工程建设考古发掘的主要收获 ········· 177

第三章　文化遗产保护

第一节　地面文物调查与保护 ········· 186

　　一、地面文物保护 \ 186

　　二、文物普查 \ 190

　　三、古建筑调查与保护 \ 194

第二节　大遗址保护 ········· 196

　　一、隋唐城遗址大地坐标测点钻探 \ 196

　　二、编制完成《洛阳市隋唐洛阳城遗址保护条例（草案）、（初审稿）》文本 \ 197

　　三、隋唐洛阳城遗址的发掘和保护 \ 198

　　四、丝绸之路与大运河申遗 \ 201

第四章　文物科技保护

第一节　考古现场文物科技保护 ········· 204

　　一、车马坑的保护 \ 204

二、壁画墓的保护 \ 207

　第二节　出土器物科技保护 …………………… 209

　　一、陶瓷器科技保护 \ 209

　　二、金属器科技保护 \ 209

　第三节　古籍、字画保护 …………………… 211

　　一、古籍保护 \ 211

　　二、字画保护 \ 213

214-231　第五章　学术研究与成果

　第一节　课题研究 …………………… 216

　　一、伊洛河流域文明起源环境背景研究 \ 216

　　二、皂角树遗址环境考古研究 \ 217

　　三、古建筑近景测量 \ 217

　　四、洛阳黄土旧石器 \ 218

　　五、洛阳地区航空考古研究 \ 219

　第二节　学术交流与专业培训 …………………… 220

　　一、专题报告与学术讲座 \ 220

　　二、学术研讨与交流 \ 222

　　三、专业培训 \ 229

　第三节　学术成果 …………………… 230

　　一、学术奖励 \ 230

　　二、科研成果 \ 231

233-250　附录一　大事记（截至2011年3月）
251-271　附录二　简报、论文、专著等目录（1981~2011年）

第一章 发展历程

008-027

第一节　建队之前洛阳市的文物工作概况
第二节　洛阳市文物工作队的成立与发展
第三节　主要业务工作
　一、考古发掘
　二、文化遗产保护
　三、文物科技保护
　四、学术研究
第四节　规划与展望

1981-2011
洛阳市文物工作队三十年

历程

第一章
发展历程

洛阳市文物工作队的前身可以追溯到20世纪50年代的中央联合考古队和河南省第二文物工作队。从1981年9月正式成立至今已整整30个年头了。30年来，我们继承和发扬了几代考古人的优良传统，从艰苦中走来，默默耕耘；在发展中壮大，不断进取；取得了一个个丰硕的成果，也在新中国文物考古事业的彩页上增添了浓重的一笔。值此文物事业全面发展，单位各项业务实现跨越式发展的新时期，回顾洛阳市文物工作队的发展历程，总结经验，相信必将成为我们今后事业发展的强大动力。

第一节
建队之前洛阳市的文物工作概况

洛阳，素以历史文化闻名于世，地上地下文物丰富。20世纪初，即有国外探险家、传教士、古董商们在这片土地上开始了各种形式的寻找和盗掘工作。而真正属于我们自己的考古工作是从新中国成立以后开始的。几十年来，洛阳的考古工作以其丰硕的成果成为新中国考古工作不可或缺的组成部分，为新中国考古学体系的建立和形成做出了重要贡献。

建国初期，洛阳市的文物工作主要由中央、河南省以及高校组成的联合考古队担负。1951年，洛阳市成立文物管理委员会。1952年10～11月，由北京大学、中国科学院合办的"第一届考古工作人员训练班"在洛阳东郊实习。同时，由中央、省、市联合成立了洛阳市第一个考古发掘队，开展考古调查与发掘工作。1953年，为配合大规模基本建设，洛阳市成立了洛阳配合基本建设文物保护委员会，中央在此设立洛阳区考古发掘队，由中央文化部社会文化事业博物馆裴文中处长任队长，中国科学院考古研究所夏鼐任副队长，在道北烧沟地区进行了大规模的考古发掘工作，共发掘汉墓400多座。后来根据这批材料出版的《洛阳烧沟汉墓》，第一次进行了两汉考古学分期，树立了两汉考古学的标尺。

1954年，中国科学院考古研究所在洛阳成立工作站，对东周王城、汉河南县城、汉魏故城、隋唐洛阳城进行了大量的考古调查、钻探和试掘，为研究古都洛阳的历史提供了实物资料。其时，洛阳正在进行大规模的城市建设，河南省文物局为了加强洛阳市的文物保护工作，派河南省第二文物工作工作队进驻洛阳，与此同时，北京大学历史系考古专业的师生也逐年来到洛阳实习，协助洛阳做了大量的工作。他们都在配合洛阳市的十大厂矿建设、中州路以及防洪渠修建等重大建设工程中发挥了巨大作用。其中中国科学院考古研究所洛阳工作站、北大历史系学生和河南省第二文物工作队共同在贯穿新旧市区的中州路西工段进行了考古发掘，发现了仰韶文化、殷商文化遗存、汉河南县城遗址及500余座西周至东汉时期的墓葬，根据这批材料编写出版的《洛阳中州路》一书，成为洛阳地区春秋——战国考古学分期的标尺。河南省第二文物工作队发掘了孙旗屯遗址，是洛阳发现的第一个新石器时代遗址。1957年，中科院考古所在东周王城西北隅发现规模较大的战国陶窑群，证实了这里是手工业作坊区，同时在小屯村东北的东周王城内钻探发现了四座东西并列的大型古代墓葬(自东往西编为洛阳西郊一至四号墓)，并发掘了其中的一号墓，证实了这里是东周王城的王陵区之一。1959年北大历史系考古专业师生在洛阳王湾进行发掘，发现了新石器时代房基9座、灰坑179座、墓葬119座。这次发现的洛阳王湾二期文化类型，解决了从仰韶文化向河南龙山文化过渡的文化分期问题。通过这些发掘获得的大量宝贵资料，在考古学史上具有重要地位。

1958年，洛阳博物馆成立，与洛阳市文物管理委员会合署办公。

此后直至洛阳市文物工作队成立之前，洛阳市的许多遗址和墓葬的考古发掘任务都由洛阳博物馆的文物保护发掘股承担。这一时期较重要的发现主要有：郊区矬李、西吕庙、西高崖遗址，孟津小潘沟遗址，临汝煤山和中山寨遗址等新石器时代遗址；东马沟二里头类型墓葬、北窑西周墓葬群、北窑西周铸铜遗址、战国粮仓遗址、隋唐洛阳城含嘉仓遗址、隋唐洛阳城宫殿遗址以及大量的历代古墓葬、车马坑等。其中有西工战国车马坑、西汉卜千秋壁画墓、曹魏正始八年墓、北魏元邵墓、北魏元乂墓、涧西宋墓等。另外，洛阳市的地面文物保护工作，自20世纪50年代起，由洛阳市文物管理委员会负责管理，包括洛阳市所属的各类遗址及寺庙道观、名人故居等古建筑。洛阳博物馆成立以后，一直由下属的文物保护发掘股负责管理和保护。

自建国以来洛阳市的这些文物保护工作，都为洛阳市文物工作队的成立打下了良好基础。

第二节
洛阳市文物工作队的成立与发展

1981年9月7日，根据洛阳市编制委员会洛市编字〔1981〕45号文件，同意成立洛阳市文物工作队，从洛阳市博物馆划出，隶属于洛阳市文物管理处直接领导。1981年10月23日，根据洛阳市文化局洛市文字〔1981〕99号文件，原洛阳市博物馆一分为三，正式成立洛阳市文物工作队，人员主要在原洛阳博物馆文物保护发掘股的基础上组成。1981年12月正式挂牌成立，队址设在周公路21号院（现改为周公路9号院），2006年建设并迁入新的办公大楼至今。30年来，在市委、市政府以及各方力量支持和帮助下，全队干部职工踏实进取、无私奉献，专业队伍从小到大，各项基础设施从无到有，走过了一段曲折发展的道路。不仅为洛阳市乃至全国的考古发掘、文物保护及学术研究做出了应有的贡献，同时也受到了各方关注和好评。

建队之初，我队主要负责洛阳市的地上、地下的文物保护、调查以及配合基本建设的考古发掘等工作。1984年，孟津、新安、偃师三县划入洛阳市，我队还兼顾这三县的文物调查和发掘工作。队内设队长、书记各1名，下设发掘股、保卫股、仓库股、办公室、技术股等科室，人员30余名。此外还有小型唐三彩复制工厂1座，人员10余名。这一时期的考古专业人员为数不多却担负

1\ 洛阳市文物工作队办公大楼
2\ 洛阳市文物工作队机关大厅
3\ 洛阳市文物工作队队标
4\ 洛阳市编制委员会关于成立洛阳市文物工作队的通知

1 \ 时任河南省省长李长春来我队参观
2 \ 时任河南省省长李长春参观我队文物标本室
3 \ 时任国家文物局局长张德勤为我队题词
4 \ 时任河南省委书记侯宗宾来我队参观
5 \ 洛阳市文物局领导参观我队文物标本室
6 \ 时任河南省文物局局长张文彬与我队文物工作者在一起

着较为繁重的考古发掘任务。1982年以来，洛阳市文物工作队陆续吸收了全国大专院校考古专业、历史专业、文物保护专业的本、专科生充实文物考古队伍，同时队内职工10余人分别考取了武汉大学、复旦大学及河南大学等文博、历史专业进行在职深造，为做好洛阳市的文物考古发掘、科学研究等工作打下了坚实的基础。这一时期，我队根据洛阳市基本建设和洛阳地上、地下文物埋藏丰富的特点，多次提请市政府，最终颁布了洛阳市文物保护的法令法规，即对所有建设项目在施工之前都要先报批后发掘并由文物部门提出保护意见。这些措施有力地保护了洛阳市的地上地下文物。这一做法后来被国家文物局在全国加以推广。这一时期配合基本建设的考古发掘工作非常繁重，发掘出土了大量的东周、两汉及隋唐时期墓葬、遗址等。取得了许多重大发现，比较重要的发现有洛阳隋唐东都夹城遗址、含嘉仓德猷门遗

1 \ 专家对我队文物进行鉴定
2 \ 专家来我队进行文物鉴定
3 \ 全国政协副主席徐匡迪视察含嘉仓遗址

1\ 我队职工军民共建活动
2\ 我队职工军民共建活动

址、应天门遗址、老城宋代门址，以及洛阳东郊西周晚期"殷遗民"墓、洛阳瀍河西周车马坑、洛阳西郊四号战国墓、轴承厂南山秦人墓地、西汉石椁墓、新安县铁塔山汉代壁画墓、孟津北陈村北魏壁画墓、涧水东岸北周墓、关林和涧西唐代墓群、唐安菩夫妇墓、唐神会和尚塔基等。发表了一批较有影响的简报、论文等。

进入90年代，洛阳市文物工作队的各项工作进入了一个新的发展阶段。在繁重的配合基本建设考古任务之外，随着国家大型工程的相继施工建设，我队开始参与承担国家大型工程建设的考古发掘工作，与此同时，我们开始注重与国内院校及科研单位合作进行课题研究。这一时期相继参加了黄河小浪底水库淹没区、三峡水利工程等大型工程建设的考古发掘任务，相继参与了"伊洛河流域文明起源研究"、"古建筑近景测量"、"皂角树遗址环境考古研究"、"北窑黄土旧石器研究"等课题研究，并取得了一些阶段性成果。其中1992年发掘的洛阳皂角树遗址首次运用考古学与地质学、古生物学和土壤学进行综合研究和有益的尝试，并借此召开了学术讨论会,后将这次发掘和研讨会的成果编辑出版了《洛阳皂角树》一书。1996年发掘的孟津妯娌新石器时代遗址获当年"全国十大考古新发现",根据此次考古发掘成果编辑而成的考古报告《孟津妯娌与寨根》也已于2007年出版。1999年,我队发掘的北窑旧石器时代遗址,是洛阳地区首次运用考古学方法发掘旧石器时代遗址,并就此召开了北窑旧石器学术讨论会。1992年,我队主持召开了建队十周年"洛阳考古学术研讨会",邀请国内知名专家学者40余人共同研讨洛阳地区的考古成果,根据这次研讨会成果编辑出版了《洛阳考古四十年》。这一时期我队除了发表简报、论文外,还相继出版了《洛阳出土墓志辑绳》、《洛阳考古四十年》、《洛阳出土文物集粹》、《洛阳北窑西周墓》、《洛阳皂角树》等专业书籍。此外,通过全队职工的不懈努力,1994年,我队荣获市级文明单位称号,1998年荣获省级文明单位称号。

21世纪以来,随着全国文物事业的蓬勃发展,洛阳市文物工作队也进入了全面发展的全新阶段。这一时期,随着

张德勤先生参观我队标本室

洛阳市文物考古研究领域的不断深入,我队领导班子敏锐地认识到,原有的发掘股在平时发掘和研究中大而全、粗放形的发掘研究特点,已不能满足考古研究日益专业化的要求。因此决定,将原有的发掘股分为先秦、汉唐二个研究室,负责各自阶段的考古发掘和研究工作。工作人员全部由国内各大学考古学专业毕业的本科生和研究生组成。此外我们也清醒地看到了文物保护工作在考古工作中日益显露出的重要作用和地位,为此队里在原技术股的基础上成立了文物保护中心,具体负责田野文物及各类出土器物的科技保护工作。根据文物事业发展的需要和文物工作队自身建设的需求,2008年9月在地上文物保护股的基础上,成立了文化遗产办公室,主要

任务负责东周王城遗址、隋唐洛阳城遗址以及重要的古遗址、古建筑的文物调查与保护、第三次全国文物普查、丝绸之路和大运河申遗等工作。新近又在此基础上成立了古建保护中心,并取得了省级古建规划与维修资质,进一步拓宽了我队不可移动文物保护的领域,为从考古发掘向考古发掘和文物保护并重迈出了坚实的步伐。

这一时期,我队新添置了照相机、全站仪、GPS全球定位系统等田野科技设备,增强了我队考古发掘的科技力量。在业务工作上,针对队内年轻人员多的特点,不断强化了各项田野规章制度,树立和增强人员的专业素养,着重在发掘工地的质量上下工夫,组织单位专家骨干组成工地质量督导组,坚持进行工地验收和评比,在评比中开展观摩、交流、相互学习、相互促进,使每一次考古发掘工作都能严格程序、精心操作。

洛阳市文物工作队收藏的历代出土文物数十万件。这些文物多出自洛阳市区和郊县的古墓葬和古遗址中,尤以东周、两汉和唐宋时期的文物为多,种类有陶瓷器、青铜器、三彩器、玉石器、金银器、货币、墓志碑刻等。这些出土文物是研究洛阳古代政治、经济、文化、科技等诸多方面丰富的实物资料。从2002年开始,我队的文物库房管理建立了一至三级珍贵文物藏品总账,藏品根据《博物馆藏品管理办法》按质地、用途等分为27类,并建立文物藏品数字化信息管理系统,于2005年完成队藏文物数据化管理工作。建队以来,按上级要求,我队先后对外调拨文物7470件,其中市内调拨文物3380件(其中有国宝级2件、一级品52件、二级品250件(套)、三级品235件),市外调拨文物4090件。近年来,我队为支援洛阳博物馆新馆建设,

我队编印的《洛阳市文物工作队考古年报(2010)》

精心挑选了大量文物精品调往博物馆，为支援各兄弟单位建设做出了巨大贡献。

为促进单位的精神文明建设，增强干部职工的凝聚力和主人翁意识，2008年我队还专门设计了队徽，主题为五条变形龙纹向内卷曲，五条变形龙纹寓意我们工作和生活的洛阳地处五大都城和五条河流交汇处，具有悠久的历史和灿烂的文明，向心形的设计象征了我队职工秉承河洛文明精神、精诚团结、努力进取。2005年起，我队每年编辑印刷《洛阳市文物工作队考古年报》，重点介绍单位的业务工作和考古新发现，受到各方好评。

一系列扎实努力之下，我队在这一时期也取得了很多成果和收获。其中"西周洛邑祭祀遗址"荣获2009年度"河南省五大考古发现"，我队与社科院考古所洛阳唐城队联合发掘的"定鼎门遗址"获2008~2009年"全国田野考古奖"二等奖，2011年我队与社科院考古所洛阳唐城队联合发掘的"隋唐洛阳城明堂、天堂遗址"荣获2010年度"河南省五大考古发现"，并进入"2010年度中国十大考古新发现"初评名单。我队编著的《洛阳王城广场东周墓》发掘报告荣获首届"紫禁城杯"（2009年度）全国文化遗产十佳图书奖。全队业务人员先后在《文物》、《考古》、《考古学报》等学术刊物上发表了一批较有影响的简报、论文，相继出版了《洛阳出土瓦当》、《洛阳王城广场东周墓》、《洛阳瞿家屯发掘报告》、《洛阳考古发现（2007年）》等。

目前，我队具有国家文物局颁发的考古发掘团体领队资格，6人具有个人考古发掘领队资格。现有职工70余人，其中班子成员5人。下设办公室、财务科、业务科、保卫科、先秦研究室、汉唐室研究、文物保护中心、遗产保护中心、文物保管部、图书资料室、物业办公室和关林库区等12个科室。文博专业初级以上职称的业务人员49人，其中研究馆员2人，副研究馆员8人，文博馆员15人，助理馆员24人。担负着洛阳市东周王城遗址、隋唐洛阳城遗址等重要城址以及洛龙区、吉利区、新安、孟津、汝阳、栾川等区域内的考古发掘工作。为洛阳市地上地下文物遗迹的保护以及城乡基本建设的顺利实施做出了重要贡献。

第三节
主要业务工作

30年来，洛阳市文物工作队始终围绕"考古发掘、文物保护、学术科研"三大

河南省文物局陈爱兰局长调研洛阳市第三次全国文物普查

中心工作,坚持把单位业务工作的可持续发展放在第一位,从而使我队的业务工作保持了稳步发展的势头。尤其是近年来,在人员少、任务重的情况下,仍然坚持三大中心工作并重的方针,逐步加大文物科技保护的力度,由单一的考古发掘向考古发掘和文物保护并重的道路上迈出了坚实的第一步。同时,我们在配合国家大遗址保护方面也做了许多扎实工作。

一、考古发掘

洛阳市文物工作队自建立之日起,就将地下文物保护和考古发掘作为首要任务。为彻底改变洛阳市地下文物管理的混乱局面,洛阳市文物工作队首先设计了一个基本建设与保护文物相结合的工作方式,在实践中逐步形成了严格的地下文物保护管理工作制度,并正式纳入洛阳市城市建设管理程序,文物审批、设计审批和规划审批一起列为全市城市基本建设审批的三大程序。这种地下文物管理方式,受到全国文物界和中央、省文物主管部门的一致好评。1984、1985年洛阳市文物工作队曾被作为特邀代表,在"全国考古发掘汇报会"、"全国配合基本建设考古工作会议"上介绍经验,被会议誉为文物管理的"洛阳方式",并在全国文物集中的城市进行推广。

如今,凡在计委立项的所有基建工程项目,全部都要进行文物处理,凡发现有古墓葬或在古遗址内的基建工程项目,全部都要进行考古发掘。与此同时,洛阳市文物工作队的考古发掘和研究工作也呈现出了勃勃生机。30年来,我队按照"两利"

1\ 河南省文物局领导视察新安县宋元瓷窑址

2\ 洛阳市政府办公室调研老城历史街区文庙

3\ 国家、省、市领导调研洛阳市第三次全国文物普查工作

4\ 西周洛邑祭祀遗址发掘现场

5\ 我队挑选文物支援博物馆新馆建设

6\ 领导专家参观洛阳关林皂角树遗址发掘现场

方针，认真贯彻落实《文物保护法》，卓有成效地开展了考古发掘工作，为我市地下文物遗迹的保护以及城乡基本建设的顺利实施做出了应有贡献。

在我队管辖的范围内，主要有东周王城遗址、汉河南县城遗址和隋唐洛阳城遗址等，发掘的文物遗址点众多，各类型遗址、墓葬丰富多样。30年来，发掘各类古遗址数十万平方米，历代古墓葬数以万计，出土文物近30万件。在城址考古及各时期墓葬考古方面都取得了丰硕的成果。其中比较重要的发现有北窑西周铸铜遗址、北窑旧石器时代遗址、西周洛邑祭祀遗址、皂角树遗址、东周王城车马坑遗址、侯城遗址等，较重要的墓葬有洛阳北窑西周墓群、大中型东周墓及车马坑、两汉壁画墓、关林唐代墓葬群等，不仅获得了十分珍贵的实物资料，而且还尝试性地运用了一些学科手段进行考古学研究，有些甚至填补了我市乃至我省这一时期的空白，在考古学上具有十分重要的价值。

在做好配合基本建设考古发掘工作的同时，我们还承担了多项国家大型工程的考古发掘任务。1996年，为配合黄河小浪底水库工程建设，我队联合郑州大学考古系和孟津县文物管理委员会对位于小浪底水库淹没区的孟津妯娌寨根遗址进行了考古发掘，1997年3~7月，洛阳市文物工作队、郑州大学考古系、西北大学文博学院、中山大学体质人类学系、新安县文物管理所对孟津盐东遗址进行了联合发掘。其中孟津妯娌寨根遗址可望解决伊洛地区王湾二期文化的再分期，并可能划出一个新的地方类型。不仅获得了自裴李岗文化时期至龙山文化时期的新资料，而且填补了该地区某些文化发展阶段的空白。2006年以来，我队又配合国家南水北调水利工程建设发掘了焦作安阳城遗址、山后墓地、苏王墓地，南阳淅川简营北汉代聚落外的作坊遗址、南阳淅川齐家岗汉墓群、郑州中牟大关庄汉墓等。此外，还承担了2006年郑西铁路、2010年西气东输、焦柳铁路枢纽工程等国家重点工程的考古发掘任务。这些大型项目的考古发掘工作，不仅有力地支援了国家建设，也为我队积累了丰富的考古工作经验，在实践中锻炼了我们年轻的队伍。

二、文化遗产保护

洛阳市文物工作队自成立以来，一直设有专职的地面文物保护人员。我队曾三次提请市政府公布重点文物保护单位，并参与进行了多次文物普查，对一些地面古代建筑、名人故居等进行了修缮。

20世纪60年代以来，国家陆续公布了第一至六批全国文物重点保护单位，隋唐洛阳城遗址被列入第三批全国文物重点保护单位。目前我队管辖范围内共拥有国保单位1处，省保单位14处，市保单位17处。对此我队自20世纪90年代起，运用绘图、照相等手段对国保单位隋唐洛阳城遗址进行了文物"四有"建档工作，科学划定了

西周洛邑祭祀遗址发掘现场

保护范围，为隋唐洛阳城遗址的保护提供了依据。同时对所有的省保单位设立了标志碑，划定了保护范围，并定期检查。在做好保护的同时，我们还积极做好文化遗产成果转化工作，申报的"唐代瓦窑遗址"、"唐代水利设施"、"清孔子入周问礼碑"，分别被河南省人民政府公布为"河南省第五批重点文物保护单位"。2009年，我队又积极参与国家第七批文物保护单位的申报工作，将我队管辖的4处省、市级文物保护单位提请申报国家级文物保护单位。

文物调查是我队地面文物保护的一项重要工作。30年来，我队参与了全国第一、第二、第三次文物普查，取得了丰硕成果。在第三次文物普查工作中，我队所属孟津县、新安县、栾川县、汝阳县以及洛龙区、西工区、老城区、瀍河区、吉利区，全部按时完成了洛阳市第三次全国文物普查实地文物调查阶段的各项工作任务并圆满通过河南省文物局、国家文物局整体验收。

2008年以来，为了进一步做好地面文物保护工作，我队还派出3名人员进行古建学习和培训，目前我队已取得了古建规划与维修资质，进一步拓宽了不可移动文物保护的领域。3年来，古建研究保护中心完成了对"汉魏故城遗址铜驼大街"的复原展示、规划勘察与设计工作，老城区敦志街"安国寺"大殿、栾川县潭头镇娃娃桥等的维修设计方案，偃师市"会圣宫碑"、洛宁县"洛书出处碑"的保护设计方案，为从考古发掘向考古发掘和文物保护并重迈出了坚实的步伐。

近年来，国家启动大遗址保护计划，洛阳成为国家大遗址保护的五大片区之一，随着国家对大遗址保护的力度日益加大，我队也日益承担了更为艰巨的文化遗产保护任务。2006年以来，洛阳市借助国家大遗址保护的机遇，先后实施了汉魏洛阳故城阊阖门遗址、隋唐洛阳城定鼎门遗址以及偃师商城西城墙等大遗址保护展示工程，启动了隋唐洛阳城宫城核心区拆迁整治工程。同时，洛阳作为丝绸之路的起点和隋唐大运河的中心，也成为这两项申报世界文化遗产的重要地区。我队积极配合洛阳市文物局的工作，在隋唐洛阳城的各项保护工作以及丝绸之路与大运河申遗工作中做出了积极的贡献。

2007年以来，为配合国家大遗址保护项目，我队与中国社科院考古所合作发掘了隋唐洛阳城定鼎门遗址、应天门遗址、明堂及天堂遗址，并抽调专人对隋唐洛阳城遗址进行了测点工作，制定了《隋唐洛阳城保护规划》。作为申报世界文化遗产的重要组成部分，还为丝绸之路申报世界文化遗产的文本准备了文献资料8万余字。

著名考古学家邹衡先生在东周建筑基址工地指导发掘工作

今年以来，为配合大遗址保护工程建设，我队将栾川旧石器遗址调查与试掘和新安县北冶瓷窑遗址调查与试掘申报为"十二五"大遗址专项经费项目。另外，回洛仓遗址考古调查与试掘也已列入"大运河申遗河南段"项目之一。

可以预见，今后相当长的时期内，大遗址保护工作仍然是我队的重要工作内容之一。

三、文物科技保护

我队的文物科技保护工作开始于20世纪80年代，主要工作是围绕田野发掘进行的。80年代末即在专家指导下进行了考古现场壁画墓的保护，多年来，在实践中积累了丰富的保护经验。截止目前，我队进行了包括新安县铁塔山新莽时期壁画墓、洛阳北郊汉代壁画墓、唐睿宗豆卢氏壁画墓、唐睿宗孺人墓（2座）、新安县梁庄、古村、宋村等十几座壁画墓在内的壁画保护工作。在对壁画的加固、提取及保护方面积累了大量经验。

在出土器物的保护上，主要是配合发掘报告的整理对陶瓷器、青铜器进行的修复和保护。在对素面陶器、带印纹陶器和彩绘陶器的修复与保护上，我队拥有较丰富的经验。

另外，在针对洛阳地区发现较多的车马坑遗址这类保护难度和复杂程度相对较大的土遗址保护上，我队也逐步摸索出了行之有效的保护措施。目前我队做过的车马坑

1＼洛阳市政府办公室调研老城历史街区古建筑
2＼我队保管部挑选文物调往博物馆
3＼前国家文物局局长张文彬先生视察定鼎门工地
4＼河南省第三次全国文物普查工作推进会

1 \ 我队与兄弟单位进行交流座谈
2 \ 洛阳市第三次文物普查现场交流会

保护工作有：洛阳东周王城广场车马坑、中国空空导弹研究院50号、51号住宅楼工地内的两座车马坑和洛阳市唐宫路小学院内的2座车马坑。其中东周王城广场车马坑的回填与保护对马骨和车痕分别选择了目前国内最新研制的加固保护材料进行加固。

随着考古发掘工作的进一步深化，2008年，我队在原来技术股的基础上成立了文保中心，增强了人员配备。2009年还引进了北京科技大学冶金史专业的研究生来队，并开始进行金属器保护方面的更多尝试。今年以来，我队还完成了《科技考古实验室》、《文物修复实验室》及《文物摄影室专业用灯》等文物保护专项设施的设备审批工作，不久将逐步建立起我们自己的文物保护修复实验室。此外，我队还根据收藏古籍较多的实际，于2008年新引进两名古籍字画鉴定与保护专业的毕业生，并于2009年派出人员参加国家文物局纸质文物保护培训学习。目前，我队具备古籍字画的修复和保护能力，在古籍、字画的修复与保护方面我们正在进行积极的探索和尝试。

四、学术研究

学术研究一直是我队工作的重要内容之一，也是总结和检验我们考古发掘成果的重要环节。为提高业务研究水平，从20世纪90年代至今，为使业务人员进一步了解学术动态，明确专业研究方向，我队邀请国内外专家学者举办了几十次专题学术讲座。2008年，我队设立了"洛阳考古论坛"，将学术讲座常态化。此外，为促进队内交流和讨论，我队每年召开业务人员年终汇报会，将每年的考古发现和成果总结汇报，并请队内外专家讲评。一系列的推动活动之下，目前已逐步在队内营造出了一种良好的学术研究氛围。同时，为扩大与国内外同行的交流，我队每年都有学者参加国内外的学术会议或交流考察，内容涉及考古和文物保护等多个领域。

针对配合基本建设的考古发掘任务繁重，资料积压问题较严重这一普遍存在的问题，近年来，我队根据国家文物局关于积压报告资料整理的要求，制定了相关措施，鼓励业务人员在繁重的考古发掘工作之余及时进行资料整理工作。2008年我队出版的《洛阳市文物工作队2007年考古报告》就是对当年度考古发掘工作的全面资料整理。在此基础上，队里积极鼓励业务人员撰写专业文章。截至目前，我队专业人员在《考古学报》、《考古》、《文物》以及各类省级专业刊物上发表简报、论文数百篇，相继编辑出版了《洛阳出土历代墓志辑绳》、《洛阳北窑西周墓》、《洛阳皂角树》、《洛阳出土瓦当》、《洛阳陶俑》、《洛阳王城广场东周墓》、《洛阳瞿家屯发掘报告》以及《新安县盐东遗址发掘报告》等几十部发掘报告或专著、图录等。其中《洛阳王城广场东周墓》荣获首届"紫禁城杯"（2009年度）全国文化遗产十佳图书奖。

30年来，我队参与的主要课题有：伊洛河流域文明起源环境背景研究、皂角树遗址环境考古研究、古建筑近景测量、洛阳黄土旧石器、航空考古等。其中皂角树遗址环境考古研究首次运用考古学与地质学、古生物学和土壤学进行综合研究和有益的尝试。洛阳黄土旧石器的研究不仅在旧石器考古学上具有重要意义，而且它把旧石器考古与黄土研究紧紧地联系起来，这对于研究全球气候变化和探索黄土时期的人类生存环境也都有很重大的意义，也为南北石器文化交流问题研究提供了重要资料。

第四节
规划与展望

洛阳市文物工作队走过了30年的历程。30年来，我们牢记"保护国家之根，延续民族之魂"的神圣使命，不断进取，取得一个又一个令人瞩目的成绩。但是，面对文物事业蓬勃发展的新形势，我们清醒地认识到：光荣与成绩属于过去，只有不断努力，才能不断创造新的成绩。为此队委会进一步明确了我队今后的发展方向和目标，提出了规划和展望。

（一）立足洛阳，加强合作。我们要积极主动多方争取科研资金，采取"横向交流，多学科发展"的方式加强同科研院所和知名院校的合作，在我队建立相关的科研和实习基地，进一步提高我队在国内外的影响力。

（二）进一步加强科研队伍建设，做好人才培养工作。人才队伍培养是我队的长期任务，也是我队立队的根本所在。今后，我们不仅要引进国内高等院校考古、文物保护等专业的优秀毕业生进入我队工作，更要做好在职专业人员的培养工作。采取多种措施鼓励多出人才，多出成绩。

（三）继续做好大遗址保护的后续发掘工作，积极向国家文物局申请隋唐洛阳城里坊区名人里坊的主动发掘项目，以增加大遗址的展示和可视点。

（四）加快考古成果转化步伐，做好公众服务工作。选择适当的考古发掘现场尝试公众考古体验区，宣传考古发现的同时让公众认识了解考古工作的科学性和严谨性，从而揭开考古工作的神秘面纱，充分体现其文化价值、艺术价值及历史价值，达到全民热爱、支持文物考古事业的目的。

（五）充分利用我队文物优势，宣传洛阳的历史文化，发展地区经济。我队的文物藏量丰富，在经济发达地区相关博物馆建立专题展室，宣传洛阳的历史文化，开拓经济发展的渠道。

（六）加强文物保护修复力量，注册文华古建园林有限公司和文物修复有限公司。

（七）抓好科研工作，加强与相关出版社和专业报刊的协调合作，出版一批较高质量的专业论文论著。

第二章 考古发现与成果

028-183

1981-2011 洛阳市文物工作队三十年 历程

第一节 洛阳地区史前时期文化探索
一、洛阳地区旧石器时代文化探索和研究
二、伊洛河流域新石器时代文化的主要收获
三、夏商时期文化探索

第二节 洛阳历代城址考古
一、两周城址
二、汉河南县城遗址
三、隋唐洛阳城遗址
四、北宋洛阳城遗址的发掘
五、金元明洛阳城及藩王府遗址

第三节 历代墓葬的发掘
一、西周墓葬及车马坑
二、东周墓葬及车马坑
三、战国晚期秦人墓
四、两汉墓葬
五、魏晋北朝墓葬
六、隋唐五代墓葬
七、宋金元明墓葬

第四节 配合国家大型工程建设考古发掘的主要收获

第二章
考古发现与成果

洛阳市文物工作队自成立开始，就担负了洛阳市及其所辖三个县区的地下考古发掘和地面文物保护任务。多年来，我们的各项机构设施从无到有，工作形式从被动保护到积极有效地工作，走过了漫长而曲折的道路。30年来，我们坚持在保质保量完成繁重的配合基本建设考古发掘任务外，还积极参与国家大型工程建设的考古发掘工作，并积极寻找机会与国内专业机构和高等院校联合进行课题研究。通过一系列坚持不懈地努力，我们从单纯的考古发掘到积极地寻找课题并将课题研究贯穿考古发掘的始终，从单纯地修复出土文物到在文物保护领域内更大范围的探索，洛阳市文物工作队逐步成熟、壮大。同时，我们注重结合洛阳的历史文化特点和我队自身的优势多方争取资金，组织人员进行有针对性的发掘与课题研究，在许多方面进行了卓有成效的实践和探索。我队不仅进行了旧石器时代、新石器时代直至夏商文化的探索和研究，还在东周王城、汉河南县城、隋唐东都城、宋金元明清洛阳城等城址考古发掘上进行了不断地探索和研究，发掘历代墓葬数以万计，出土历代文物几十万件，成为洛阳乃至全国考古工作中一支不可缺少的力量。

第一节
洛阳地区史前时期文化探索

洛阳地区史前文化探索，始自20世纪50年代，这一时期陆续有一批旧石器时代早期的文化遗存被发现。但是对于旧石器时代文化的探索工作却始于20世纪90年代北窑旧石器遗址的科学发掘，它填补了我市旧石器时代考古的空白。新石器时代直到二里头文化的探索，从20世纪70年代便已经开始，陆续发现的孙旗屯遗址、王湾遗址、东马沟及东干沟遗址等，代表了新石器时代直到二里头时期的文化遗存。自90年代开始，我队开始注重在考古发掘中的课题研究，从而在这一时期的考古发掘中取得了一系列重要收获。其中1996年发掘的孟津妯娌寨根遗址获1996年度"全国十

1\ 洛阳北窑旧石器遗址地貌
2\ 洛阳北窑旧石器遗址
3\ 洛阳北窑旧石器遗址T3发掘情况
4\ 洛阳北窑旧石器遗址地层剖面图

大考古发现",1993年皂角树遗址的发掘则加入了多学科的研究内容,首次运用考古学与地质学、古生物学和土壤学进行综合研究和有益的尝试。

一、洛阳地区旧石器时代文化探索和研究

洛阳地处黄河中下游的伊洛河地区,大约在新生代第四纪的更新世初期,便已经有了人类的存在。50年代在伊川穆店发现的石核石器和单刃刮削器都证明了洛阳旧石器早期人类的活动痕迹。50年代至80年代,在三门峡、灵宝、伊川等地相继发现了一批旧石器时代早期的文化遗存。但这一时期关于旧石器时代考古并没有真正开展起来。1978年在洛阳市凯旋路东段施工中发现的石核、石片、刮削器、砍砸器及诺氏古菱齿氏象化石,经中国科学院古脊椎动物和古人类研究所裴文中先生鉴定,属旧石器时代文化遗存。年代距今约5万年,是洛阳地区首次发现的旧石器时代文化遗存,堪称目前可知洛阳地区最早的居民。

洛阳市文物工作队成立以来,在基本建设的考古发掘任务中非常注重旧石器时代文化的探索。1997年与北京大学考古学系的考古调查中发现并发掘的洛阳北窑旧石器遗址,是迄今

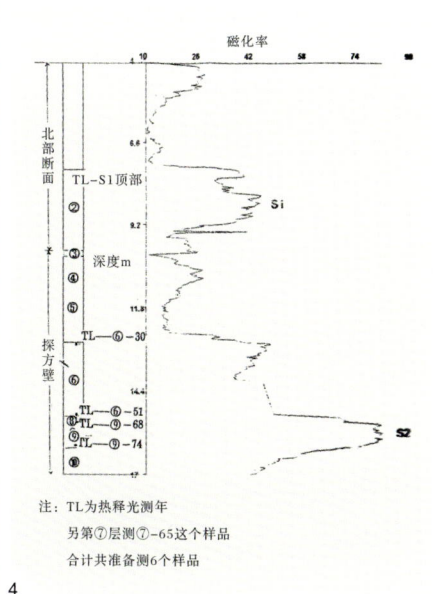

为止首次对中原地区旧石器时代露天遗址进行的大规模科学发掘。2009年开始，我队又与河南省考古研究所、栾川县文管所等单位联合对栾川县旧石器时代遗址进行调查和试掘，目前已取得了初步成果。

洛阳北窑旧石器遗址 位于洛阳市郊区上窑村，坐落于瀍河西岸的三级黄土堆积阶地上。在北京大学考古学系和城市环境学系吕遵谔、夏正楷等诸位先生的指导下，从1998年6～9月，我队对此遗址进行了考古发掘，揭露面积340平方米，获得石制品840件，并发现少量的动物化石及人类用火的遗址。1998年的考古发掘显示，北窑旧石器遗址连续叠压的不同土层均有石器发现，而且层次清晰，具有明显的连续性，可初步断定北窑遗址分属距今10万年至距今3万年的连续地层。2007年，在国家自然科学基金的资助下，我队与北京师范大学联合再次对此进行了发掘和调查。洛阳北窑旧石器遗址的发掘，为首次

1\刘东升院士等考察北窑旧石器遗址
2\北窑旧石器遗址T4内灰烬分布
3\北窑旧石器遗址出土石核石器（98LST16：116）
4\北窑旧石器遗址出土砍砸器（98LST17：157）
5\北窑旧石器遗址出土刮削器（98LST42：65）
6\北窑旧石器遗址T1出土石制品分布

1\栾川龙泉洞旧石器遗址现场
2\栾川蝙蝠洞旧石器遗址发掘现场
3\专家考察栾川旧石器遗址
4\专家查看栾川旧石器出土器物
5\栾川蝙蝠洞旧石器遗址外景

对中原地区旧石器时代的露天遗址进行大规模科学发掘。它不仅填补了洛阳旧石器考古的空白，也为研究该地区的环境与文化变迁提供了丰富的资料。

栾川旧石器遗址　2009年以来我队与河南省文物考古研究所、北京师范大学以及栾川县文管所联合在栾川县进行了调查与试掘，其中对庙子乡蝙蝠洞洞穴遗址调查与试掘，发现了大量的动物骨骼，尤其是发现的一颗人类的门齿证实这里是一个旧石器的古人类洞穴遗址。2011年年初对栾川县龙泉山旧石器晚期古人类洞穴遗址进行的考古发掘，证实该遗址距今约5万至3万年间。遗址内发现了各类遗物1000多件，其中大量为石片和石核石器。蝙蝠洞和龙泉山遗址的发现，为研究现代人类起源补充了重要的考古资料，可望为东亚和我国人类起源直接提供证据。

二、伊洛河流域新石器时代文化的主要收获

洛阳及其邻近地区亦即伊洛河流域是新石器时代遗址的重要地区，这里发现的新石器时代文化遗存涵盖了从距今约8000年裴李岗文化到距今约2500~2100年的龙山文化。自20世纪50年代以来，这里发现的重要遗址有洛阳王湾、史家湾、孙旗屯、西吕庙、西高崖、锉李、孟津小潘沟，偃师高崖、武屯、苗湾、宫家窑、灰嘴，新安高平寨、阎湾、安乐，伊川土门，临汝中山寨、阎村，吉利东杨村等。这些遗址的发掘，初步建立了伊洛河流域的新石器时代文化谱系，为新石器时代文化研究奠定了良好的基础。我队成立以来，在此基础上又做了许多后续的发掘，此外还陆续发现并发掘了许多重要的新石器时代遗址，主要有新安县孟津妯娌、寨根、太涧、

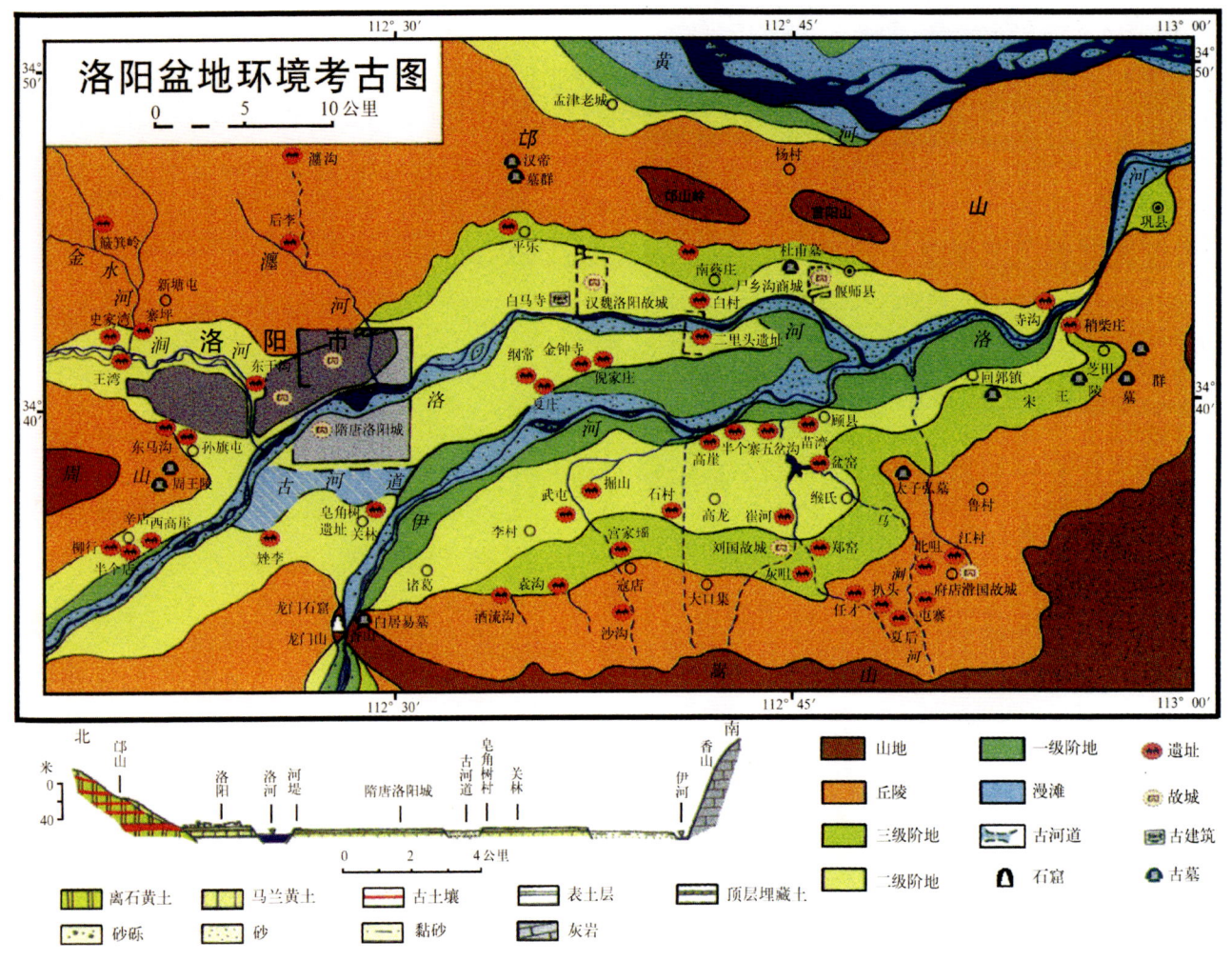

新石器时代洛阳盆地环境考古图

盐东遗址,孟津清河遗址,市区关林皂角树、侯城遗址等。这些新石器时代聚落遗址的文化类型包括裴李岗、仰韶、龙山直至二里头文化,时代涵盖新石器时代的早、中、晚各个时期,逐步建立和补充了伊洛河流域的新石器时代文化谱系。不仅获得了自新石器时代早期至晚期的新资料,而且填补了伊洛河地区某些文化发展阶段的空白。

(一)新石器时代早期文化

孟津寨根遗址 位于洛阳市西北约45公里的黄河南岸。1996年5~12月我队配合小浪底水库工程发掘。

该遗址的第六层属于裴李岗文化时期的堆积。出土器物主要为石器和陶器。石器中的石磨盘,平面略作长条形,一端平齐,另端呈弧形,无足;石磨棒形体粗短。陶器以夹砂褐陶为主,纹饰多为素面,另有"之"字形的篦点纹和划纹和泥饼贴饰的"角把罐",有的器物上有钻孔;器类有三足钵、夹砂深腹罐、圜底钵、细领壶

1\ 孟津寨根遗址
2\ 孟津寨根遗址出土陶火种器

等。寨根遗址所见的相当于裴李岗文化时期的遗存，既与豫中一带的同期文化有较多差异，又与西部的老官台文化相去甚远，很可能代表着另一种考古学文化。

寨根遗址的发掘，不仅获得了自裴李岗文化时期至龙山文化时期的新资料，而且填补了该地区某些文化发展阶段的空白。

（二）新石器时代中期文化

孟津妯娌遗址 位于洛阳市西北约45公里的黄河南岸。1996年4～12月配合小浪底水库工程发掘。该遗址主要由居住区、仓窖区和制作石器的工场、墓葬区等几部分组成。

妯娌遗址是一处从仰韶文化晚期(与秦王寨类型相当)延续到龙山文化早期的新石器时代聚落遗址。该遗址出土的陶器，与王湾二期陶器特征较为接近，但也具有一定的地方特点。石器在该遗址的出土物中所占比重较大，该遗址出土的应属礼器之列的石璧直径近20厘米。还出土了带有穿孔的石钺、成组出土的镞形陶器等。该遗址还出土一批带有大汶口文化色彩的陶器，如高足杯、觚形器等。该遗址出土遗物的分期研究，可望解决伊洛地区王湾二期文化的再分期，并可能划出一个新的地方类型。

孟津清河遗址 位于孟津县煤窑乡北约5公里处的黄河北岸。1996年夏发掘。遗址现存面积约1000余平方米。经发掘表明，这里属龙山文化遗址，出土的遗物主要为方格纹或篮纹的鼎、罐等炊具和盆、豆、杯等器具。其器形特征与临汝煤山遗址的第一期陶器相近。

新安县盐东遗址 位于新安县仓头乡，北临黄河，距洛阳市约60公里。1997年3～7月发掘。该遗址以新石器时代的王湾二期文化堆积为主。该遗址遗物丰富，可分为陶、石、骨器三类。王湾二期陶器以敞口盆、敛口钵、釜形鼎、折沿罐、带流罐等为典型器物。石器数量较多，以打制为主，磨制较少。器形主要有铲、斧、

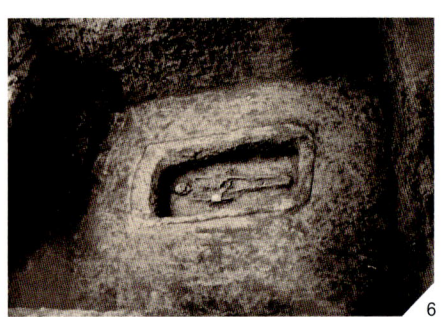

1\ 孟津妯娌遗址居住区
2\ 孟津妯娌遗址仓窖区
3\ 专家学者参观考察孟津妯娌遗址
4\ 孟津妯娌遗址墓葬区
5\ 孟津妯娌遗址发掘现场
6\ 孟津妯娌遗址出土墓葬
7\ 新安县盐东遗址发掘现场

1\洛阳庞屯遗址
2\洛阳庞屯遗址发掘现场

球、凿、网坠、两侧带缺口的石刀等。骨器有针、镞、锥等。该遗址的发掘对深入研究伊洛地区特别是黄河中游沿岸地区王湾二期的文化面貌提供了丰富的实物资料。

洛阳庞屯遗址 位于洛阳市洛龙区关林镇庞屯村，关林大道西部偏北，2007年2~6月，我队为配合洛阳市亚洲啤酒有限公司改扩建工程对此进行了考古发掘。

遗址共分二期，第一期为仰韶文化，遗迹仅见灰坑。出土陶器，依质料分有泥质和夹砂两种。泥质陶占75.04%，夹砂占24.96%，主要有红、灰色，也有少量近似褐色的。夹砂灰陶因烧制不匀，多呈灰褐色。依纹饰分，除素面和磨光外，主要有线纹、弦纹、附加堆纹及彩绘等。本期制陶技术以手制为主，主要是泥条盘筑法。在一些器物的肩腹交接处加一道附加堆纹。遗物依不同用途，可分为炊器、盛器、食器和饮器四类。第二期为龙山文化，遗迹主要为灰坑，分小型坑和大型坑两种。小型坑的堆积比较单纯，多系灰色土或黄褐或灰褐色。而大型的坑穴堆积较厚，层次也比较多，坑穴中出土遗物以坑底较为丰富，坑穴的底部一般都比较平整。遗物主要是陶器，以炊器最多，盛器次之，饮食器又次之。器型多见罐、豆、杯、盆等，另外还有骨器和石器等。此外，还有石斧、石铲、石刀、石锛、石凿、骨镞、弹丸等。

（三）新石器时代晚期文化

新安县高平寨遗址 我队为配合310国道的拓宽工程，于2001年8~9月对其进行的抢救性发掘。遗址以龙山文化堆积为主。出土器物有石器和陶器两类。石器有刀、斧、铲等。陶器有甗、双腹盆、穿孔小罐、碗、环和纺轮等，纹饰以篮纹为主，方格纹次之。该遗址的发掘为研究中原龙山文化和庙底沟二期文化提供了新的资料。

孟津县小潘沟遗址　发现于1976年,并于当年进行了试掘,是一处新石器时代晚期文化遗址。2003年6～8月,我队为配合济洛高速工程济洛高速孟津段建设,在孟津县小潘沟村进行的抢救性发掘。发掘灰坑32个、灰沟1条,出土了一批龙山文化晚期的陶器和石器。其中灰坑多为圆形袋状。陶器以灰陶为主,泥质灰陶数量居多,纹饰以方格为主,器形有高领罐、深腹罐、单耳罐、双腹盆、碗、豆等。石器有刀、斧、铲等。

河南新安县太涧遗址　位于新安县城西北约70公里黄河南岸、太涧村北的跑马岭山上。为配合小浪底水库工程的建设,洛阳市文物工作队和新安县文物保护管理所于1995年秋～1996年春,对该遗址进行了抢救性考古发掘。发掘仰韶文化灰坑1座、龙山文化灰坑6座、二里头文化灰坑24座、灰沟2条、战国时期墓葬2座、汉墓1座,并出土了大量的陶、石、骨、蚌器等重要遗物。遗址分为四期。其中第三期和第四期为该遗址的主要文化遗存,两期陶器均以泥质和夹砂灰陶为主,纹饰主要是绳纹,器物组合均为深腹罐、圆腹罐、大口尊、盆、鬲等,但略有变化。与二里头文化三、四期至第五期文化时代相当。

洛阳矬李遗址　位于洛阳市南郊约12.5公里的古城乡矬李村,东南距伊阙约5公里,在伊水、洛水之间,是一处南北约700、东西约500米的台地。遗址于1975年冬和次年春经过试掘,发现了仰韶、龙山、二里头三种文化的连续发展关系。2001年

河南科技大学矬李遗址全景

冬和次年春我队对该遗址进行了主动发掘，获得了丰富的考古材料。为配合洛南新区瀍洲路基本建设，2004年10月～2005年2月又对该遗址的西北部进行了抢救性发掘，证实这里文化层堆积厚度在3米左右，主要为二里头文化早期和龙山文化。二里头文化早期的遗址主要为灰坑、窖穴；遗物主要为陶器和石器，也有少量骨器、蚌器。2010年3～7月，我队在关林大道与瀍洲路交叉口东北部，原矬李村西部，现河南科技大学开元区院内西南角进行了考古发掘。发现龙山时期灰坑25座。大致为椭圆形、圆形两种。出土遗物主要为陶器、石器、骨器、蚌器。陶器以夹砂和泥质灰陶为主，黑陶、红陶极少；纹饰以方格纹为主，篮纹、绳纹次之，也有少量的弦纹、附加堆纹等；制法以轮制为主，少量手制；器形主要有折沿罐、高领瓮、豆和少量鬲、甑等。石器有斧、刀、铲等。骨器有锥、管状器等。蚌器有刀、镰等。为研究矬李遗址提供了新的资料。

三、夏商时期文化探索

中原地区夏文化的代表为二里头文化，于1953年首先在河南省登封县王村遗址发现。1954～1957年，在洛阳东干沟村附近曾几次发现这种文化的墓葬与灰坑。自20世纪70年代以来，洛阳博物馆在洛阳南郊古城乡矬李村发掘的矬李遗址，发现了仰韶、龙山、二里头三种文化的连续发展关系，后又经我队两次发掘，获得了二里头文化早期的大量考古材料。1992年，我队在南郊皂角树村发掘的皂角树遗址，丰富了二里头文化的内涵，为多学科综合研究的成果。2010年，我队在我市关林路北发掘的侯城遗址，是近年来我队在龙山晚期至商代早期文化发掘上的重要收获。

关林皂角树遗址 位于河南省洛阳市南郊关林镇皂角树村北。20世纪50年初洛阳市第一次文物普查时发现。遗址坐落在伊河、洛河之间二级阶地上。1993年8月，洛阳市文物工作队与四川大学历史系考古专业90级学生组建联合考古队对皂角树遗址进行发掘。同时，中国科学院地质研究所周昆叔教授以此作为开展"伊洛河流域古文化与古环境研究"课题的起点，并作为考古发掘队的环境考古指导参加了发掘工作。共发现二里头类型文化的窖穴117个、房基5座、水井1孔，另有1段古河道。其中发现的大型带斜坡上下道的仓窖、带有壁龛的长方形半地穴式房屋，属二里头类型文化的考古新收获。而出土的种类繁多的陶、石、蚌器中，有不少种类也是二里头类型文化的新发现。在发掘中经与中国科学院地质研究所周昆叔教授合作，在发掘区南侧的一段断崖上进行切割，断面上显示出上自二里头文化时期下止汉唐各个历史阶段的文化堆积和地层学地层的对比关系，取得了一份研究洛阳盆地古生态环境的宝贵资料。此外，从二里头类型文化的灰坑中浮选出一批农作物标本，计有谷子、水稻、小麦、豆类等。这次发掘，丰富了二里头类型文化的内涵，并进行了多

1 \ 关林皂角树遗址发掘现场
2 \ 专家考察关林皂角树遗址现场
3 \ 关林皂角树遗址北侧大剖面（由西向东摄）
4 \ 关林皂角树遗址地层剖面

学科综合研究的有力尝试。

侯城遗址 是我队于2010年4月24日～2010年10月15日为配合洛龙区高新科技园区中航光电科技股份有限公司光电技术产业基地工程而进行的考古发掘。该遗址的主要时代为龙山晚期至商时期。清理灰坑240余座、墓葬22座、房址15座、环壕1条。

在发掘区域内呈东北—西南走向，整条环壕呈两面坡状，坡较陡，底为平底。15座房址均为半地穴式，平面呈长方形，有门道、柱洞和烧灶。柱洞均在屋内，大部分位于墙壁附近，烧灶均在屋内，有些烧灶还保存有完整的排烟结构，门道以南向和东向为主。

经过钻探表明，在环壕的外部仍然有灰坑等，推测该遗址的总面积约10万平方米。此次发掘的部分属整个遗址的一小部分，房址和环壕属于较晚的商时期，遗址中存在较早的龙山时期的灰坑，是否存在龙山时期的居住面，有待下一步工作去证

1＼侯城遗址全景
2＼侯城遗址内发现的灰坑
3＼侯城遗址内发现的环壕
4＼侯城遗址内发现的房址
5＼专家考察侯城遗址出土陶器残片

第二章
考古发现与成果　041

实；候城遗址的发掘为我们研究洛阳地区商代的村庄聚落遗址提供了宝贵的材料。

第二节
洛阳历代城址考古

围绕洛阳历史上几大城址的考古发掘一直是我队的主要任务之一，在我队管辖的范围内主要有两周城址、汉河南县城、隋唐洛阳城及宋金元明洛阳城，30年来，我们配合基本建设在有限的范围内积极有效地开展考古发掘工作，取得了一些重要收获，为洛阳历代城址研究增添了很有价值的考古资料。

一、两周城址

（一）西周成周城

西周初年，周成王命周、召二公营建洛邑，并迁殷顽民于此，名为"成周"，成周遂成为统治东方的政治、军事据点。从1954年中国科学院考古研究所在涧滨发现西周文化遗物和文化堆积以来，我队的文物工作者又陆续在瀍河两岸发现西周遗址，其中重要的有北窑西周铸铜遗址和西周时期的墓葬、车马坑等。近年来，我队在此区域又陆续对西周铸铜遗址进行过多次发掘，同时还发现有西周时期夯土、窖穴遗址，更加无误地表明，瀍河两岸既集中了西周的贵族墓葬又集中了平民墓葬，既有大型的铸铜遗址又有密集的其他遗址，2010年发现的西周洛邑祭祀遗址又为我们寻找西周洛邑城址提供了重要线索。

北窑铸铜遗址　位于北窑村西南，东傍瀍水，西及洛孟公路，北倚邙山，南距洛阳老城东关1公里，面积约14万平方米。1973年秋～1974年夏，共清理房址3座、窖穴(灰坑)18个、墓葬32座和3个祭祀坑。出土遗物包括铜器、陶器、石器、铅器、骨器、角器、蚌器、玉石器、陶范和熔炉残块等。根据出土物特征分析，此遗址可分两期，遗址大概始于西周初年而毁于穆王、恭王以后。其遗址范围大，出土遗物丰富，应是西周前期宗室的铸造作坊的青铜器铸造作坊遗存。自1975年下半年开始，我们又陆续在此进行了发掘，至1979年为止共发掘面积2500平方米。共发现柱基25个，地下水管道1条，建筑遗存周围发现路土面3处，西周时期的圆形袋状、椭圆形、长条形、不规则形等灰坑，瓢形和中字形灶，烧窑2座以及近百座墓葬等。

从1988～1999年我队对北窑铸铜遗址又进行过3次发掘，1988年的发掘出土大量西周陶器、石器、残陶范和炉壁等。发掘了西周小型"殷遗民"土坑墓，随葬器

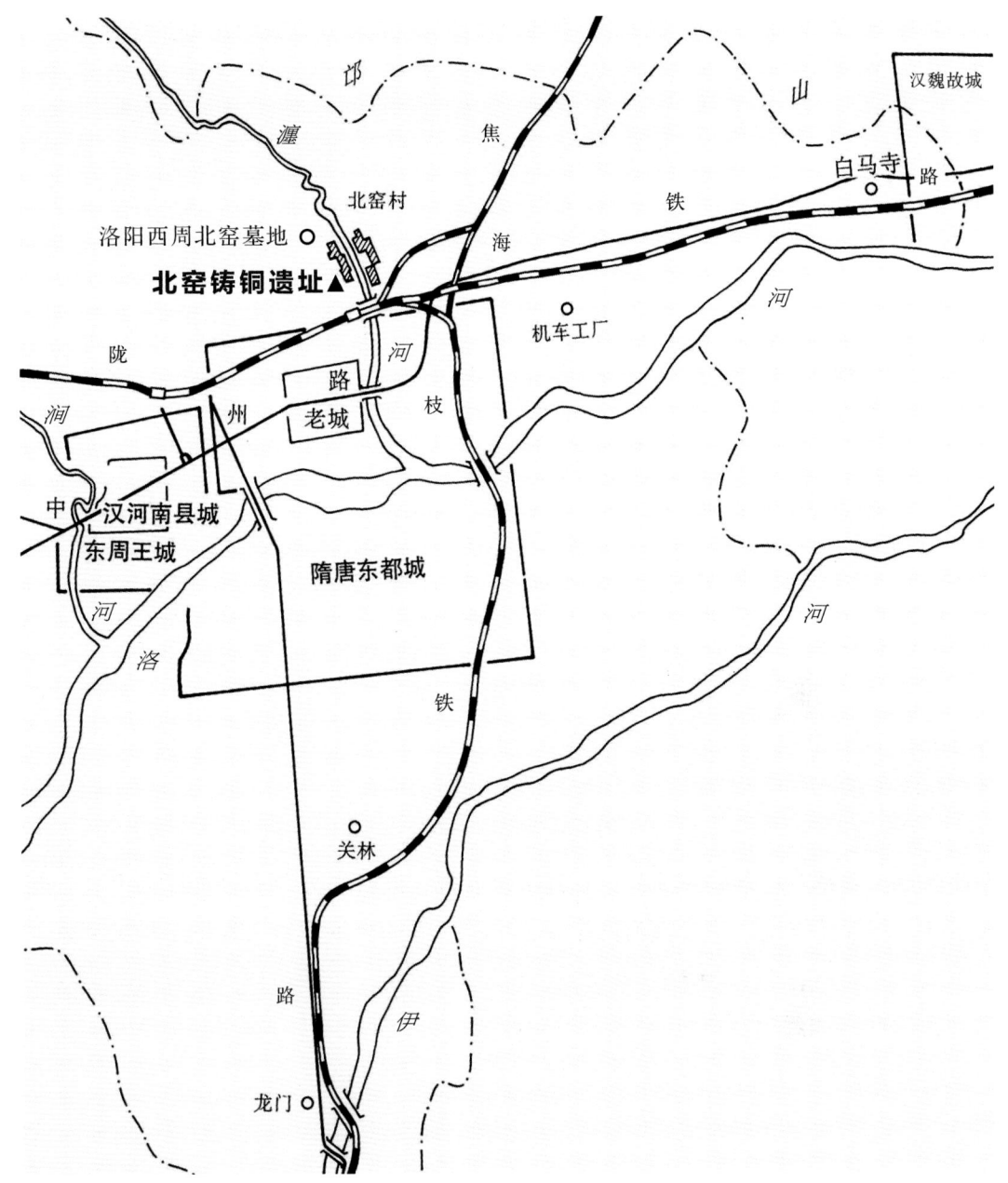

洛阳北窑铸铜遗址位置示意图

物为少量陶器和贝币，从而表明在这里从事手工劳动的还有一定数量的周初迫迁于洛邑的殷人；出土了一批骨制生产工具，计有双锋锥状器、锥、板状双刃雕刀、小刻刀、凿、锥体器、磨光器、鹿角器等，是当时铸铜作坊的手工工具，被当时的工匠用之于陶范花纹的雕刻及剔除铸件花纹内的铜渣等。

西周夯土基址　1999年4～6月，在洛阳市东花坛东150米处发现了大片夯土基址。夯土基址呈不规则形，长、宽约68米。夯土的包含物主要有西周时期的灰陶罐残片以及夹砂灰陶鬲残片等。另外，在夯土基址的上部和底部的灰坑内，均出土了西周时期的灰陶罐及夹砂灰陶或红陶鬲残片等。该夯土基址的发掘为寻找成周城提供了重要线索。

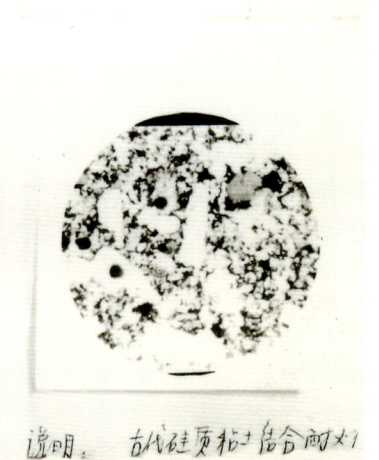

1\ 1979年北窑铸铜遗址发掘现场
2\ 北窑铸铜遗址烧窑侧顶
3\ 北窑铸铜遗址出土陶范
4\ 1982年北窑铸铜遗址发现的道路车辙
5\ 北京冶金史编写组在发掘现场
6\ 北窑铸铜遗址岩相分析
7\ 北窑铸铜遗址出土羊首模
8\ 北窑铸铜遗址出土方鼎范

西周洛邑祭祀遗址　2009年2月，洛阳市文物工作队在在中州东路北河南省林校实训楼的基建工程中，发掘了西周洛邑祭祀遗址。

遗址发现31座西周灰坑，其中22座内均有较为完整的兽骨，按兽骨种类的不同，这些灰坑可分为马坑、狗坑、牛坑、羊坑、人马坑、人猪坑、猪牛坑和碎骨坑等。发掘了一条长度近50米的西周沟，沟底西高东低，沟内堆积中明显可见流水淤积痕迹。沟内出土有鬲、簋和罐等陶器残片，推测该沟在西周时期应为一条自西向东流的水沟。

该工地出土的卜甲以及分布密集的兽骨坑和人骨坑，表明这一区域在西周时期存在有占卜和人祭、牲祭之类的宗教祭祀活动。该地处瀍河东岸，属于成周城的重要地区，在工地西南方向约350米处曾发现有西周时期车马坑，西北部约300米处发现有西周时期的甲字形大墓，再往西北的瀍河西岸发现有西周铸铜遗址及西周贵族墓地，东北部发现有大型夯土基址等重要遗迹现象。此祭祀区的发现为我们寻找成周

西周洛邑祭祀遗址

1\ 专家考察西周洛邑祭祀遗址
2\ 专家考察西周洛邑祭祀遗址
3\ 西周洛邑祭祀遗址祭祀坑
4\ 西周洛邑祭祀遗址祭祀坑
5\ 西周洛邑祭祀遗址西周时期排水沟

城提供了又一线索。

洛阳北郊西周早中期鱼窖群 1991年12月~1992年4月，我队在位于邙山南坡的隋唐东都含嘉仓城的西北部发掘鱼窖10座，均开口于西周层下。形制有圆形和长方形两种形制，均呈口小底大的袋状，周壁修整光滑，自口而下经火熏烤成坚硬的砖红色。窖底部正中央有坑。圆形窖为圆形坑，长方形窖底为长方形坑，坑壁垂直，规整，充满黑色草木灰。

窖内填土内含大量陶片及少量骨器、蚌器等。器形有鬲、罐、簋、瓮、豆等。另有骨锥、蚌刀等。还出土一原始青瓷片，为器盖残块。在这组窖的底部填土中，均夹杂有大量的鱼鳞、鱼骨，特别是在一座圆形窖底部，尚残存有大量的鱼类骨殖，已腐成黄色粉末状，粉末厚度0.2~0.36米。

西周鱼窖在全国其他地区尚不见诸报道，洛阳这次发掘的西周鱼窖当是首次发现，对于研究西周时期的地下窖穴的形制及渔猎生产在当时社会生活中的地位，有重要意义。

（二）东周王城

经20世纪50年代的中国科学院考古研究所的文物调查和考古发掘证实，东周王城遗址北依邙山，南临洛河，平面大体呈正方形，西北角在今东干沟村北，东北角在今洛阳火车站东约1公里，西南角在今兴隆寨村西北，东南城角被洛河冲毁。城址周长约15公里，与晋《元康地道记》"王城去洛河（指汉魏故城）四十里，城内南北九里七十步，东西六里十步，为地三百顷一十二亩三十六步"这一记载基本吻合。根据考古发现证实，其核心宫殿群落位于城内的西南隅，西北部是手工业作坊区，南部是王城遗址的仓窖区。此外在王城遗址内发掘出的大型的东周墓葬和陪葬坑表明，东南部应为王陵区。

洛阳东周王城遗址大部分位于城市中心区，多年来，东周王城的宫殿建筑基址由于没有大面积的揭露，其布局及建筑方式方法不明。因此对我们全面了解其布局造成了极大的困难。我队自20世纪80年代以来，配合基本建设陆续发掘有东周王城东城墙北段及南段、北城墙西段及西城墙的一部分。各段城墙遗址的一部分，成为了解和复原东周王城全貌的珍贵资料。此外，还在东周王城遗址西南隅南墙外，发现战国晚期高规格大型建筑基址一处。另外还发现有战国时期粮仓、陶窑、房址等。这些考古发现为东周王城遗址的布局研究提供了可靠的依据。

洛阳东周王城城墙　1986年7～9月我队在涧河西岸发掘东周王城遗址北城墙西段。发掘的这段城墙东西长37米。墙体残高约2米，墙经夯击，夯层27层，层厚约7厘米，圆形夯窝直径约6厘米。

1994年11～12月为配合洛阳胶鞋厂2号住宅楼的基建工程发掘的东周王城遗址的西城墙。由原建的东部墙和后期增筑的西部墙两部分。东部墙残高1.8、上宽7.25、底宽8米，夯层厚0.05～0.1米。2010年6～10月，我队在位于王城大道东侧，西邻涧河，纱厂西路南约100米，发掘东周王城西城墙的一段。

2000年4～5月，我队在洛阳市体育场路东、市中级人民法院南清理了东周王城东墙的南段。该夯土的始建年代最

东周王城遗址地理位置图

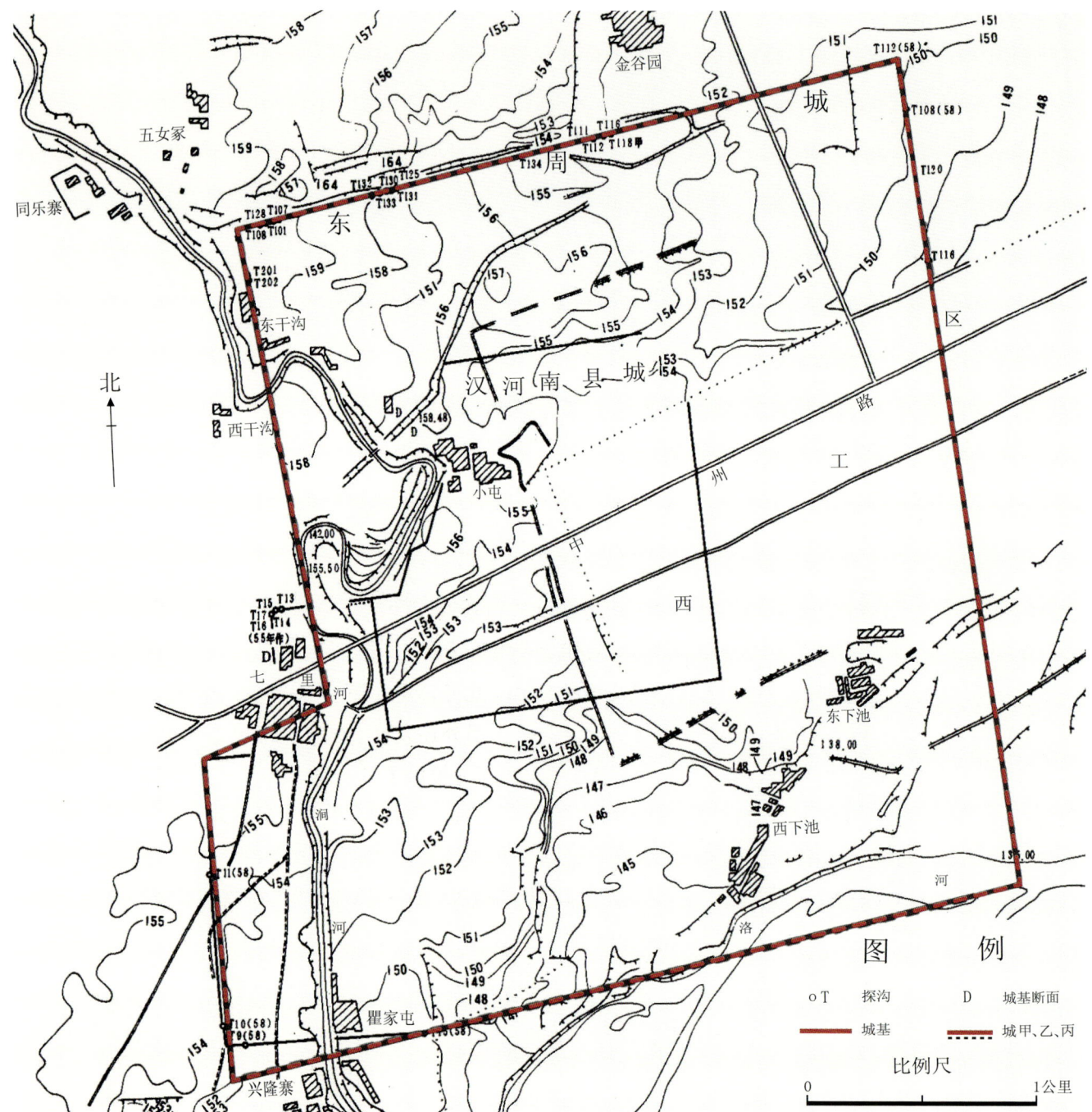

东周王城实测图

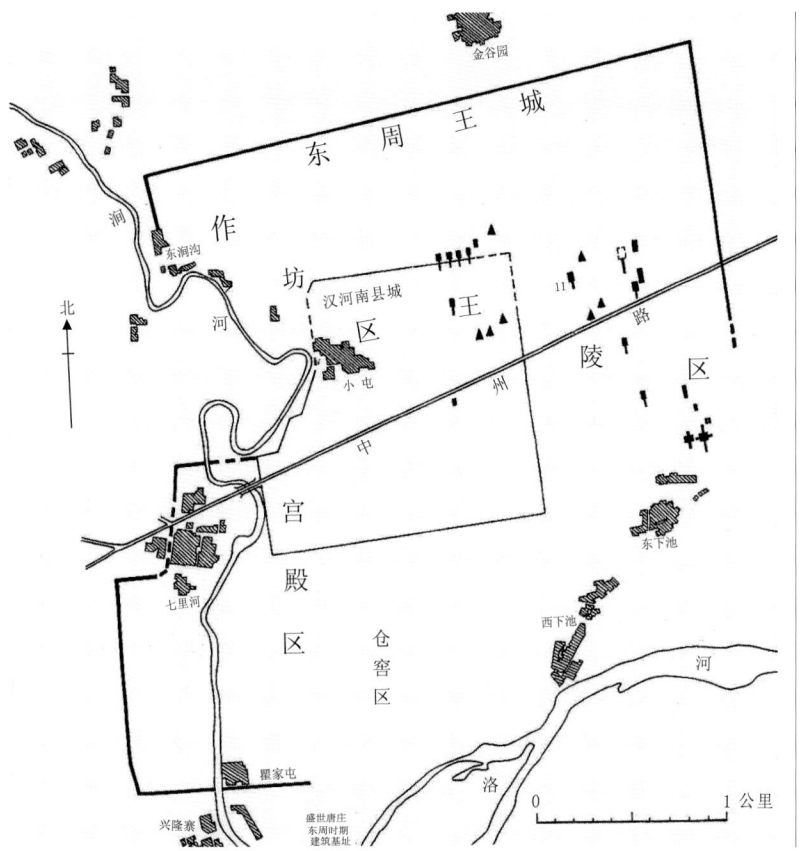

东周王城遗址重要发现示意图

早为战国中期。2008年3～6月，我队为配合中侨房地产开发公司中侨铭秀项目，在位于唐宫路北侧、光华路西侧原河南省第三建筑公司院内发掘了东周王城东墙的一部分。2010年9～10月，我队在光华路中段西部市蔬菜副食品有限公司11号楼建设范围内发掘东周王城东城墙的一部分。这段夯土墙其建造、使用年代应在战国中晚、期。2004年2月6日～3月8日在南距唐宫路约360米，东距光华路约60米处发掘东周王城东墙北段的一部分。

1998年夏，我队在东周王城遗址东南部清理出一道呈东西走向的夯土隔墙。在夯土的表面未见活动面、柱础、墙壁等建筑遗迹，且夯土带的宽度较小并呈条形分布，故推测其为一道夯土墙，现存的仅是这道夯筑墙的基础部分，夯土内包含有少量东周后期的宽折沿盆、卷沿罐及饰细绳纹和素面的盆、罐残片，夯土墙下压春秋时期的墓葬。据此初步认定这条夯土墙的年代为战国时期，它应是东周王城内战国时期所筑的东西走向的隔墙。这一发现为研究东周王城的城市规划及布局提供了新的资料或线索。

洛阳东周王城宫殿建筑基址　近年来，我队发掘出两处东周时期宫殿建筑基址，为研究东周王城的布局提供了重要资料。

涧河东岸东周建筑基址　1999年3～6月，我队在配合河南省安装公司15号住宅楼工地基建考古工作中，在洛阳市行署路与临涧路交叉口西南侧，西距涧河约250米，北距汉河南县城南城墙约150米的东周王城遗址区内发掘出一处大型建筑基址。

该建筑基址基址平面呈长方形，东西长55、南北宽30米。在夯土基址南部为墙基基槽，基槽内南侧部分地段用一排竖砖包边。基址东北部为出一排东西向打破夯土的沟槽，槽内用东周时期的筒瓦、板瓦整齐竖埋，该排竖瓦起装饰或隔离作用。与排瓦并行其北部发掘有柱洞数排，柱洞分大小两种，排列整齐，间距一致，大小柱洞存在早晚关系，应为两个时期所使用。

在夯土基址北25米处有一条与基址平行，长达数百米的墙垣，墙外有深达7米以上的沟渠，可能是城壕遗迹。在基址北部、东部各发掘出一条陶质圆形排水管道。

该夯土基址位于东周王城西南部，北与汉河南县城南城墙相望，西南距已发掘出的东周大型宫殿夯土基址瞿家屯不远，南部、东部又紧邻战国粮仓遗址区。该基址北部的墙垣、壕沟，说明在战国粮仓及王城宫殿区以北还有一条墙垣及壕沟，具有一定的防御作用。从基址所处地理位置及基址的规模看，该建筑基址应与东周王城内战国粮仓遗址和宫殿区有重要联系，可与文献《国语·周语下》、《汉书·地理志》所记载东周王城位置互为对照。

这一基址的发掘对研究东周王城的城市布局，确定东周王城宫殿区的位置等提供了宝贵的新材料。

洛阳瞿家屯东周宫殿建筑基址 2004年11月～2005年12月，我队在瞿家屯村东

1 \ 2008年发掘的唐宫路东周王城东墙发掘现场
2 \ 东周王城城墙现存地面部分
3 \ 东周王城城墙夯土
4 \ 2010年6月发掘的东周王城西城墙夯土剖面

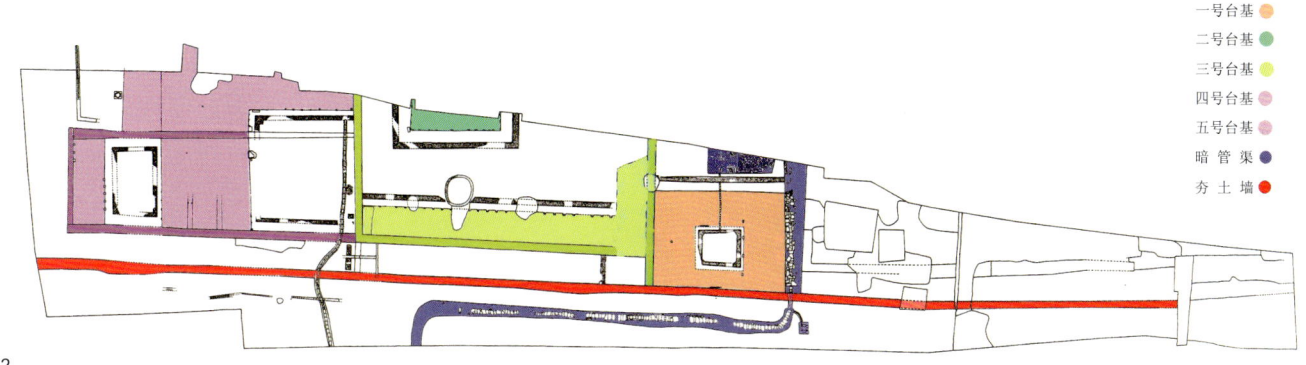

一号台基
二号台基
三号台基
四号台基
五号台基
暗管渠
夯土墙

1\涧河东岸东周建筑基址散水
2\洛阳瞿家屯东周宫殿建筑基址平面示意图

南、东周王城南城墙外西南部,距洛河北岸约500米处洛河与涧河交汇处的三角地带发掘一处东周时期大面积夯土建筑基址。

此次发掘的主要遗迹现象均发现于一个特大型院落内,此院落由一条现南北残长约200米的西墙及东西残长约30米的南墙围成。发现有大型的成组夯土建筑基址、墙基、散水、排、给水设施、池苑、暗渠、陶窑等遗迹。遗址出土大量建筑构件,这一现象与二里头遗址宫城内的宫殿基址和偃师商城宫城内的宫殿基址的情况基本相同。结合文献记载,我们认为此遗址应为一处战国中晚期的大型宫室建筑,属东周王城的一部分。

此次发现的东周大型夯土建筑基址为我们研究东周时期礼制建筑的布局及建筑特

1

2

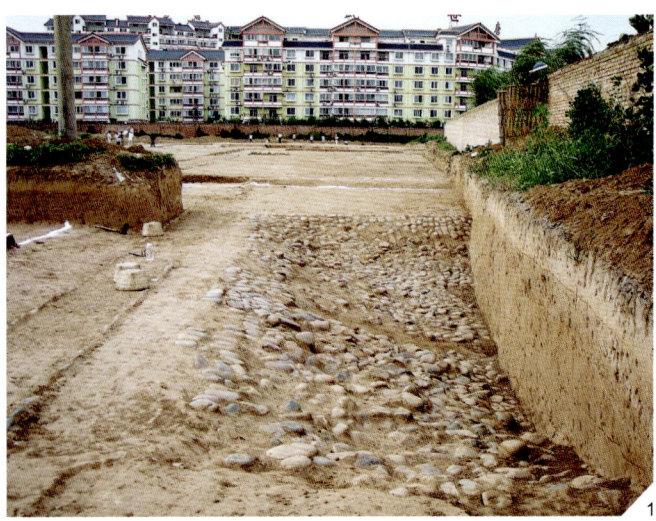

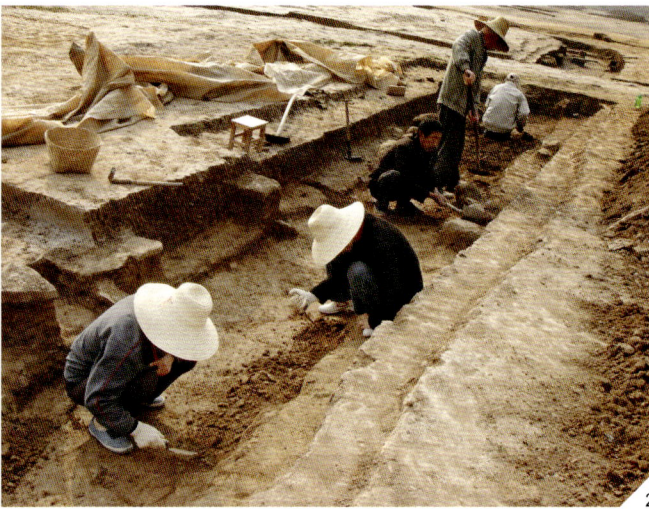

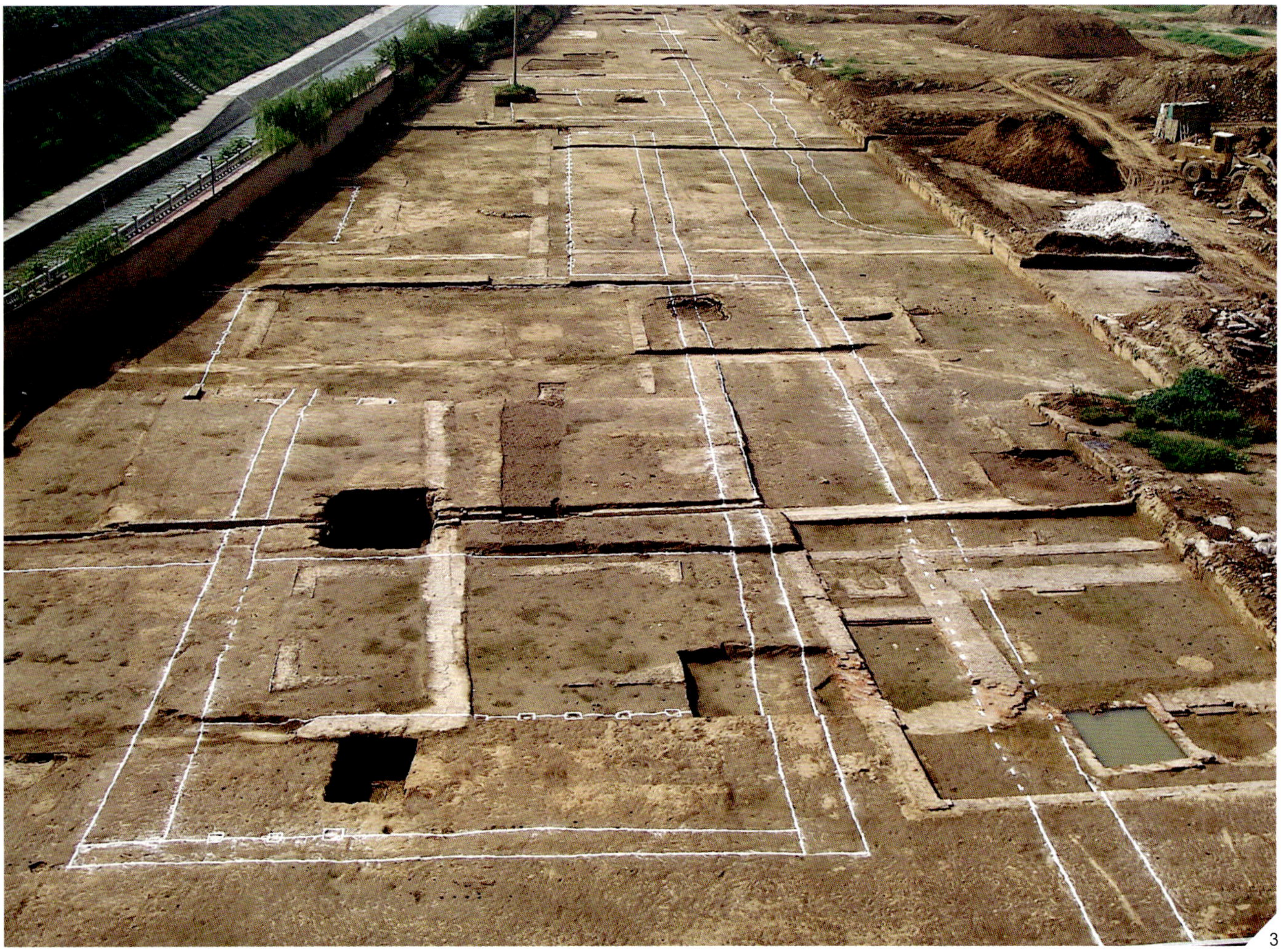

3

1 \ 洛阳瞿家屯东周宫殿建筑基址水池

2 \ 洛阳瞿家屯东周宫殿建筑基址发掘现场

3 \ 洛阳瞿家屯东周宫殿建筑遗址全景

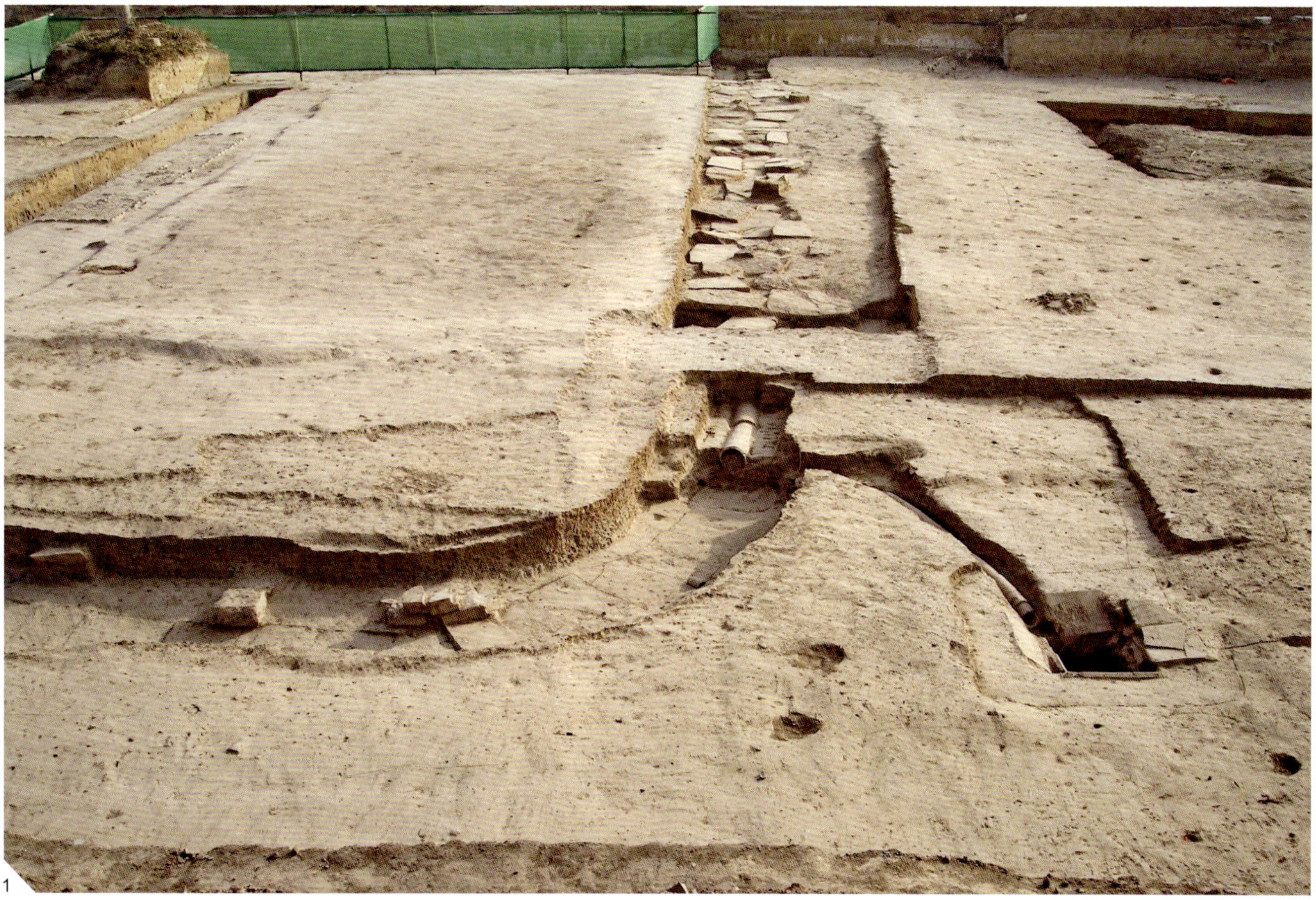

1

2

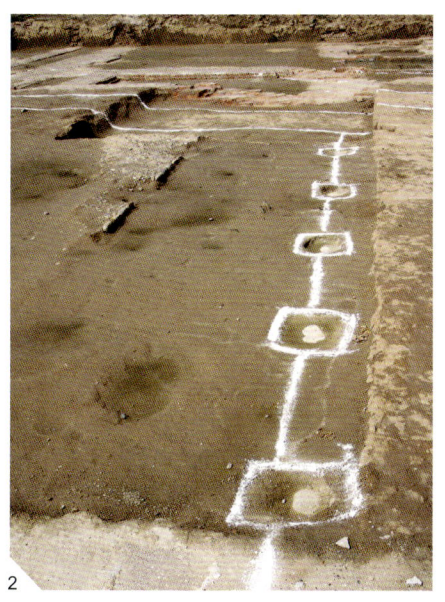

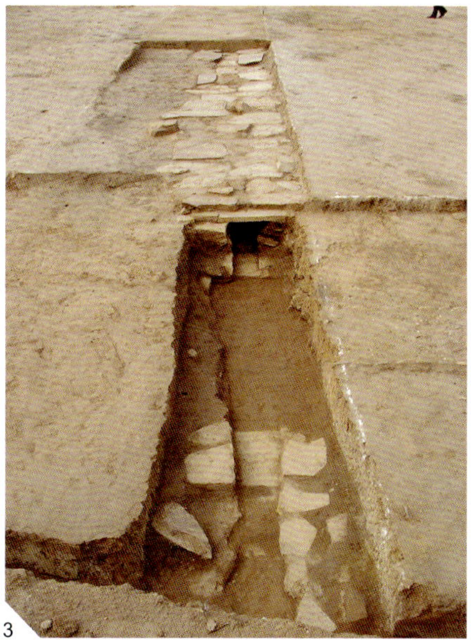

3

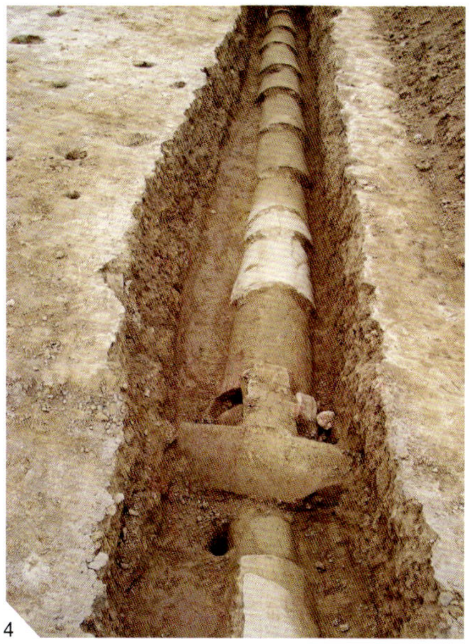

4

1 \ 洛阳瞿家屯东周宫殿建筑基址排水设施

2 \ 洛阳瞿家屯东周宫殿建筑基址柱础

3 \ 洛阳瞿家屯东周宫殿建筑基址排水设施暗渠

4 \ 洛阳瞿家屯东周宫殿建筑基址陶水管

2005年洛阳瞿家屯东周宫殿建筑基址专家现场论证会

点提供了实物资料。

洛阳东周王城战国陶窑遗址 目前在东周王城遗址西北隅纱厂西路一带发现了多座东周时期的烧窑遗址，其周围分别发现有制作骨器、玉石器、铜器的场所，从而证实这里是王城内的手工业作坊遗址。另外在遗址中南部的芳林路至九都路一带还发现有战国晚期至西汉早期陶窑，应为私营陶窑所在地。

1998年10～12月，我队在东周王城遗址的西北隅，北距王城北城墙约200米，西距王城西城墙约400米处，发现并清理了战国陶窑18座（编号为Y1—Y18），是继1957年中科院考古所在洛阳东周王城西北部发现大型战国陶窑遗址之后的又一次重要发现。该遗址清理的陶窑，根据结构的不同，可分为四种形制。这四种陶窑形制，具有渐变的早晚关系，窑床由小变大、由低变高，火膛由大变小、由浅变深，烟道由窑室顶部移至窑室后部，这些都是建窑技术逐步提高、渐至完善的表现。这次发掘的窑址是目前东周王城内陶窑数量较多、分布较集中、时间跨度较长的一处。窑址的时代从战国早期延续到战国晚期，说明这里的烧陶业发达，持续时间长，几乎没有间断。出土的遗物以盆、罐、瓮、豆等生活用陶为主，筒瓦、板瓦、瓦当、瓦钉等建筑用陶较少，并发现一批窑具。这些遗物，早期陶器多呈灰黑色，陶质坚硬，火候较高，器形多棱角，略显粗糙。晚期陶器呈浅灰色，陶质较松，火候较低，而器形显得较圆润美观。这一方面反映出制陶技术在不断进步，人们的审美意识在提高，另一方面也说明随着社会需求的增加，人们更注重器物的实用美观而非牢固耐用。此外发现的一批窑具，也是以往所少见的。这批陶窑的发掘，为研究战国时期的制陶技术，陶窑的发展演变提供了新材料，同时为进一步确定东周王城的手工业区和城市布局具有一定意义。

1999年12月，我队在洛阳市西工区芳林路小学校园内北部发掘的战国晚期至西汉早期陶窑，窑室平面呈梨形，自南向北由烟道、窑室、窑床、火膛、窑门及操作

1 \ 东周王城北部陶窑发掘情况
2 \ 东周王城北部陶窑发掘情况
3 \ 东周城遗址北部战国陶窑遗址发掘现场
4 \ 1998年东周王城遗址北部发掘战国陶窑位置示意图

坑等部分组成。窑室内置台式窑床,前沿呈弧形微凹,底宽上窄。底部出土有绳纹板瓦、筒瓦残片。应是烧造砖瓦等建筑材料的陶窑。这种在窑床中间出现火道及操作坑形制的陶窑,是洛阳地区以往发现的同时期陶窑中所仅见,极大地丰富了洛阳地区古代陶窑的形制,为研究我国古代制陶手工业的发展提供了珍贵的实物资料。

2002年元月,我们在位于东周王城内九都路南洛阳电视台院内,发现并清理了一处战国至汉代的8座陶窑遗址(编号为Y1~Y8)。目前已知该遗址东西长59、南北宽46米。依据形制和结构的不同分为5式,分别代表了战国晚期到东汉晚期陶窑的几种形制。从这8座窑中可以看出该时期陶窑形状和结构的变化规律。同时,窑床与火膛的高度落差逐渐减少,这些都是建窑技术逐渐提高、完善的表现。出土遗物也随着陶窑的时代早晚在形制上有较大的变化。从陶窑的发展变化和窑内的出土遗物,有瓦、瓦当等建筑材料,还有盆、罐、缸等生活用品。产品多样化,反映了其生产的多品种、大批量,是个体私营陶窑生产的特点。

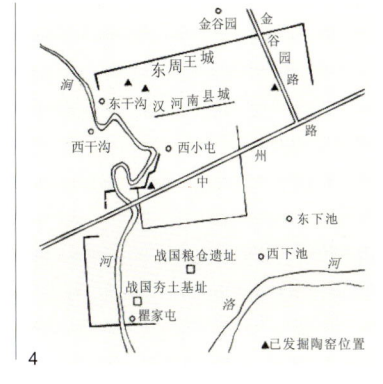

1 \ 1976年洛阳单晶硅厂战国粮仓28号窖发掘现场
2 \ 1976年洛阳单晶硅厂战国粮仓发掘现场
3 \ 1976年洛阳单晶硅厂战国粮仓窖底木板痕迹
4 \ 1976年洛阳单晶硅厂战国粮仓全景
5 \ 1976年洛阳单晶硅厂战国粮仓28号窖
6 \ 1994年发掘的东周王城南部仓窖

洛阳唐宫西路东周房址 2001年9～12月我队在位于唐宫路与纱厂南路交叉口的西北角的市第十九中学院内清理了一座东周时期半地穴式房址。房址南北向，方形，边长9米。建造程序为：先在生土地面上挖出方形大坑，然后在四周夯筑宽0.5米的墙基。房内底部先垫一层10厘米厚的土，经夯打，然后抹一层2～3厘米厚的黄胶泥。墙基与房内夯土的夯窝均为圆形、平底，直径5、深0.1厘米，夯层厚约10厘米。

洛阳东周王城战国粮仓遗址 20世纪70年代，在东周王城南部一带曾发掘过粮窖3座，探出74座。所获资料表明这里是一个规模很大的战国地下粮仓遗址。粮窖为圆窖，口大底小，纵剖面呈倒置等边梯形。一般约口径10、深10米。1994年7～9月我队又在位于东周王城南部的洛阳市西工区九都路单晶硅厂住宅楼工地又发掘仓窖1座。仓窖为口大底小的圆形窖穴，口径10、底径7、深9.6米。坑内堆积分3层，诸层时代均为东周。其周壁光滑，规律地分布着脚窝和柱洞。窖底有火烧痕，底平且见树皮纤维痕，似在底部用树皮铺垫。

二、汉河南县城遗址

两汉400年间，洛阳属河南郡治，1954年在东周王城城址中部发现汉河南县城遗址，至1960年先后进行过四次大规模的发掘，该城址平面接近方形，只西城墙北段有曲折。城墙东西长约1460米，南北宽约1400米，墙基宽6米以上，残存高度

0.4～2.4米。发现了房基、粮仓、水井、道路、制石厂等遗迹，出土大量的遗物。但因城址位于市中心建城区内，城内布局、道路等至今难以全部搞清。

自20世纪80年代以来，我队在配合基本建设的考古发掘中，陆续取得一批重要考古发现。其中有洛阳汉河南县城陶水管道、洛阳汉河南县城内大路、汉代房屋基址及钱币窖藏、砖瓦窑址及大批的墓葬等。为研究汉河南县城的布局提供了重要线索。

洛阳汉河南县城陶水管道 2001年7月我队在凯旋西路613研究所19号楼，原汉河南县城南城墙外50米发掘汉代陶水管道一段。

该陶水管道呈正南北方向，南高北低，底部距地表深2.8米，发掘清理出陶管26节，窨井3。该处陶水管道设计科学，结构原理同现代排水的窨井，通过井口可以随时清理窨井内的淤土，便于疏通。该排水管道北端50米处为汉河南县城南城墙。此陶水管道的发现为研究汉河南县城内的排水设施提供了十分珍贵的资料。

洛阳汉河南县城内大路 1991年5～6月我队发掘汉代道路一条，位于汉河南县城遗址的中部偏西处。道路呈东西走向，总长60余米，宽5.5～6米。路土分上下两层，上层厚0.07米，土质坚硬，灰褐色；下层厚0.1米，较纯净，坚硬如夯土。路面

1\ 汉河南县城内的陶水管
2\ 汉河南县城内的汉代道路
3\ 汉河南县城内的大路

2007年发掘汉河南县城内汉代建筑基址

上有东西向车辙4条。这条大路宽大平直，应系汉河南县城内的一条东西大街。

汉代房屋基址及钱币窖藏　2001年10~12月，我队在洛阳市凯旋西路613研究所发掘汉代房屋基址，坐北朝南，一大一小两间相连的房屋，东西长10.8、南北宽6.7米。在该房屋基址的南部，为一庭院。庭院地面经过简单夯打，地表面平整。

钱币窖藏位于房屋基址前的庭院内西南部，北距房屋基址10米。钱窖呈口大底小圆形土坑。坑内铜钱全部用麻绳穿系成串，无规律堆放，共计约2万余枚。种类有"半两"、"五铢"、"大泉五十"、"货泉"、"布泉"5种。绝大多数为新莽末期铸造的货泉、布泉。

汉代建筑基址　2007年6月，我队在行署路与临涧路交叉口处发掘汉代建筑基址一处。该基址北距汉河南县城西南角150米，西距涧河东岸400米。基址平面呈近长方形。现揭露夯土台基东西长32、南北宽21、残高0.2米（由台基周围散水砖面算起）。在距台基东北角以南8、以东6.5米处有柱础石。在台基的北缘及东缘，有包边砖、柱础石、踏道、廊道、散水等迹象。清理出土有大量的外绳纹内布纹筒瓦、板瓦残片、陶砖及卷云纹半瓦当、圆瓦当，另出有少量的陶盆、甑残片，"大泉五十"、

"货泉"等。根据这些出土物的特征及与该建筑有打破关系的灰坑推测该建筑的废弃年代应为西汉晚期至东汉早期。从目前已发掘情况并参照以往的发掘成果看，该夯土台基长应在35米左右，至少面阔7间，进深3间，外环绕有廊道及散水。

洛阳东郊东汉"对开式"砖瓦窑 1985年4～5月，我队在位于洛阳市老城东北2公里，瀍河东0.5公里处发掘清理了1座"对开式"砖窑。由操作坑、火门、火膛、窑室、排烟系统五部分组成。

该窑址是一处东汉末年建造的窑址。该窑的火膛砖箅及砖砌顶结构是西汉窑所不见，烟室及火膛砖箅的出现有助于燃料的燃烧。该窑址的清理为研究两汉窑的演变关系，以及汉窑向南北朝乃至隋唐期窑发展的情况，提供了新资料。

三、隋唐洛阳城遗址

从1954年历史学家阎文儒先生首次对隋唐洛阳城遗址进行考古勘察以来，经过考古工作者半多个世纪的工作，已基本查明了城址的位置、规模、整体布局及主要文化内涵。该城址主要由外郭城、宫城、皇城、东城、含嘉仓城、上阳宫及西苑等部分组成。

我队自20世纪80年代以来，主要负责隋唐洛阳城除宫城、皇城以外其他部分的考古发掘任务，先后发掘了隋唐洛阳城墙遗址、城门遗址、仓窖及烧窑遗址等。其中与中国社会科学院考古研究所洛阳唐城队联合发掘了隋唐城外郭城定鼎门遗址、永通门遗址以及恭安坊、温柔坊及南市遗址、龙门奉先寺遗址，我队独立发掘了应天门遗址，含嘉仓、回洛仓等仓窖遗址，洛阳隋唐东都夹城遗址、隋唐洛阳城皇城

1 \ 隋唐洛阳城外郭城北城墙
2 \ 隋唐洛阳城外郭城北城墙局部

隋唐洛阳城复原示意图(洛阳市大遗址办公室提供)

西墙遗迹、瀍河两岸唐代砖瓦窑址，洛阳新区唐代石筑水利设施等重要遗址，为隋唐洛阳城布局研究和大遗址保护提供了有力的依据。

（一）城墙遗址

隋唐洛阳城夹城　1975年秋，洛阳市博物馆发掘了宫城南墙和西南角，证实了夹城城墙的存在。1981年我队在洛阳玻璃厂院内对此进行了发掘。发现有唐代遗迹，包括城墙的早期遗存，西墙外的散水、砖路、壕沟和城内的排水沟等。夹城内出土遗物十分丰富，建筑材料有砖、瓦、瓦当；生活用品按质料可分为陶器、瓷器、三彩器铜器、石器、骨器、铁器、玉器、铜钱等。

关于隋唐东都夹城，《唐六典》卷七曰"洛城南门之西，有丽景夹城。"《长安与洛阳》图43宫城西墙外之西南角绘有夹城。夹城在宫城之西，宫城的西墙即为夹城的东墙，外郭城西墙则为夹城的西墙。修筑东都夹城，文献记载为了便于天子"潜通于上阳焉"，但从发掘情况表明，夹城还具有保卫宫城的作用。夹城的兴废与整个东都洛阳城的兴废紧密相连，文献记载东都洛阳城在"安史之乱"时遭到严重破坏，宋景佑元年王曾又重修。所以发掘城墙有唐宋之分。隋唐时有夹城，宋时亦有夹城。本次发掘进一步确定夹城具体位置，获得了夹城东墙（亦宫城西墙）和西墙（外郭城西墙）的结构、修筑方法、时代关系等资料，弄清了夹城内的排水设

隋唐洛阳城夹城发掘现场

施及郭城外的护城壕沟等遗存的情况。

隋唐洛阳城皇城西墙遗址　2004年10~11月我队在位于洛阳市西工区凯旋东路路北的市政府家属院内发掘隋唐洛阳城皇城西墙的一部分。

夯土墙上部距现地表约0.5米，墙宽19米。分为二期。一期夯土宽12、厚2.5米。系在生土上先挖基槽，槽宽14米，再上逐层夯打。夯层厚0.05~0.1米，圆形夯窝，夯层密实；二期夯土宽7、厚约2米。底部先铺瓦砾层，再逐层向上夯打。夯层厚0.08~0.1米，夯窝径3~5厘米，夯土为一期夯墙的增补部分。

隋唐洛阳城圆璧城南城墙　2009年8月13日~10月20日，洛阳市文物工作队对绿都置业阳光佳苑工地进行考古发掘。该工地位于定鼎北路东侧，春都东路南侧。属隋唐东都城圆璧城范围内。城墙为圆璧城南城墙，该段南墙仅存基槽部分。发掘长度为50、宽4、厚0.3~0.5米。夯层厚度约0.12米。包含物仅有少量的内布纹外素面瓦残片。

1\隋唐洛阳城皇城西墙
2\隋唐洛阳城皇城西墙

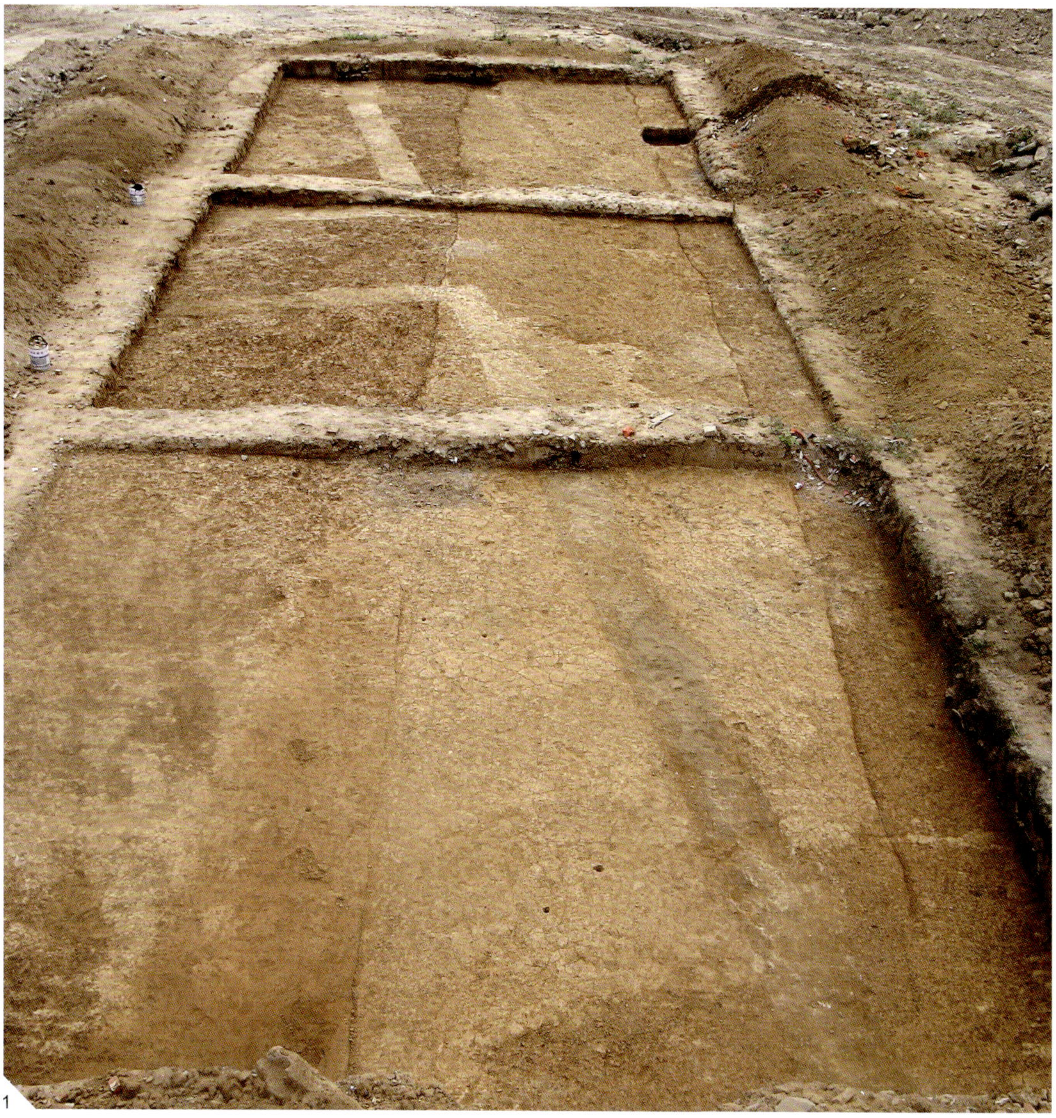

1 \ 隋唐洛阳城圆璧城南城墙

2 \ 隋唐洛阳城圆璧城南城墙剖面

（二）隋唐洛阳城里坊遗址

温柔坊遗址　位于洛阳市安乐镇洛阳市师范学院。2003年12月～2004年7月，由洛阳市文物工作队和中国社会科学院考古研究所洛阳唐城队联合发掘。发掘面积约2618平方米。钻探出11条道路和2条水渠，发掘出隋唐至宋各类建筑基址20余处，出土隋唐至金各类遗物260余件。

恭安坊遗址　位于洛阳市安乐镇洛阳市师范学院。2004年6～12月，由洛阳市文

1\ 温柔坊遗址发掘现场
2\ 恭安坊遗址
3\ 南市遗址发掘现场
4\ 南市遗址发掘现场

1\南市遗址发掘现场
2\南市遗址发掘现场
3\南市遗址发掘现场
4\南市遗址发掘现场

物工作队和中国社会科学院考古研究所洛阳唐城队联合发掘。发掘出中晚唐时期大型庭院2个，各类建筑基址10余处，出土隋唐至宋各类可复原遗物446件。

南市遗址 位于洛阳市安乐镇曙光村。2004年8～12月，由我队和中国社会科学院考古研究所洛阳唐城队联合发掘。发掘面积约1000平方米。发掘出隋唐至宋道路3条，各类建筑基址20余处，出土隋唐至金各类可复原遗物近千件。基本搞清了建春门街及南市南北向街南部的宽度、隋唐及以后历代道路的使用和变迁情况。

（三）隋唐洛阳城门址

应天门遗址　应天门是隋唐洛阳城宫城南门，始建于隋大业元年，是一座规模宏大、形势复杂、雄伟壮观的组合建筑群，在隋唐300余年的历史中一直沿用。其遗址位于今定鼎南路周公庙和原洛阳日报社之间。1980年我队曾对遗址东阙进行过勘探和发掘。2010年，为配合国家大遗址保护项目，我队和中国社会科学院考古研究所联合对应天门西阙进行发掘。从调查和发掘情况看，其夯土台基系一次筑成。通过最近的一次发掘，推断出这是一组城门楼为主体，两侧辅以垛楼，向外伸出阙楼，其间以廊庑相连的建筑群体，其外观形制与北京明清紫禁城的午门相似。

应天门西阙遗址

1\ 应天门遗址清理出的龟背石及部分包边石
2\ 应天门遗址清理出的龟背石及部分包边石（局部）
3\ 应天门遗址东阙阙台（由东向西摄）
4\ 应天门遗址廊庑上的柱洞和纴木
5\ 应天门遗址东侧夯土
6\ 应天门遗址南端夯土墙

1\ 应天门东阙遗址局部
2\ 应天门东阙遗址全景

　　定鼎门遗址 遗址位于洛阳市郊区关林镇曹屯村和安乐镇赵村之间。洛阳市文物工作队和中国社会科学院考古研究所洛阳唐城队分别于1997年11月～1998年2月和1998年9月～1999年2月进行两个阶段的田野考古发掘。结果表明，隋唐东都和五代至宋西京郭城南垣正中的定鼎门遗址每期的平面布局各有自己的特点。

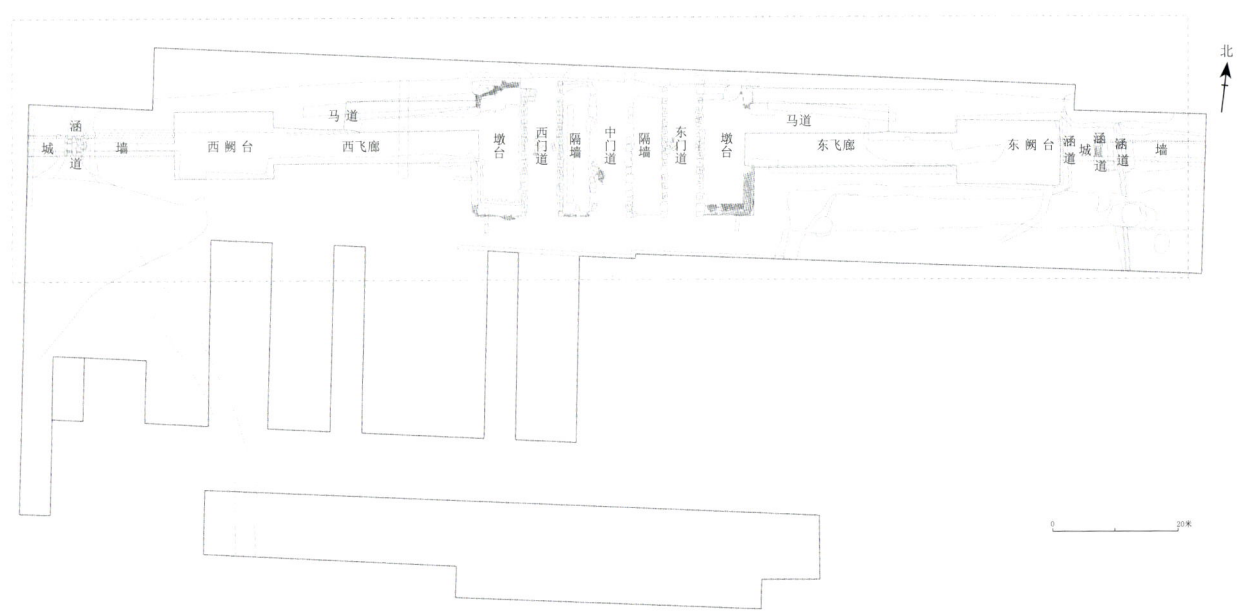

定鼎门遗址保护工程考古发掘测量图

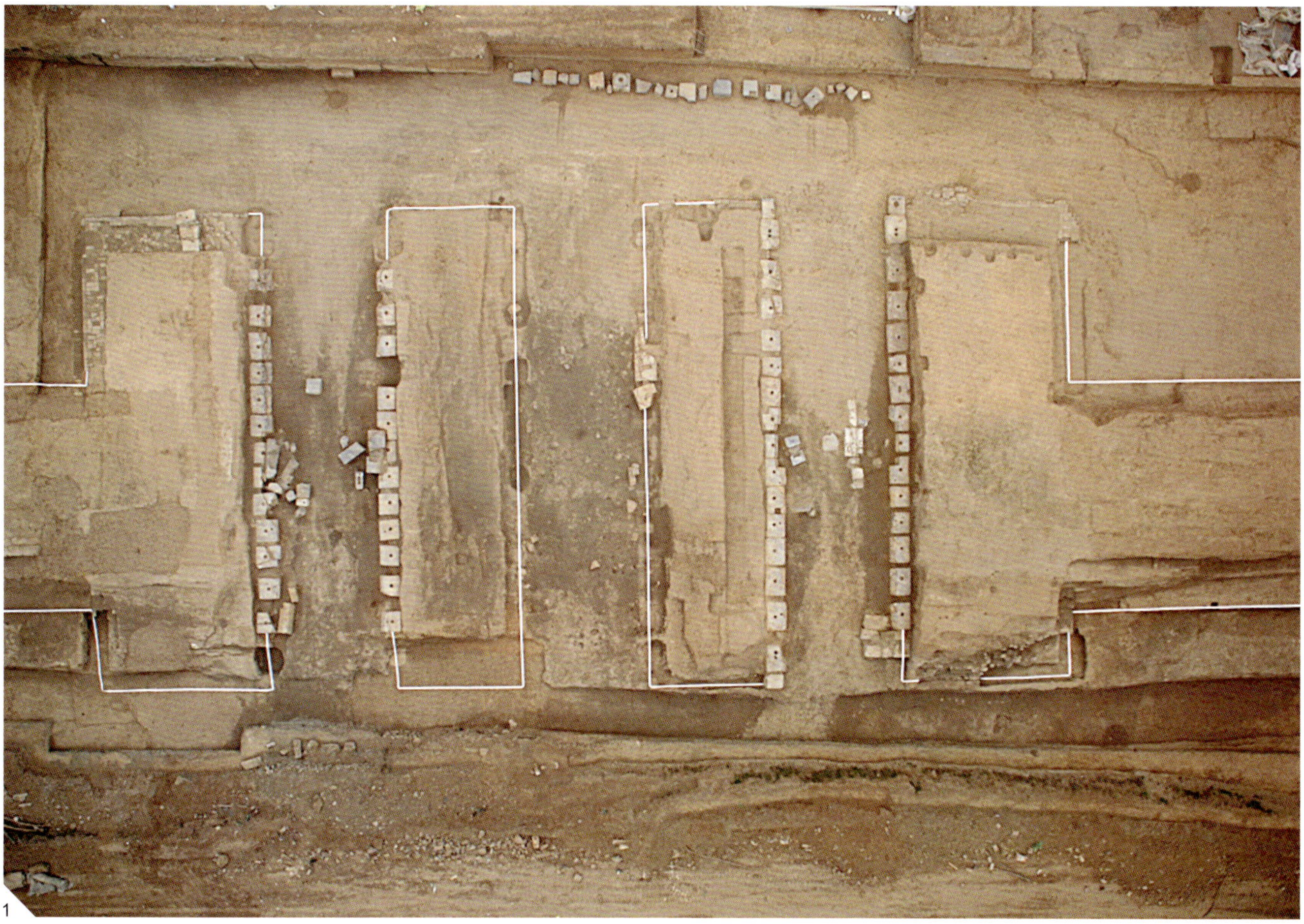

1

2

3

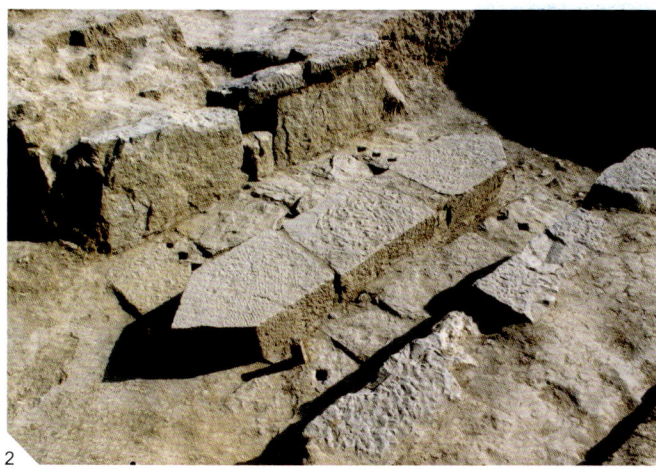

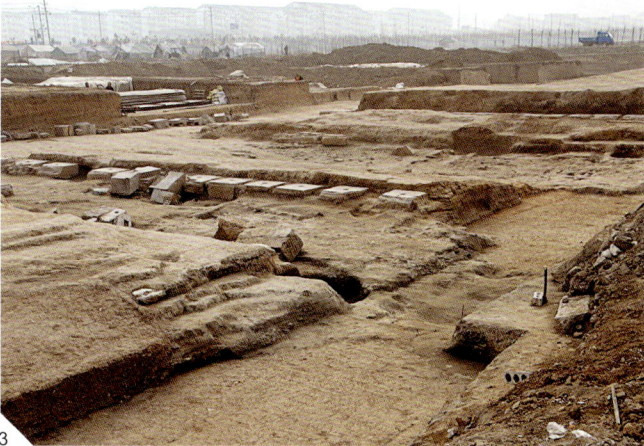

1 \ 定鼎门遗址门道全景

2 \ 定鼎门遗址西涵道

3 \ 定鼎门遗址东、中、西门道全景（由东北向西南摄）

1 \ 定鼎门遗址晚唐时期路面上发现的骆驼蹄印
2 \ 定鼎门遗址发掘现场清理出的车辙及骆驼蹄印
3 \ 定鼎门遗址发掘现场清理出的房基
4 \ 定鼎门大街发掘现场

永通门遗址 位于洛阳市郊李楼乡贺村南约200米处，1997年1月6～30日，由中国社科院考古研究所洛阳唐城队和洛阳市文物工作队联合发掘。

通过发掘可知，永通门遗址共有3个门道，平面为长方形。门址南北宽21.75、东西残长13、两壁及隔墙夯土残高约0.7米。3个门道间清理出两道夯土隔墙。

含嘉仓城德猷门遗址 隋唐时期含嘉仓城北墙与东都外郭城北墙同属一墙，门址即在仓城北墙的偏西部。其遗址位于洛阳市老城北郊，即今驾鸡沟村西、岳村北的邙

隋唐洛阳城永通门遗址

山脚下。1980年5～7月由我队进行发掘。发掘表明，德猷门建在1.5米厚的夯土之上，该夯土与城墙夯土相连接。应为城墙的基槽部分。门址分上、下两次修造和使用。从出土遗物及叠压关系分析，下层门址时代为隋代，上层门址时代为唐代时期。

（四）隋唐洛阳城仓窖遗址

多年的考古发掘表明，隋唐洛阳城内的仓窖主要分布在皇城南北，20世纪70年代分别发现了含嘉仓、子罗仓和常平仓。隋代的子罗仓遗址位于西工区凯旋东路南、七一路东、玻璃厂路西。宫城东侧为含嘉仓遗址，含嘉仓西墙外是唐初设立的常平仓。90年代以来，我队又对所辖范围内的含嘉仓进行过发掘，此外还发现了隋代的回洛仓等仓窖遗址。

含嘉仓城及其仓窖　含嘉仓城在今老城区北侧，仓城东西长约600、南北长约700米。仓城与北墙与洛阳隋唐故城的北墙相吻合，残存城墙的宽度约为17米，部分城墙残留高度约为3米，夯层厚6～8厘米。

对含嘉仓的发掘共有两次，第一次是1971年1月，共发掘6个粮窖，发掘表

1\ 隋唐洛阳城含嘉仓遗址实测图
2\ 含嘉仓52号窖发掘现场
3\ 含嘉仓发掘现场

1 \ 含嘉仓160号仓库北壁局部　　4 \ 含嘉仓仓窖遗址
2 \ 含嘉仓160号窖　　　　　　　5 \ 含嘉仓出土谷物
3 \ 含嘉仓粮仓底部

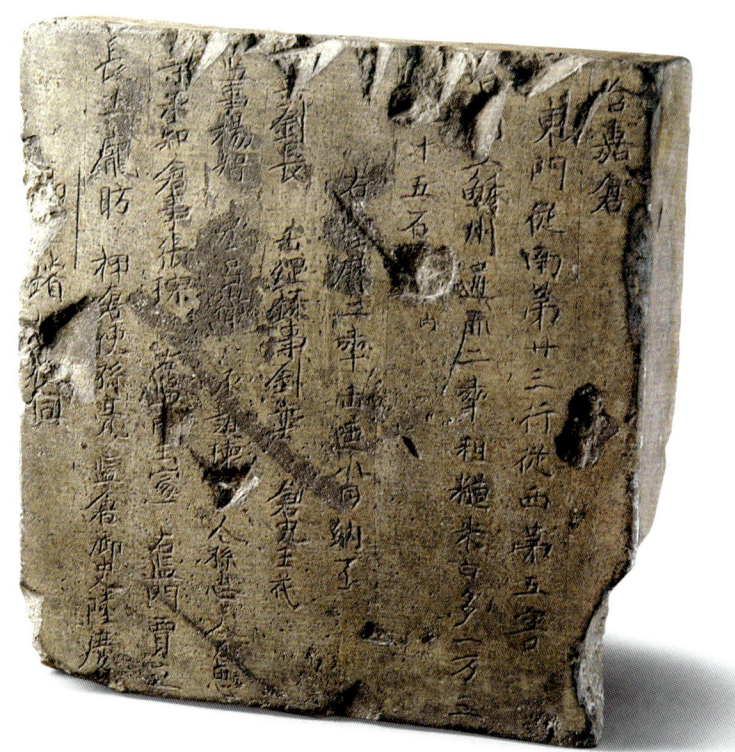

1\含嘉仓出土刻铭砖
2\含嘉仓50号窖出土志砖
3\含嘉仓出土志砖

明这些粮窖分布密集，东西排列成行，行距一般为6~8米，部分行距仅3米左右，也有个别行距达15米左右。窖与窖间距一般为3~5米，个别不足2米。窖都为口大底小的圆缸形。第二次是1988年秋~1989年元旦，发掘了4座仓窖，仓窖的形制与结构与前次发掘的仓窖基本相同。出土遗物有砖、瓦、瓦当、铭砖、陶网坠等。

  回洛仓 位于洛阳市东北郊瀍河乡小李村以西、邙山大渠以南。据钻探资料显示，这里有70余座仓窖，排列规整有序，东西成排，南北成列，间距8~10米。2004年9月下旬~2005年6月上旬我队发掘了其中的3座仓窖（C63~C65）。

  这3座仓窖整体结构为口大底小的圆形。除口径、底径、深度不同外，窖内结构基本相同。窖口周围有一圈夯土带，夯土带上宽下窄，在窖壁近口处发现有柱洞，在窖壁上还散布着一些不规则形小孔，有横插孔和竖插孔，个别孔内残留有木头痕迹。

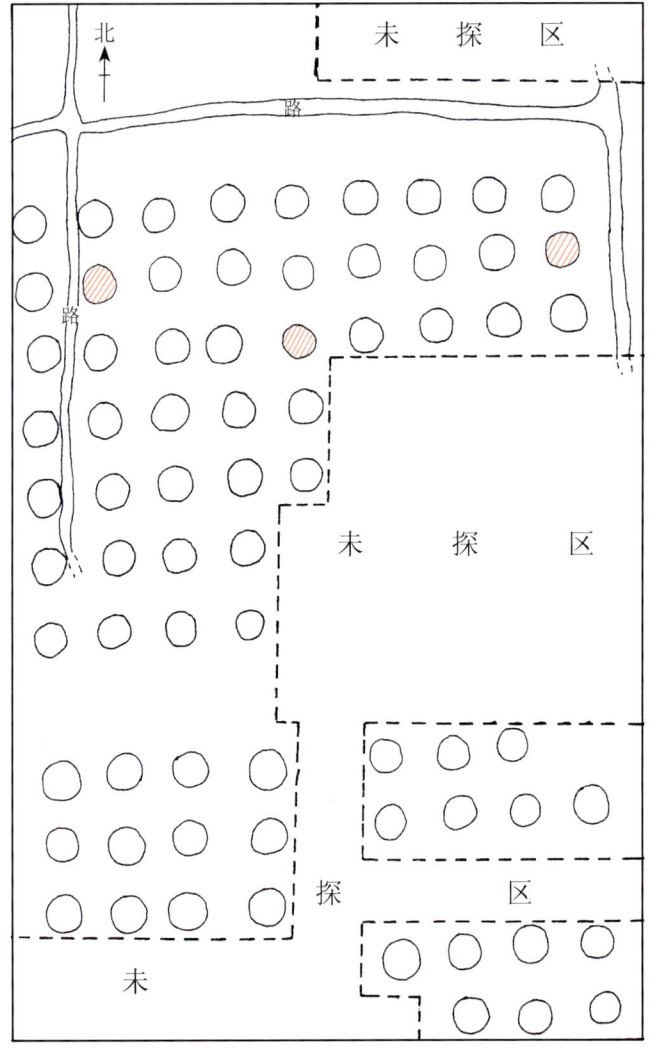

1 \ 回洛仓遗址全景
2 \ 回洛仓仓窖钻探平面图

1\含嘉仓出土刻铭砖
2\含嘉仓50号窖出土志砖
3\含嘉仓出土志砖

明这些粮窖分布密集，东西排列成行，行距一般为6～8米，部分行距仅3米左右，也有个别行距达15米左右。窖与窖间距一般为3～5米，个别不足2米。窖都为口大底小的圆缸形。第二次是1988年秋～1989年元旦，发掘了4座仓窖，仓窖的形制与结构与前次发掘的仓窖基本相同。出土遗物有砖、瓦、瓦当、铭砖、陶网坠等。

回洛仓　位于洛阳市东北郊瀍河乡小李村以西、邙山大渠以南。据钻探资料显示，这里有70余座仓窖，排列规整有序，东西成排，南北成列，间距8～10米。2004年9月下旬～2005年6月上旬我队发掘了其中的3座仓窖（C63～C65）。

这3座仓窖整体结构为口大底小的圆形。除口径、底径、深度不同外，窖内结构基本相同。窖口周围有一圈夯土带，夯土带上宽下窄，在窖壁近口处发现有柱洞，在窖壁上还散布着一些不规则形小孔，有横插孔和竖插孔，个别孔内残留有木头痕迹。

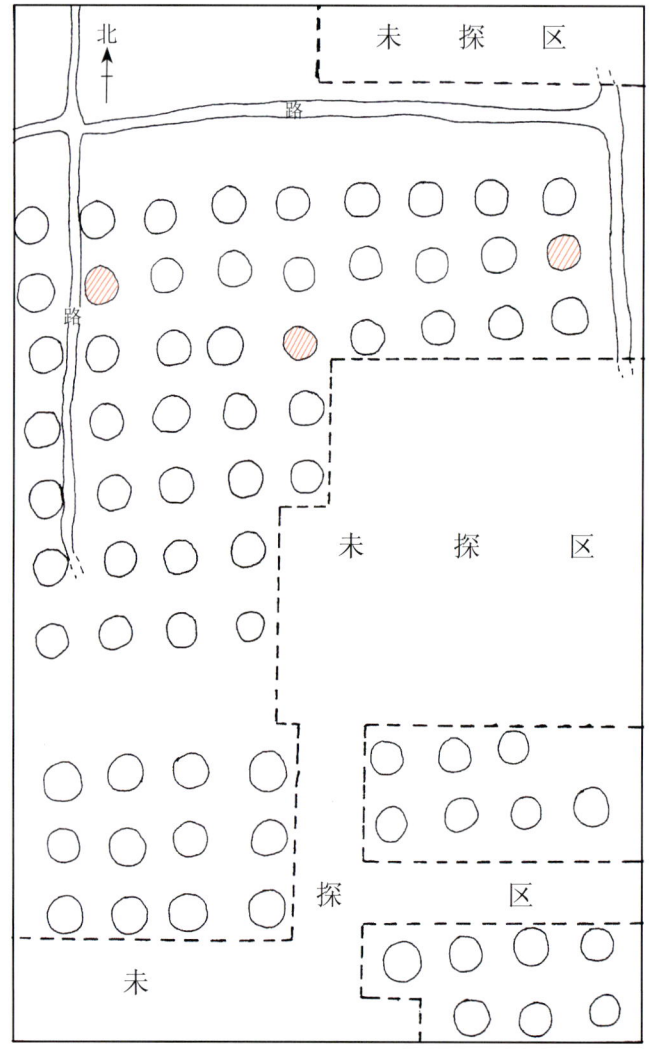

1\ 回洛仓遗址全景
2\ 回洛仓仓窖钻探平面图

1 \ 回洛仓仓窖遗址
2 \ 回洛仓仓窖遗址
3 \ 回洛仓仓窖遗址发掘现场
4 \ 回洛仓仓窖遗址发掘现场
5 \ 回洛仓仓窖遗址发掘现场

第二章
考古发现与成果

窖底平坦，经过夯打。从保存较为完好的C64看，窖底分3层，在平整夯实的黄白色窖底上涂抹一层厚约1～2厘米的青膏泥。中间层铺设两层木板，最上层铺设一层席子。

该遗址内出土有建筑材料砖、板瓦、瓦当及生活用品陶器、三彩器、瓷器和石器等。通过出土遗物，推测这处仓窖废弃年代不晚于初唐时期。

其他窖穴遗址 1992年夏，我队在位于隋唐洛阳城西北端城墙外侧，发掘了一处隋唐时期的仓窖遗址。该仓窖区共有东西2排，每排2座仓窖，发掘了其中的2座。东排南边的1座仓窖形状口大底小，口径11.5、底径6.5、深5.2米。窖底为平底，夯打后直接铺设上下两层木板。在窖底东西南北各部对称分布4个凹坑，坑口略呈圆形。窖底南北中轴线两端，各置一石柱础。窖底东北部顺窖壁走势，有一簸箕状坑，其壁部与底部均铺有与窖底木板相连同的木板。在窖壁与窖底交接处及壁上发现有粟类的粮食作物朽痕。窖内黄色填土疏松，包含物有板瓦、筒瓦、瓷片、莲花纹瓦当及其他陶片等遗物。

（五）隋唐洛阳城烧窑遗址

根据文献记载，隋唐洛阳城的营建先后经过两次高潮。第一次，始建于隋炀帝大业元年（605年），每月役丁200万人，于第二年建成。第二次，为唐太宗，特别是高宗、武则天时期屡次进行的大规模修建。

隋唐两代为了营建东都洛阳城而专

1\ 隋唐洛阳城宫城内的烧窑群发掘现场
2\ 瀍河西岸唐代砖瓦窑址
3\ 瀍河西岸唐代砖瓦窑址全景
4\ 瀍河西岸唐代砖瓦窑址出土莲花方砖

1\ 隋唐洛阳城外郭城砖瓦窑址发掘现场
2\ 瀍河东岸窑址发掘现场

门建造的烧窑遗址，在宫城、皇城、外郭城内外都有大量发现，主要有宫城内1处、皇城内2处、外郭城内东部3处、外郭城内外3处。这些烧瓦窑群作坊均以烧制建筑材料为主，少见日用陶器。所出土的建筑材料在宫、皇城内的应天门遗址、明堂遗址、上阳宫等遗址中屡见不鲜，而且在烧窑中出土大批注明官匠或官工的印字砖瓦如："内作"、"作官瓦"、"官工"等字样，说明这些烧瓦窑群作坊遗址与建造隋唐城宫城、皇城等有关，是专为营建洛阳城而特设的，因此这些窑址作坊当属于官营性质。

这些烧瓦窑群作坊遗址，可分为大规模的主要烧制区和小规模的补充烧制场所。主要烧制区是以外郭城内东北部，含嘉仓城外东部，瀍河两岸为中心，在东西长达1.5公里，南北宽约1公里的范围内密布了数量众多的烧瓦窑群，是为营建洛阳城提供建筑材料的主要作坊遗址。另外，在宫城、皇城、东城内还分布有一些窑址，这些窑址一般规模小，数量少，应为修补建筑时所建的窑址。

烧窑从形制可分为单窑、对窑、品字形窑、串窑等多种，从结构上又可分为无烟室的小窑和有烟室的大窑两种，存在明显区别。无烟室的小窑和有烟室的大窑存在早晚叠压打破关系，大窑叠压打破小窑。据此推测，大小两种形制的烧窑应与隋唐时期两次大规模营建隋唐洛阳城有着密切的联系，小型窑与隋建洛阳城有关，大型窑与唐建洛阳城有关。

隋唐时期建窑技术日臻完善，这些烧窑具有分工明确，多集中烧制某一种制品；窑床容积大，窑体跨度大，产量高；节省人力，便于管理等特点，反映了隋唐时期烧窑较前代更加科学、高效，技术水平日臻成熟。

瀍河东岸唐代窑址　位于洛阳市中州东路以北的瀍河东岸，处在隋唐东都洛阳外郭城东北部。1992年12月～1993年3月发掘。

这6座窑分为三组，窑内出土遗物丰富，有建筑材料板瓦、筒瓦、砖和陶器、瓷器、三彩器等生活用具。6座窑同属"马蹄形"窑，使用年代主要是在武则天至唐玄宗这段时期。这次窑址在城内里坊区为首次发现，丰富了隋唐东都洛阳城遗址区建窑资料。

隋唐洛阳城外郭城砖瓦窑址　位于洛阳市火车站东南约200米，南新安街南段东侧，九龙台北约80米处，东距瀍河100米的原隋唐东都外郭城内北部里坊区履顺坊内。1992年10月～12月和2003年12月～2004年1月两次发掘。

该窑址东西长170、南北宽60米。多以两座由操作坑相连为一组，也有3座连为一组，单窑较少。每组对窑或三窑的窑距较近，窑门相对或方向一致，所有砖瓦窑可分为大小两种型制。窑址中出土大量遗物，分为建筑构件砖、板瓦、瓦当；窑具砖垫、瓦座、瓦垫；陶器有盘、罐、瓮、筒。

该砖瓦窑占地面积大，出土遗物多元化，规格高，不是一般民居建筑所能用，而应该是专为营建洛阳城及宫殿而特设的，当属官营作坊。大、小两种型制的砖窑应与隋唐时期两次大规模的营建洛阳城有密切的关系。该砖瓦窑的使用年代上限不超过隋大业元年，下限不晚于唐开元十九年。

洛阳关林皂角树唐代窑址　位于洛龙区关林镇牡丹大道，隋唐洛阳城外郭城定鼎门遗址南部，关林镇皂角树村西侧。2005年6～7月发掘。

窑址面积东西长80、南北宽60米，占地约5000平方米。窑址由烧窑和取土坑以及废品堆积坑两部分组成。烧窑分布呈总体分散但局部集中的特点，共清理出烧窑17座。这17座窑所出遗物基本相同，主要以建筑材料为主，日用陶器少见，其中建筑材料占出土遗物的绝大多数，约占98%，陶器数量不多，仅约占2%。建筑材料有

1 \ 洛阳关林皂角树唐代窑址

2 \ 洛阳关林皂角树唐代窑址Y1

洛阳关林皂角树唐代窑址全景

板瓦、筒瓦、莲花瓦当、长条砖等；陶器生活用具有陶盆、罐、碗等。

根据发掘的莲花瓦当等特征结合有关文献记载，该窑址当属官营，是官营性质的窑址作坊。但产品的质量和制作的精细程度与隋唐城内所出的同类产品对比有较明显的差距，并且该窑址未发现在隋唐城内的窑址所常见的莲花方砖等高规格建筑材料。从这些现象推断，该烧瓦窑址虽属官营性质，但是所出产品的使用级别明显要低于隋唐城内官窑作坊所出的产品。这批烧窑独特之处，在布局形式方面分为单窑、对窑、"品"字形窑、串窑几种。串窑有节省人力便于看管的特点，这种筑窑的特点在目前已发掘出的唐代烧窑中还是首例。这表明唐代建窑方式多样，建窑技术日趋成熟。

（六）其他遗址的发掘

龙门奉先寺遗址发掘　奉先寺是唐高宗为祭祀其父唐太宗李世民所建，属于皇家寺院。遗址位于洛阳市南郊龙门西山南麓，魏湾村北，东临伊河，洛阳至伊川公路从遗址中间穿过。1997～2000年，我队参与了由洛阳市文物管理局组队与意大利那

1\ 龙门奉先寺遗址
2\ 龙门奉先寺遗址

1 \ 龙门奉先寺遗址
2 \ 龙门奉先寺遗址

1 \ 龙门奉先寺遗址
2 \ 龙门奉先寺遗址出土菩萨立像
3 \ 龙门奉先寺遗址出土菩萨坐像

波利大学东方文化研究所联合对遗址进行的发掘。历时6个月，发掘面积1637平方米。该遗址内出土遗物丰富，有建筑材料砖、瓦、滴水、瓦当；石刻造像佛像、菩萨像、弟子像、佛龛；瓷器有青瓷碗、白瓷盘、黑瓷碗等，还有44枚铜钱。遗址下限为金元时期。

洛南新区唐代石筑水利设施　位于洛阳市洛南新区的文化西路，系我队于2004年2～5月配合基本建设而发掘的。该建筑其址为青石垒砌而成，东西长40、南北宽10米，残高约2米。大致呈方形，其南北两壁的中部分别向外弧出。根据发掘情况，该建筑分两期，第一期始建于唐代，第二期为稍后进行的改建和利用。隋唐时期在修建东都洛阳城时，曾修建了大量的水利设施，此处石砌建筑遗址的功能应与水利设施有关。

1\ 洛阳新区唐代石筑水利设施遗址发掘现场
2\ 洛阳新区唐代石筑水利设施遗址
3\ 洛阳新区唐代石筑水利设施遗址现状

天津桥遗址　天津桥始建于隋，又称洛阳桥，是隋唐洛阳城内连接洛河南北城区的最主要桥梁。从隋唐、五代到宋代，天津桥屡被水毁，屡毁屡建。

2000年，我队在隋唐城中轴线洛河段即今洛阳桥西侧200米处河床下，发掘出了唐宋时期的洛河石堰与桥墩。桥墩共清理出4个，南北排列，跨度均为15米。桥墩全长20余米，均呈龟背形，石柱迎水面砌成尖角，可减弱水流对桥柱的冲击，利于泄洪。桥墩下垫有枕木龙骨防止下沉，上铺长方形巨大石块垒砌，每

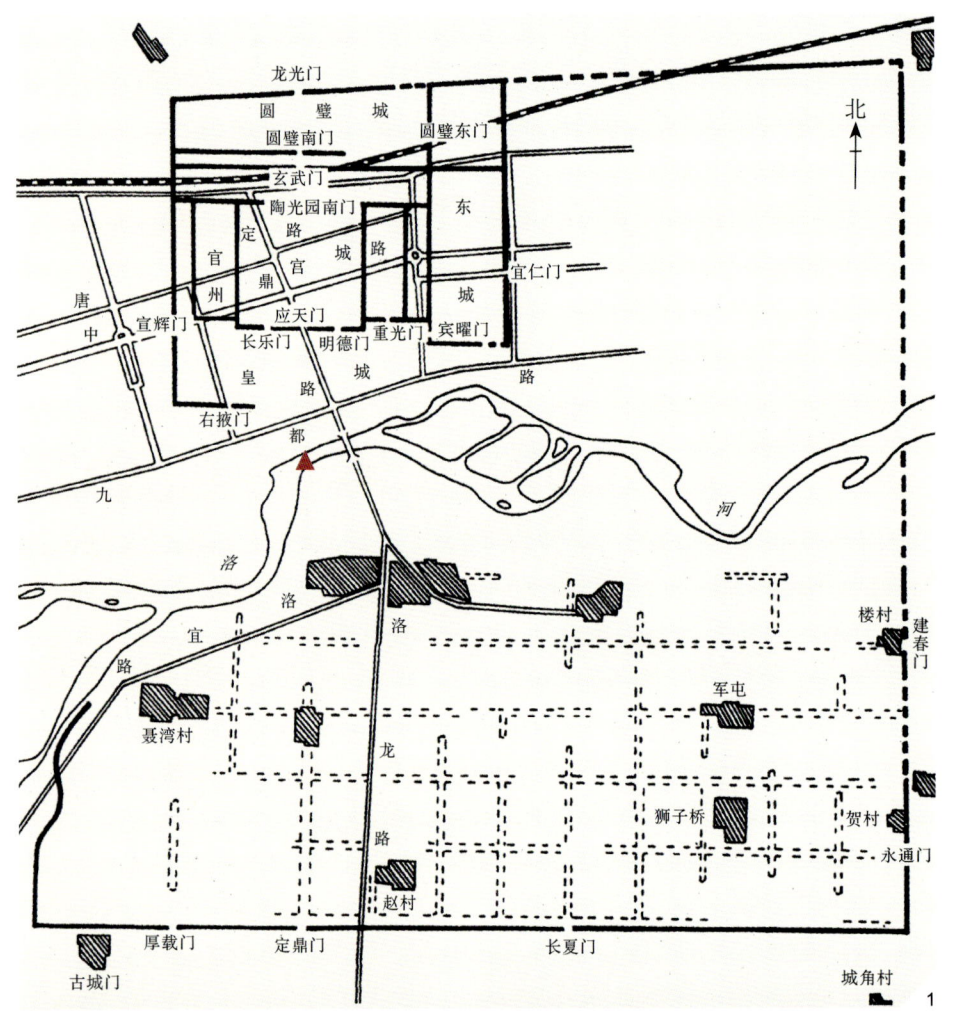

1\天津桥遗址位置示意图
2\天津桥遗址
3\天津桥遗址
4\天津桥遗址

砌一层，缝间凿槽，镶嵌铁细腰，错缝骈连，细腰纵横拉固，形成巨大板块，不易分散变形；石堰绵延数公里，均以青石为堰，用以拦水，保护河岸。估计天津桥宽约20米。

四、北宋洛阳城遗址的发掘

北宋时期，洛阳为西京，仍保持隋唐三重城的格局，但已趋向衰落。据《元河南志》记载，宋时宫室皆因唐之旧，"或增葺而非创造"。其东城"宫东之外城也，隋筑，唐与宋皆仍旧"，"城内有洛阳监"。同时，宋王朝又对洛阳的城郭、坊市等进行了多次修缮，尤其是宋徽宗时，为朝谒诸帝陵，曾对西京洛阳宫城进行了一次大规模的修缮，历时6年，修治大内房舍数千间，《宋史·地理志》："政和元年十一月，重修大内，至六年九月毕工。"

自1970年以来，陆续在宋西京旧址内发现有宋代殿堂建筑遗存。80年代以来，我队发掘的这一时期重要遗址有位于洛阳老城老集旧府洞宋代门址，纱厂路、人民路等地的北宋砖瓦窑场遗址等。

宋代门址的发掘 位于洛阳老城老集旧府洞（旧府洞是今人对明代藩王府正门的称谓），即洛阳市中州医院西大街门诊所，1984年3～6月发掘。

现存门址为单门洞砖石结构，门址由地栿石、门扉结构、车道和踏道几部分组成。地栿石居门址东西两侧，门扉结构位于门址横中线。由门槛石、门槛石中央的将军石、两侧的门砧石及门砧石之上的门框石所组成。车道位居门址纵向中线两侧、由两排平行

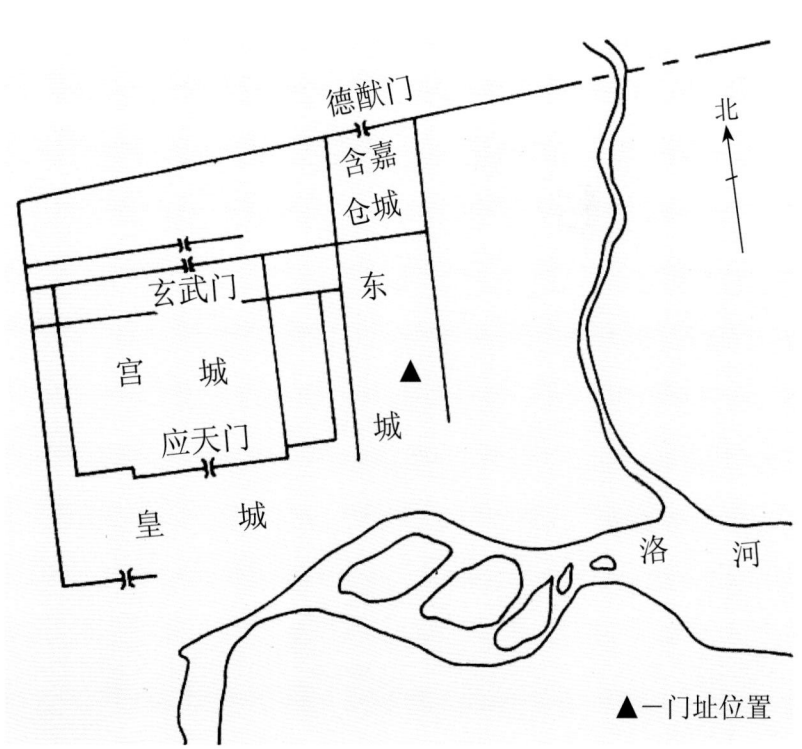

1984年发掘的宋代门址

的条石组成。踏道共3条，用条砖横砌，中间略高，两侧稍低。从发掘的情况看，门址建于夯土之上，两侧设地栿以立排柱，中有车道和踏道，横中部有严谨的门扉结构。从门址的建筑结构分析，它应属于在地栿石上立排叉柱的"过梁式"木构门洞。

该门址应为北宋时期重要官邸的门阙通道。门址的建筑时代为北宋前期，废弃年代约为北宋末期。

宋代烧窑的发掘 从目前发表的资料来看，宋代烧窑在城内和城外均有发现，结构主要由工作面、窑道、窑门、火膛、窑室等部分组成，平面呈圆形或半圆形，出土的多为建筑材料。应与宋代宫殿或园林建筑有关。为研究宋代洛阳城的建造、修缮历史及建筑材料的来源提供了重要资料。

1982年秋～1983年夏我队在隋唐洛阳城宫城正西约2公里处，今纱厂路中段，发

1 \ 2005年人民路宋代砖瓦窑址
2 \ 2005年人民路宋代砖瓦窑址
3 \ 2005年人民路宋代砖瓦窑址
4 \ 2005年人民路宋代砖瓦窑址出土建筑材料
5 \ 2005年人民路宋代砖瓦窑址出土建筑材料

掘了2座宋代砖瓦窑和3个作坊遗址。出土的主要为建筑材料，有条形砖、方形砖、板瓦、筒瓦、瓦当、滴水、鸱吻、鸱尾、望柱、陶范、钱币等。

1982～1983年在隋唐东都城址西郊共发掘宋代烧窑6座。平面多为圆形，烧窑一般总长约9米。出土了大量建筑材料，计有莲花、菊花、兽面瓦当、不同尺寸的板瓦、筒瓦、莲花纹方砖、卷草纹方砖、牡丹纹花砖以及鸱吻、鸱尾、角人、望柱以及制作滴水、瓦当、脊饰的范模。

2005年12月～2006年1月，我队在人民路与环城北路交叉口西南角发掘一处宋代砖瓦窑遗址，该遗址5座烧窑南北一字排开，间距1.8～2.4米，形制、大小相同，该窑址出土有大量板瓦及少量筒瓦、花边瓦、瓦当残砖、瓷片等。其中板瓦出土量较多，分为有印铭瓦及无印铭瓦。该窑址应为北宋时期以烧制瓦为主的砖瓦窑官营作坊。

五、金元明洛阳城及藩王府遗址

金代洛阳已失却了政治、经济、文化的中心地位，金初依然沿袭隋唐旧制，金大定初年（1224年）以后其规模缩小至现今洛阳老城的范围，据《元河南志·宋城阙古迹》记载："以河南（洛阳）为中京，改河南为金昌府。筑城，东拒河，南接东城之南郭，西部亦因东城之西郭，北缩于旧（城）一里"，可以看出，这时虽然名为中京，但规模和范围已大大缩小了。1995年，我队对金中京城墙的发掘，为了解金中京城的范围提供的可靠资料。

明代洛阳城是伊王、福王的封邑和河南府治所，建筑规模比金、元有所扩大。据《两京城坊考》、《河南府志》等资料记载，明万历二十九年(1601年)，明神宗朱翊钧封其子朱常洵为福王，并开始在洛阳建造福王府，万历四十二年(1614年)福王就藩洛阳。崇祯十四年(1641年)，李自成率兵攻占洛阳，焚烧了明福王府，明福王府从此淹没在历史的长河之中。

80年代以来，我队陆续发掘出位于洛阳市老城区人民街的明代洛阳城城墙及北大街东侧明代福王府遗址，发现有廊墙、长方形夯土基址等。经考古发掘，福王府遗址在中州路北侧，主要发现有大门以及一条连接大殿约15～20米宽的中心大道，其两侧为排水设施，在殿堂周围是配殿，其规模和豪华程度在当时王府中首屈一指。

（一）金元时期洛阳城

金中京城墙　1995年冬，洛阳市文物工作队在洛阳盐业公司家属院内发掘了金中京城东墙的一段城墙。西距北大街约800米，南距中州路约400米，东距瀍河约100米。据此，可以大体勾勒出金中京城的轮廓。其西北角与隋唐东都城东城完全重合，这与《元河南志》的记载相符，其南墙向北，全城平面基本上呈方形，长度约为1400米，周长约2.8公里，面积相当于隋唐洛阳城的二十分之一。此后元、明、清三代洛阳一直沿用此城。

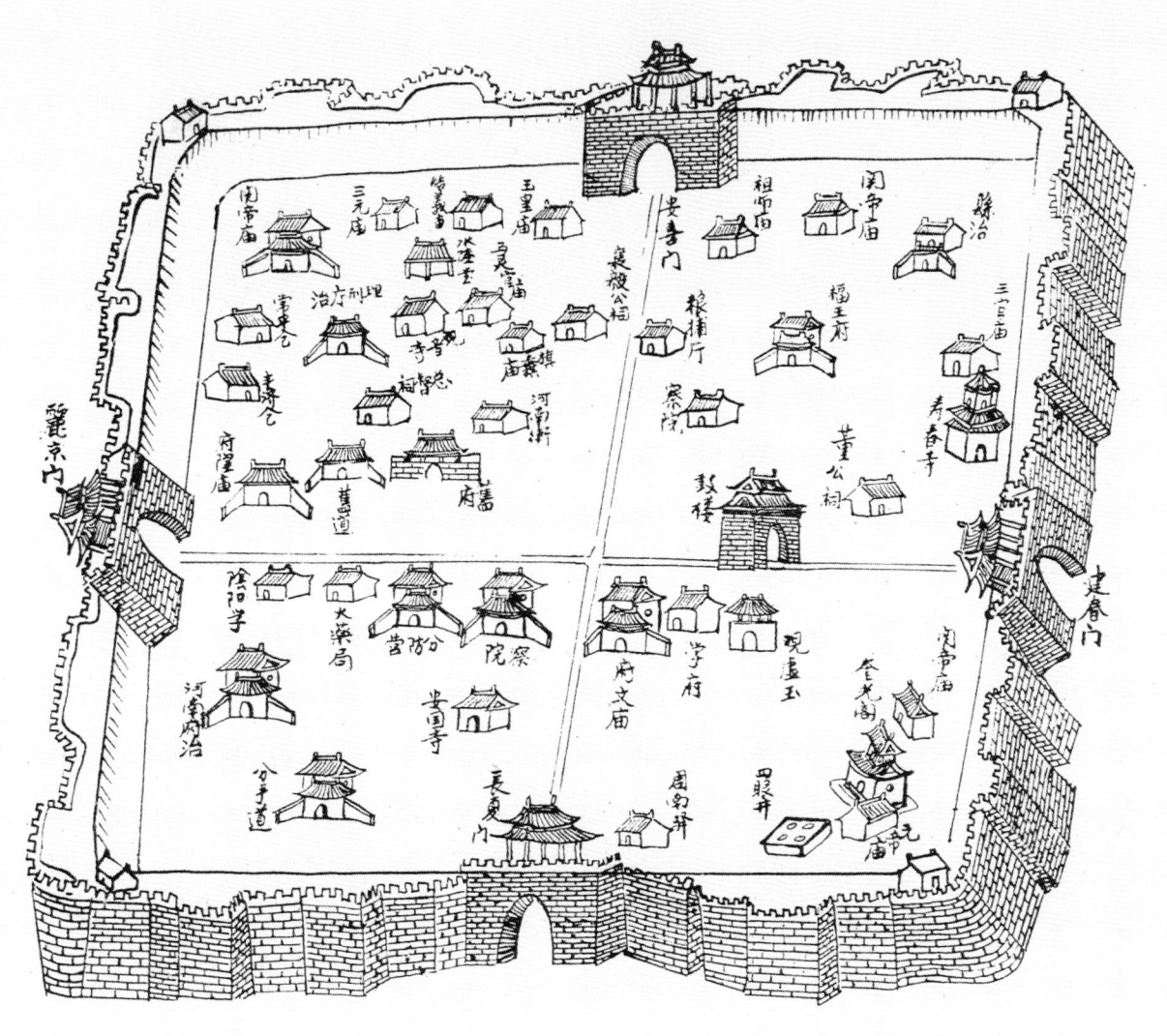

金元洛阳城池图

新安县北冶乡金元时期瓷窑遗址 位于新安县北冶乡原乡政府，为黄河小浪底水库淹没区。2003年11~12月发掘。发掘面积约300平方米，主要遗迹有瓷窑、作坊、灰坑等。瓷窑发现较多，大部分保存不完整。烧窑由火膛、窑床、烟道、烟室几部分组成。作坊遗迹清理出2处，一处有石灰垒砌的房基，房基周围有瓷窑、匣钵坑、瓷片坑；另一处发现有石杵、磨盘、篦子、排水沟等。遗物主要有白地黑花瓷碗、盘，天蓝釉瓷碗、盘，黑釉瓷碗、白瓷碗、红、蓝釉下彩瓷盘、三彩瓷枕残片等。窑具有匣钵、支钉、垫饼。匣钵种类较多，主要有筒形匣钵和盆形圜底匣钵。

这次发掘遗物数量较多，器形大多数为碗、盘之类。天蓝釉瓷应属钧窑系，白地黑花瓷应属磁州窑系，其盛烧时代应为金元时期。

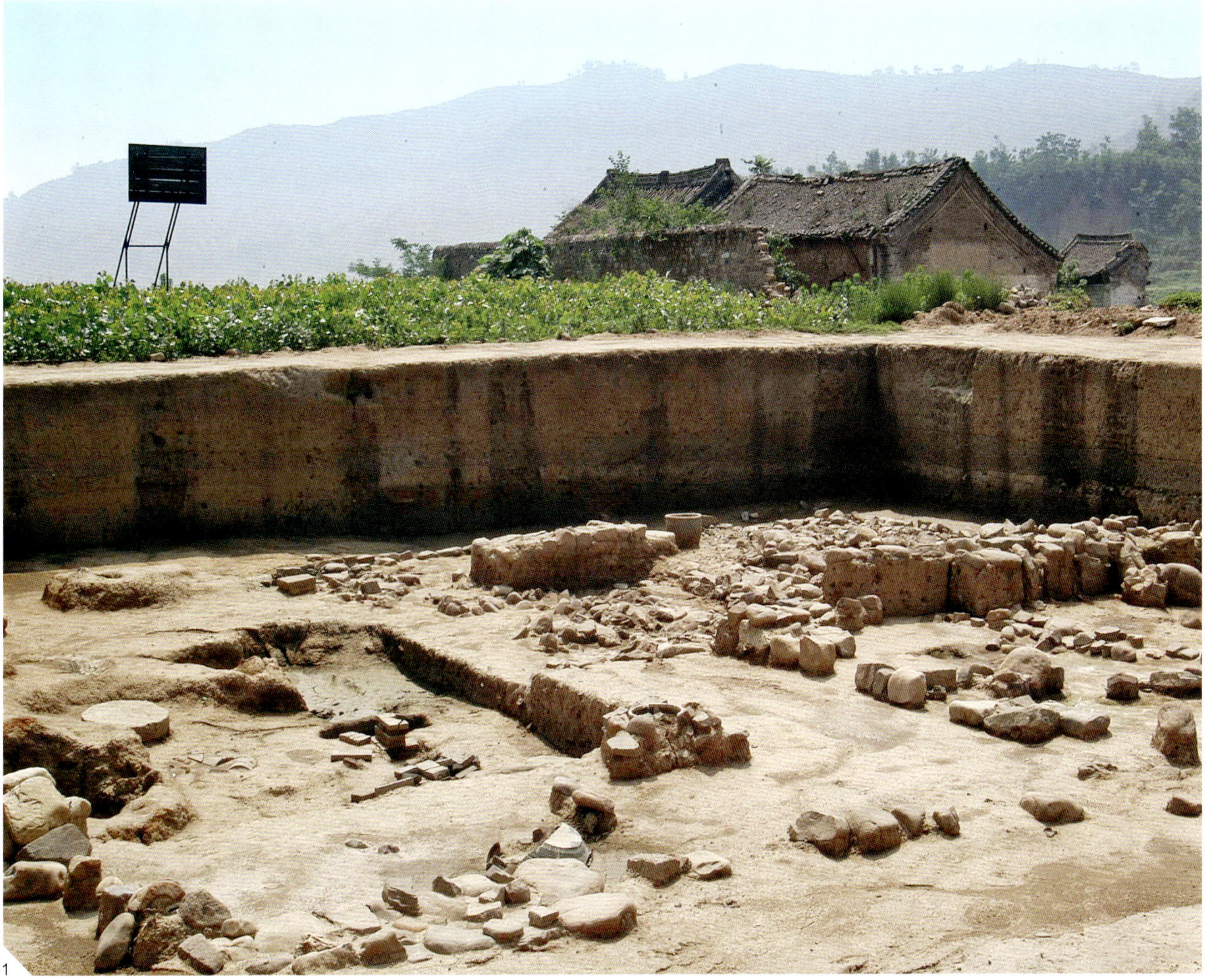

1

2

3

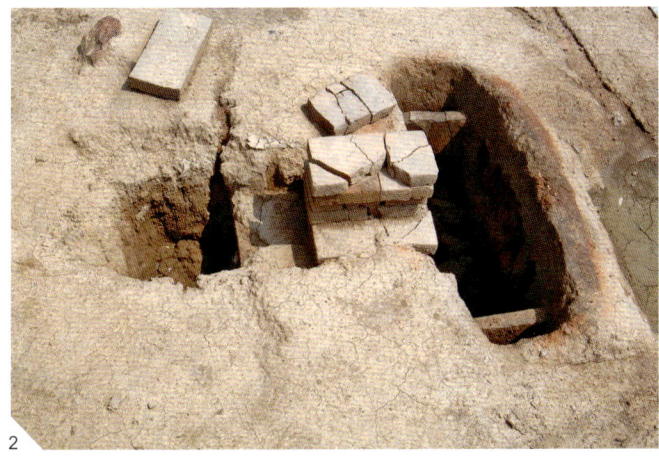

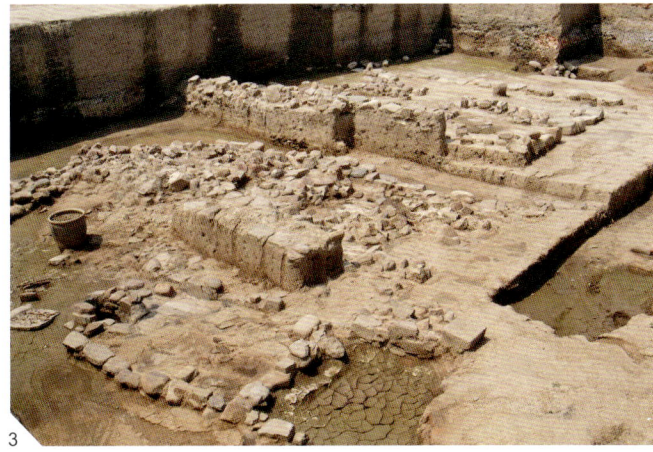

1 \ 新安县北冶乡金元时期瓷窑遗址发掘现场

2 \ 新安县北冶乡金元时期瓷窑遗址

3 \ 新安县北冶乡金元时期瓷窑遗址

新安县北冶乡金元时期瓷窑遗址

1 \ 新安县北冶乡金元时期瓷窑遗址出土窑具
2 \ 新安县北冶乡金元时期瓷窑遗址出土窑具
3 \ 新安县北冶乡金元时期瓷窑遗址出土瓷器
4 \ 新安县北冶乡金元时期瓷窑遗址出土瓷器

（二）明代洛阳城

明代城墙遗址　1996年，我队在配合基建施工中，在老城区人民街23号发掘出一段明代城墙，为明代洛阳城东北角。该段城墙的发现，为我们提供了明代洛阳城东城墙及北城墙的具体位置，对研究明代洛阳城的变迁提供了重要依据。

明代福王府遗址　1991年4～12月，我队在老城区青年宫一带发掘了一处遗址，东西宽250、南北长约300米，面积达75000平方米。遗址区中部和南部地下普遍存在明代夯土，厚度一般在1.4米，夯层一般厚10～17厘米，平夯。夯土之上的建筑遗迹多已不存，只发现小面积的白灰地坪和少量方形础坑。在当时的居住面下发现地炉2座，由长方形操作坑、火门、排渣孔、火膛、排烟道等诸部分组成，均为砖砌。地炉内出土有一批青花瓷器，上印"大明"、"王府制造"等铭文。

2004年3～4月，我队在此附近又发现遗迹3处，分别是廊墙1条、长方形夯土基址2个。从这3处遗迹的位置、层位关系、遗物等分析，廊墙可能为明福王府的西墙，两个夯土基址均为王府内的配殿。这些遗迹的发现对研究明福王府的建筑布局具有重要意义。

明代城墙遗址发掘现场

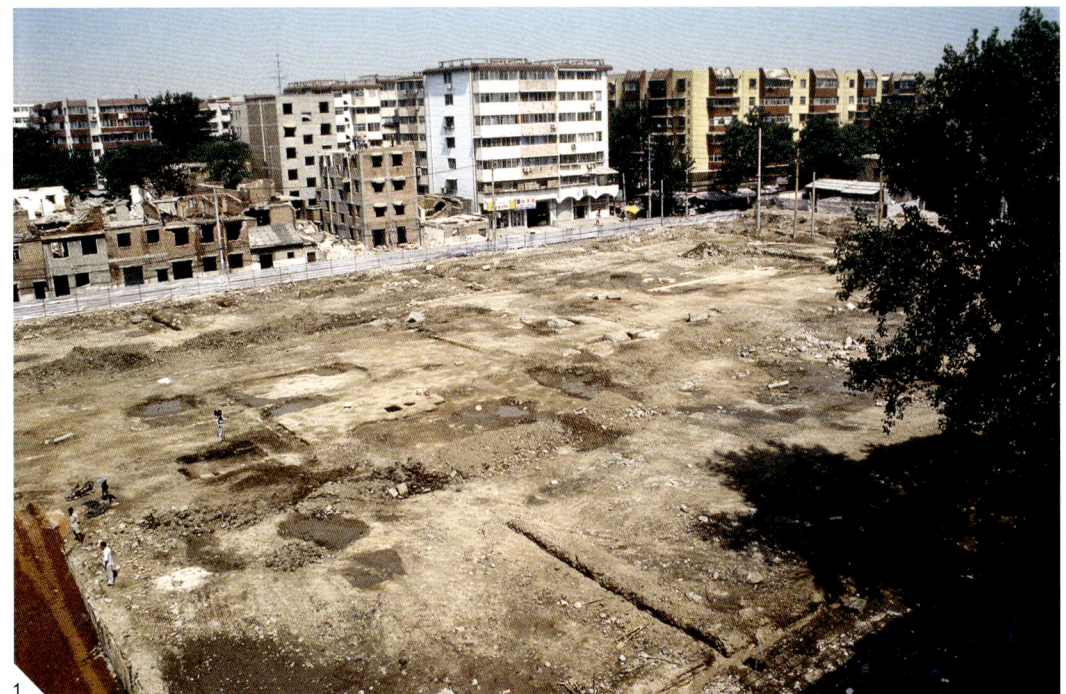

1 \ 明代福王府遗址全貌
2 \ 明代福王府遗址房屋建筑基址
3 \ 明代福王府遗址水渠遗址
4 \ 明代福王府遗址建筑基址
5 \ 明代福王府遗址建筑基址

1

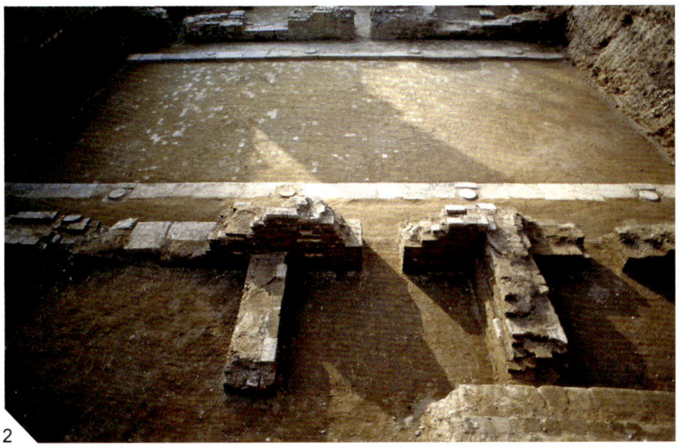
2

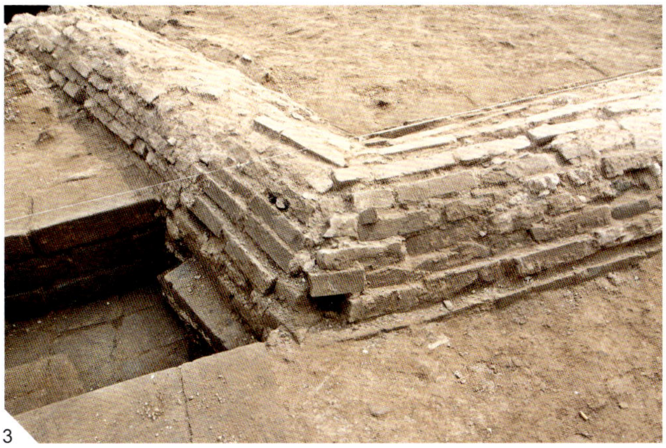
3

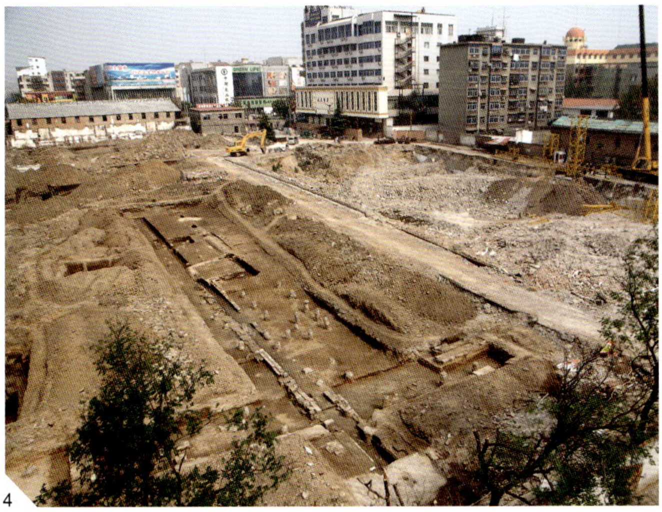
4

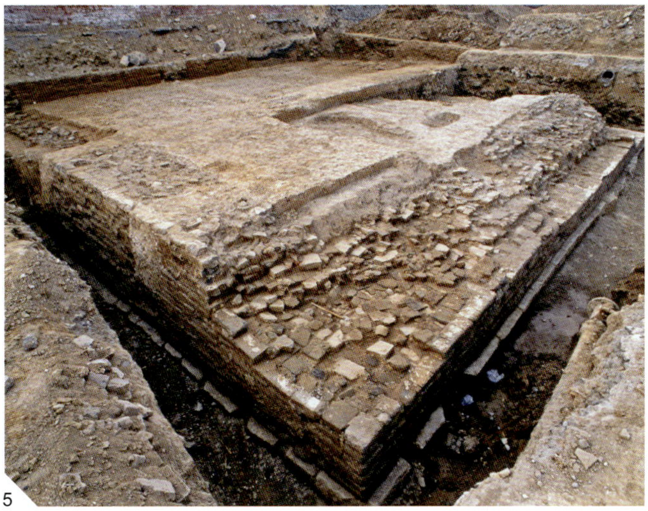
5

2006年9～10月，我队在老城区中州路以南青年宫兴华街以东进行考古发掘时发现明代暗渠一段，现存长度58米，渠宽0.75～0.9、深0.7～0.75米，底部两壁为砖砌，顶部为砖券。此渠与以前在此北面发掘的暗渠相连，为明代福王府建筑的排水设施。

明代砖窑遗址　窑址位于洛阳市东车站东约200米，2003年8～9月发掘，共清理出4座明代烧窑，形制大小基本相同。由操作坑、通风道、窑门、火膛、窑床和烟囱几部分组成。窑内的遗物为元明时期的瓷器残片。窑内出有大量的楔形砖，这种砖仅用于建筑特殊部位如城门、楼门等。故此处应是明代一处具有专门化的用以烧制特殊用途的砖窑遗址。这是洛阳地区明代砖窑的首次发现，其窑址布局、窑的结构设计也为洛阳地区的首次发现，丰富了砖窑烧造工艺和技术等方面的资料。

第三节
历代墓葬的发掘

我队自20世纪80年代以来，配合基本建设和各类工程建设共发掘各个历史时期各类型墓葬、车马坑等数以万计。其中以两周墓葬约7000多座，两汉墓葬和隋唐时期墓葬数量也在几千座以上，这些墓葬的发掘展示了中国历史发展的脉络和特点，对研究中原乃至中国历史提供了重要资料，是新中国墓葬考古不可缺少的重要组成部分。

一、西周墓葬及车马坑

洛阳地区西周墓西到涧河以西，东到瀍河以东，北到邙山南坡，南至洛河以南的关林，主要分布于瀍河两岸、洛阳东郊塔湾至杨文一带和涧河两岸三个区域。最主要集中在洛阳东郊瀍水两岸，大约有800多余座。其中20世纪二三十年代在洛阳北郊发现的马坡西周墓地及1963年在北窑发现的北窑西周墓群，其年代在西周早中期，从出土器物和墓葬形制来看，为西周时期贵族墓地，出土有铭文铜器的墓葬也均在这一区域。近年来，我队在东花坛、机车工厂、洛一高、林校等地发现了大量的西周墓，时代从西周早中期直到晚期，应为西周时期的平民墓葬区。它们与北窑庞家沟西周贵族墓葬和西周铸铜遗址隔瀍河相望。另外在涧河两岸，北起东干沟、西干沟，南至瞿家屯一带，历年来时有西周墓葬被发现，但数量不多。这些西周墓葬均为小型墓葬，大部分以随葬陶器为主，随葬青铜器的墓葬较为少见，已知目前发表的青铜器墓葬仅有3座。这些西周墓葬的发掘，结合西周文化遗址，为该地区西周文化遗存的聚落形态、组织结构、族属以及墓葬的断代等课题的研究提供了一些线索。

洛阳发现的西周车马坑均为长方形土坑，主要有两种，一种仅埋入车辆及铜车马饰。另一种车马坑上层埋葬有随葬器物。目前为止，除了20世纪70年代在北窑西周墓地共发掘了7座车马坑，形制多为长方竖井形。规模有大型、中型两种。马坑中只葬马（个别葬狗），个别马坑中埋有极少量的铜镞、马饰。葬马的数量少者4匹，多者61匹。

70年代在洛阳北窑西周铸铜遗址发现了西周晚期7座车马坑，形制多为长方竖井形，有东西长、南北短的2座；东西短、南北长的5座。马坑中只葬马，未见埋车或车器，个别马坑中埋有极少量的铜镞、马饰，也有葬狗的。其规模有大型、中型两种。葬马的数量少者4匹，多者61匹。

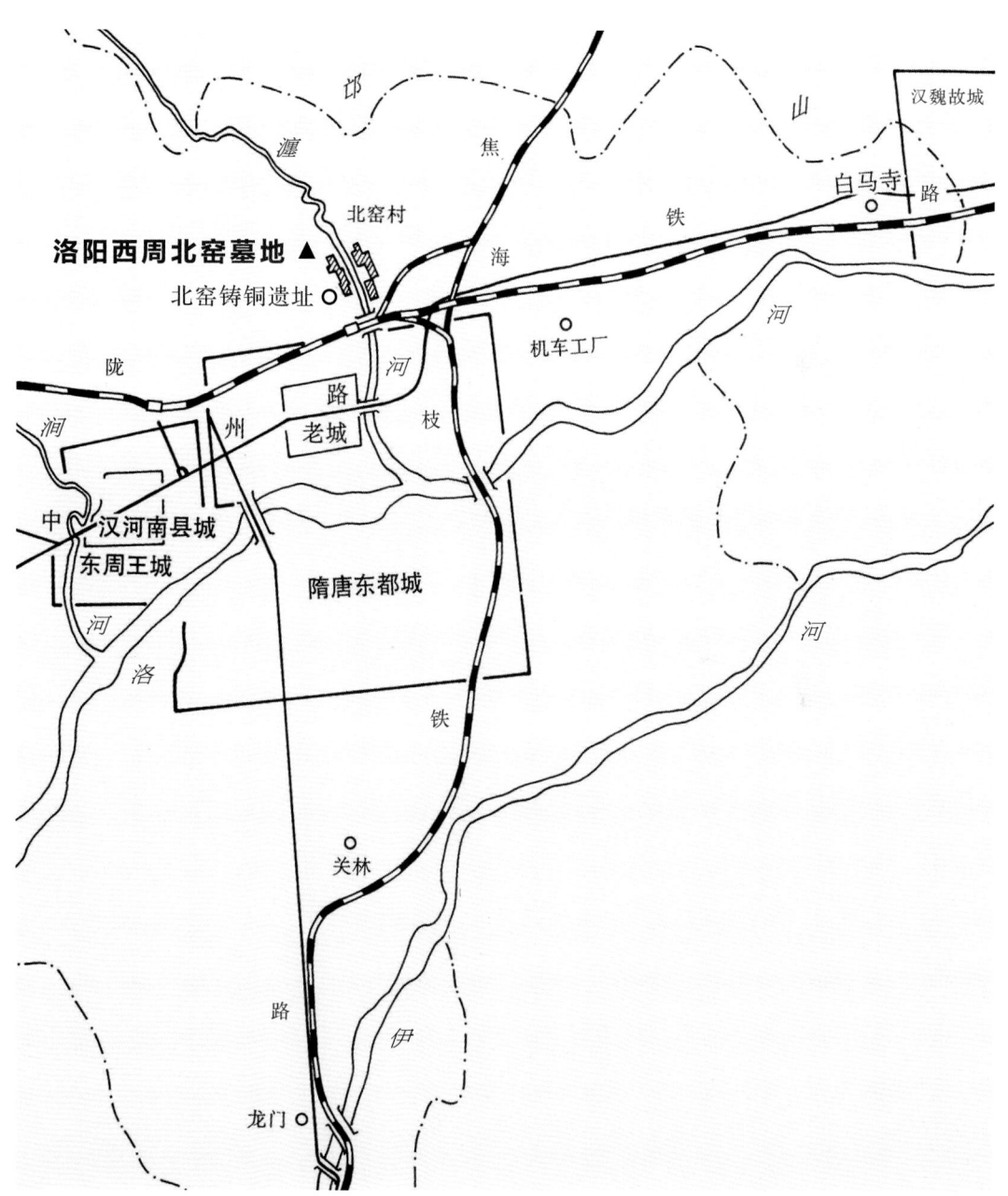

洛阳北窑西周墓地位置示意图

80年代以来，我队在瀍河东岸共发掘车马坑5座，其中车坑和马坑3座，车马坑2座。1984年8月发掘清理西周车马坑4座，其中两座遭近代严重破坏，另两座保存比较完整。1993年3～6月发掘的林校西周早期车马坑是保存比较完整、随葬器物比较丰富的一座，为研究洛阳地区西周时期的车马葬制、车制结构、车马坑特点及西周的物质文化，提供了重要资料。

（一）洛阳北郊西周贵族墓葬区

洛阳北窑西周墓地　位于洛阳市上窑村西邙山南麓，它的发现与发掘，是建国以来我国重要考古成果之一。1963年春～1973年发掘，发掘出西周墓葬348座，马坑7座，共355座。从出土遗物形制特征分析，这348座西周墓时代从西周早期到西周晚期均存在。此处北窑西周贵族墓地的发现，为寻找西周洛邑成周提供了重要线索；出土大量的铜兵器、铜车器，使我们对西周时期青铜器铸造有了更多的认识；为西周铜兵器和车马器的研究提供了重要的实物资料；出土的数量众多的原始瓷器，提供了认识北方西周原始瓷器的重要标本。

洛阳北窑西周墓地

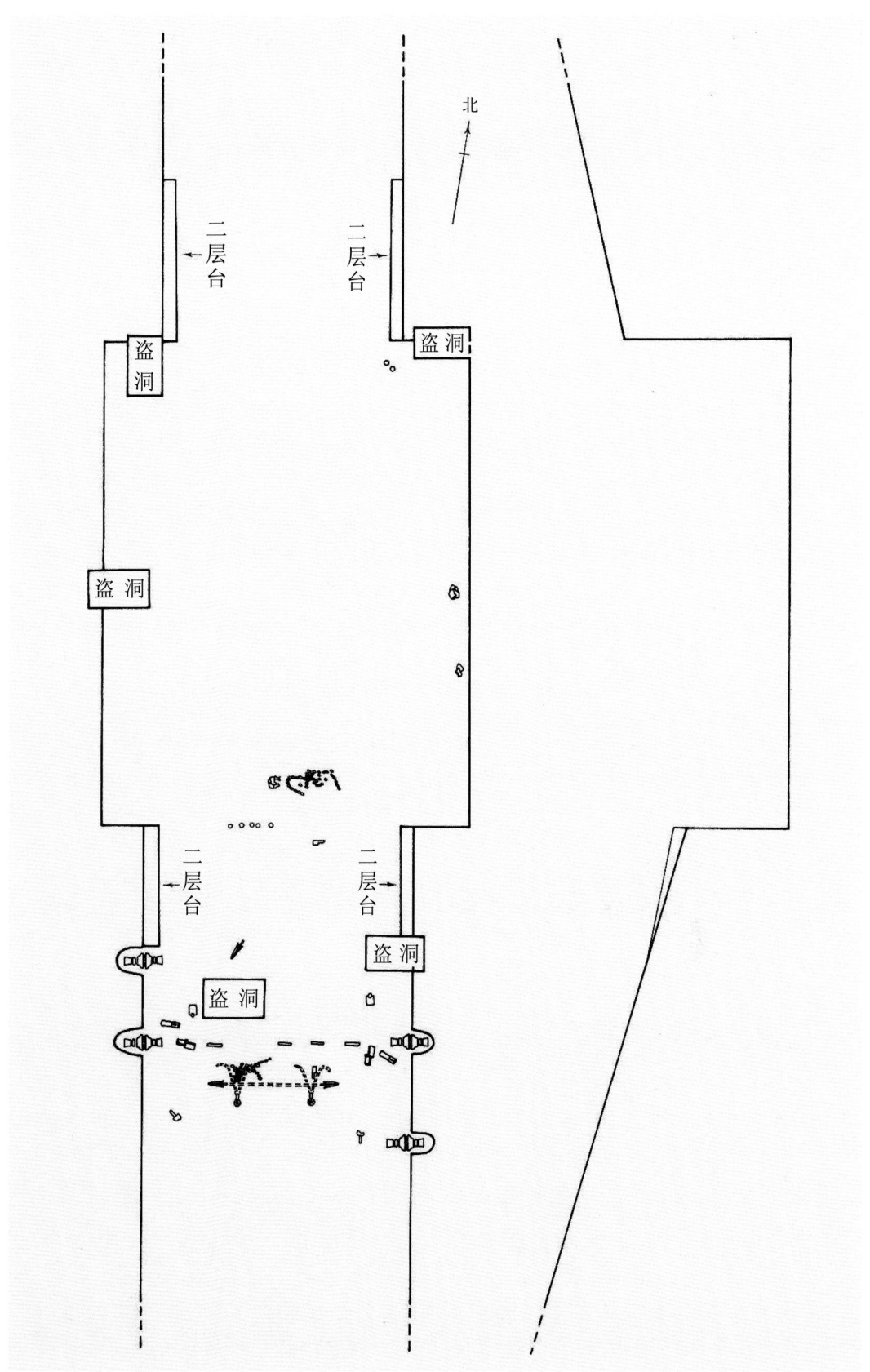

洛阳北窑西周墓地M451平、剖面图

洛阳东北郊邙山南麓西周贵族墓地　洛阳东北郊邙山南麓的马坡村一带也是重要的西周贵族墓地，20世纪二三十年代以来曾出土过多件有铭铜器。1993、1997年我队先后3次在此清理发掘了十几座西周晚期墓葬，其中有出土带铭文铜器的墓葬。

1993年7月，由我队发掘的C5M906位于洛阳市东郊邙山南麓，焦枝铁路杨文站西边约350米处，距离马坡村东1.3公里处。该墓为长方形竖穴土圹墓，长4、宽3米。墓内随葬鼎、盘、匜、壶、盨、甗、衔镳等铜器，又有圭形铜片和陶鬲等。此墓铜器的组合、形制、纹饰与铭文字体都具有西周晚期的特点。其中一件铜盨上铸有铭文，释作"召伯虎用乍朕文考"。知此盨是召伯虎为其亡父所作的祭器，故这座墓很可能是召伯虎之父幽伯之墓，作器的时间约在宣王前后。

1993年洛阳东郊西周墓C5M906出土"召伯虎"铜盨

1997年8～10月我队在位于洛阳北郊杨文村交通部四局二处家属院内，发掘清理了长方形竖穴土圹墓9座和马坑1座。5座有随葬器物的墓葬，出土器物可分为铜、骨、蚌、陶器四类共44件。铜器主要有鼎、簋、匜、车马器、剑、戈、镞、斧、凿、刀、匕等，另有铜鱼、骨蚌饰、贝饰、骨饰、陶鬲等。出土的青铜器铸作精美，纹饰繁丽，其中C5M1135出土的一件铜鼎内壁有铭文"叔拟父乍旅丁"。

（二）洛阳东郊西周平民墓葬区

洛阳市东郊泰山庙西周早期墓 1986年12月5日在洛阳市东郊原泰山庙附近发掘的西周早期墓，均为长方形竖穴土圹，随葬器物以铅器为主，有鬲、簋、盆、卣、觚、觯、爵，还有玉片、铜镞、陶鼎、陶簋、陶甗、陶罐等。这批西周早期的铅礼器，是洛阳西周墓葬出土铅器比较丰富的一次。

洛阳市东郊西周早期殷遗民墓 1990年10～11月在位于塔东村北，铁道部洛阳机车工厂生活区内发掘清理西周墓葬20座。均为长方形竖穴土坑墓，一般长2.5、宽1.1、深4.5～5.5米。墓室有熟土二层台。葬具一般为单棺，墓底正中多有长方形腰坑，腰坑一般长0.7、宽0.3、深0.3米。出土铜器有鼎、觚、爵、觯、矛等。陶器有鬲、簋、罐以及铅鼎、玉饰、海贝、石圭等。其中C5M465出土的铜觚，圈足内有铭文"子父己"，C5M480出土铜觯内底有铭文"父戊"。这些墓大小相若，时代接近，多有腰坑，随葬铜酒器也较多，一件觚铭有商族"子"姓，为洛阳西周"殷遗民"墓的探讨提供了新材料。

洛阳东车站西周墓葬 墓葬位于东车站综合服务楼处，2003年7月发掘，共清理了西周时期墓葬5座（C3M566～M570）。墓葬均为长方形竖穴土坑墓，葬具有单棺和一棺一椁。葬式有仰身曲肢和仰身直肢。这5座墓出土随葬器物有铜器、陶器

1 \ 2003年洛阳东车站西周墓
2 \ 2003年洛阳东车站西周墓出土铜器现场

及玉石器等30余件。铜器有觚、觯、爵、尊、镞和铜片等,其中M567出土了一组保存完好、纹饰精美且带有铭文的铜器,尤其是高体细腰觚,是洛阳地区少见的器形,觚上有2行8字铭文"亚□□作□宝尊彝";觯底有3字铭文"饮祖己";爵上有铭文"父己"、"子韦"。陶器有罐、鬲、簋、豆、瓶和盆。石器有柄形饰、璋和圭,玉器有坠,另外还有骨贝。其中M566~M568这3座墓为西周早期洛阳地区殷遗民墓。

洛阳市东郊两座西周早中期墓 1991年春,清理了2座西周墓,一座位于洛阳市东郊北窑村西南,一座位于洛阳东站北约300米的瀍河东岸,中州东路南侧(编号

洛阳东郊西周墓出土云雷纹陶尊

为C3M196、C3M200）。均为长方形土圹竖穴墓中的小型墓。C3M196器物组合以鬲、簋、罐为主，另加尊、爵、觯等，时代相当于西周初年至成、康时期。C3M200鬲、簋、罐为主的器物组合年代约为西周穆王时期前后。

这两座西周墓葬主要器形的发展变化，反映了洛阳地区西周墓由早期到中早期器形变化。另外，M196出土的铅质明器及墓葬形制中的腰坑，均可说明洛阳地区在西周早中期还存在着殷商习俗，与安阳殷墟晚期墓有许多相似之处。

（三）涧河两岸西周墓区

洛阳涧河东岸西周晚期墓 2004年12月底，我队在位于上阳路西南，涧河与洛河交汇处东北角，西距涧河约300米处发掘了十几座西周墓，其中一座墓葬（C1M8633）为长方形竖穴土坑墓，墓底中部偏南有一椭圆形腰坑，腰坑内随葬一狗。随葬器物多置于头前面的棺椁之间，棺椁间西南角也发现有随葬器物。出土器物有陶器、铜器、玉器、蚌器等共31件(组)，陶器有簋、豆、罐，铜器有龙形镳、戈和镞等，玉器为玉石片，蚌器为蚌鱼。年代应在西周晚期。

洛阳市王城大道西周墓 墓葬（编号为C1M8307）位于西小屯村的东南部，2004年5月发掘，为长方形竖穴土坑墓，墓底中部有一长方形腰坑，坑底部有1具狗骨骸。随葬器物有铜器、陶器和玉器。铜器有鼎、簋，陶器有簋，玉器有璋和饰件。从这些随葬器物的形制特征推断，该墓的年代为西周晚期前段。此墓为南北向，墓底有殉狗的腰坑，陶器为单簋组合，所出的铜器有长期使用的痕迹，这些均为洛阳地区殷遗民的特征。

（四）西周车马坑

洛阳市瀍河西周车马坑 1984年8月发掘清理西周车马坑4座，其中两座遭近代严重破坏，另两座保存比较完整。

一号车马坑位于T2第三层下，为长方形竖穴，总长6.2、最宽处3.7米，车马坑东侧和西北隅分别被战国墓葬和西周灰坑所破坏。该车马坑内放置两辆车马。北边的一辆为2马1车，坑内出土许多箭镞。车箱为长方形，全部髹漆，目前尚未清理。南侧的亦为1车2马，另殉1犬。马头部饰铜当卢，铜泡等马饰，并出土有铜銮铃、车軏等车器。马之北端置车箱，箱为长方形，长1.2、宽0.72米，箱下压有车轴和车辕木痕，在车箱前部两侧各置铜戈一件。

五号车马坑位于T1第三层下，为长方形竖穴，总长3.7、最宽处3.3米，坑内埋4马1车1犬。4马并列，四肢卷曲俯卧于长1.9、宽0.65、深0.6米的长方形小坑内，马头部均饰有铜当卢、圆泡等马饰，并出土有铜軏、辕饰、銮铃等车器，马坑四周均有席痕，车箱的前部放置铜兵器，西侧为钺、戈、剑，东侧为矛。车箱后部殉1犬。

1 \ 1984年洛阳市瀍河西周车马坑

2 \ 1984年洛阳市瀍河西周车马坑出土车马架

3 \ 1984年洛阳市瀍河西周车马坑发掘现场

河南省林校西周车马坑 车马坑位于瀍河以东，中州东路路北的洛阳林校校园内。1993年3~6月发掘。车马坑作长方形，南北长4.4、东西宽3.8米。坑分2层，上层出土原始青瓷瓮、瓷尊及铜尊、铜铙、铜提梁卣、铜四足器座，另有漆器等；下层埋葬1车4马及铜兵器、蚌饰等。车置于坑后半部，车前4马，头均朝南，骖马在前，服马稍后。从发掘结果看，马应是杀死后放于车辕两侧预先挖好的土槽内，使马呈站立姿势。车轮也是放于事先在夯面上挖好的平面呈椭圆形的土槽内，车箱前半部堆放矛、刀、剑、戈等铜兵器，后半部放置铜甲、铜镞等。车箱后部压着一脖系铜铃和海贝的小狗。从残留的漆皮看，车子经髹漆。

这次发现的林校西周车马坑是保存比较完整、随葬器物比较丰富的一座，它的发现，为研究洛阳地区西周时期的车马葬制、车制结构、车马坑特点及西周的物质文化，提供了重要资料。

1 \ 1993年河南省林校西周车马坑发掘现场
2 \ 1993年河南省林校车马坑出土器物
3 \ 1993年河南省林校车马坑出土饕餮纹铜钺
4 \ 1993年河南省林校车马坑出土人俑铜调色器
5 \ 1993年河南省林校车马坑发掘现场
6 \ 1993年河南省林校车马坑

洛阳铁路分局西周车马坑　2009年，我队在洛阳铁路分局发掘西周时期马坑4个、车马坑1座。

车马坑（编号为K5）内殉葬1车2马。车轮的下半部、车轴和车辕置于预先挖好的凹槽内。出土有铜辖、踵饰及戈、矛等器物。马坑4座，除K1为椭圆形外，其余均为长方形。坑内均葬有马匹1具，个别坑马匹骨架不全。该车马坑由我队与中国社会科学院考古研究所安阳工作队技术人员进行了整体搬迁，为我们研究西周时期的铸铜、祭祀等提供了新的材料。

1 \ 洛阳铁路分局西周马坑K1
2 \ 洛阳铁路分局西周车马坑

1 \ 洛阳铁路分局西周马坑K2
2 \ 洛阳铁路分局西周马坑K3

二、东周墓葬及车马坑

以往的发掘表明,洛阳东周墓主要分布在东周王城的中部和东部,在洛阳市区发掘的7000余座东周时期的墓葬中,约有6000座出自东周王城遗址区域内,而已发掘的10多处东周时期的马坑、车坑和车马坑也大多出于此区域。依据已发掘东周墓的墓葬型制可分两种,即土坑墓和土洞墓。其中竖穴土坑墓是洛阳东周时期最常见的墓葬形制,占整个洛阳地区东周墓的绝大多数,土洞墓数量较少且均为战国晚期。洛阳已探明、发掘的带墓道的大型竖穴土坑墓有3种形式,第一种为带有四条墓道的

"亚"字形墓，第二种为带有两条墓道的"中"字形墓，第三种为带有一条墓道的"甲"字形墓。其中已发掘的"亚"字形墓1座，"中"字形墓2座，"甲"字形墓8座。多数竖穴土坑墓墓形较小，墓室长度多数在3米以下，也有的长达约7米的。规格较高的竖穴土坑墓墓室有积石积炭，葬具用有双重棺椁、或棺椁具有，一般墓葬仅用一棺或无葬具。按墓室尺寸大小，分为大、中、小3型，墓室长度在4米以上的为大型墓，3~4米为中型墓，3米以下为小型墓。

1954~1955年在配合中州路（西工段）施工中发掘的260多座东周墓，绝大多数为长方竖穴土坑墓，少数属于晚期洞室墓。多一椁一棺或单棺墓，百分之九十为屈肢葬，共分为七期六段，约当自平王东迁至秦统一的整个东周时期。这批东周墓的分期为东周墓葬的考古分期提供了标尺。

近30年来，我队又在东周王城东北部和中州路南北两侧发掘了数以千计的东周墓，其中有10余座大型墓葬和10余座车马坑。几十年的勘查、钻探和考古发掘表明，东周王城东北部有为数众多的东周时期墓葬，其中有大型或高规格墓葬和车马坑等。这里应为东周王陵区或贵族墓葬区。1981年发掘的洛阳西郊四号战国墓，墓室长10.8、宽9.05米，墓道总长77.2米，墓室底及四壁积砾石，时代与1957年中国科学院考古研究所发掘的一号大墓相同。1982年8月9~26日在位于解放路与汉屯路交汇处西北角，市外贸局宿舍楼内发掘的战国时期陪葬坑，为战国时期王陵区或贵族墓葬区的陪葬坑或者为祭祀坑，其从属可能与其西南部相距仅30米出土有墨书"天子"石圭的1号大墓的关系更为密切，这对周代的葬制、用鼎制度以及寻找东周王陵区具有重要的研究价值。

自90年代以来，我们在东周王城的东南部也进行了上百次大规模的发掘，证明这一带也是东周墓葬的密集区，而且大、中、小诸型墓葬并存，据此我们认为，东周王城东南部也是东周王城内王陵的一个分布区。近年来我们在这一带还清理了数座随葬7鼎铜器和成组石磬的较大型东周贵族墓。如2001年，在市27中学发现"亞"字形大墓1座、"中"字形大墓2座、陪葬坑2处。"亞"字形大墓出土"王作……"铭铜鼎成为寻找周王陵的重要线索；2001年6~12月，在洛阳市西工区唐宫路唐鼎商贸有限公司基本建设，发掘两座东周时期大型积石积炭墓葬，时代分别为东周中期和东周早期。

另外，在东周王城以东和以西亦发现有大批东周墓。如1953年在洛阳烧沟即东周王城东北角外，发掘了59座战国墓。1983年在东周王城东墙外，发掘了18座战国墓。7、80年代在涧西友谊路东段北侧、天津路南段东侧等地发现了13座东周墓。这些墓一般都只随葬陶器和玉石器。另外，1957年，在汉魏故城西北3公里的孟津平乐一带还发现有随葬铜礼器的东周墓。

1 \ 2002年洛阳27中学春秋初期墓"王作"铜鼎出土现场

2 \ 2002年洛阳27中学春秋初期墓发掘现场

3 \ 1974年洛阳手表厂战国墓M4全景

4 \ 大型战国墓74C1M4出土"繁阳之金"铜剑

从目前考古发掘情况看，洛阳东周时期的马坑、车坑和车马坑分布基本集中于东周王城遗址的东部。从20世纪70年代以来发掘的数十座东周时期的马坑和车马坑均在此范围内，其中大多数位于周王城广场天子驾六车马坑周围及向南至体育场路两侧。洛阳东周时期的马坑、车马坑均作方形和长方形，圆形或不规则形极少。马坑葬马形式主要有两种，一种无规律即马骨零乱放置，另一种放置较整齐，马骨排列成行，有的马背部相对。有规律的马坑马头朝向以南向为多，北向较少。单独的车坑很少，且与马坑相隔很近，车拆散后放入坑中，一般只见车构件和车饰件。车马坑大小相差很大，大的数十米长，葬车众多；小的仅几米长宽，有的只葬一车。坑中车马的葬式也不尽相同，有的排列整齐作出行状，有的马骨压在车下，有的把车轮拆下放于坑壁，有的把车拆散与马一起散乱叠放于坑中。排列整齐的车马坑中的车马以向南为主，仅有一例向北。

（一）大型东周墓

大型东周墓区大致东起金谷园路，西邻涧河之滨，南起东下池村，北近陇海铁路，方圆约8平方公里。其中在东周王城东北部和中州路南北两侧，我们钻探发现大型墓葬10余座，车马坑8座。建队之前，由中科院考古所和洛阳博物馆清理了五座积石积炭墓。包括洛阳西郊M1、M4战国墓、百货公司战国墓以及洛阳出土"繁阳之金"剑战国墓。我队又于2001年6～12月清理了两座积石积炭墓。对这一大墓区的陆续发掘和系统研究，将为了解当时的社会历史面貌提供

新的实物资料。

洛阳东周王城M5239春秋晚期墓　位于洛阳中州路西工段南侧,东邻体育场路,南依中州大渠,处于东周王城的东南部。1995年12月发掘。

M5239是建国以来在东周王城遗址区发掘的较大的一座东周墓葬,且形制特殊。该墓为平面呈长条形的竖穴土圹墓,由长度至少为15.4米以上的墓道和墓室二部分组成,墓室宽度(4.6米)与墓道宽度(4.4米)几乎相等,因而该墓的平面形状宛若一条带子。这种形制的大墓不同于以往在东周王城北中部发现的大型甲字形积石积炭墓,也不同于洛阳一带的较大型长方形竖穴土圹东周贵族墓,因而这是洛阳东周王畿东周大墓的新形制。

墓内随葬的包金铜贝及铜贝与山西侯马上马村春秋中晚期第13号墓、山东临淄郎家庄春秋大墓出土的同类器相同,应属王室贵族墓。

洛阳市西工区两座大型积石积炭战国墓　2001年11～12月我队在位于洛阳市唐宫西路北侧20米,解放路东侧100米。发掘两座大型积石积炭战国墓（C1M7983、C1M7984）。均为长方形土坑竖穴墓。C1M7983葬具为一椁一棺,外椁四周外由经筛选的小鹅卵石拌草木灰构成积石积炭层,厚度与外椁顶部近平。墓室底部铺垫积石积炭层。外椁室椁板顶部分布有用长方形玉石片相穿组成的几何形图案。C1M7984葬具为二椁一棺,外椁四周外有由鹅卵石拌草木灰构成积石积炭层,厚度与外椁顶部近平,墓室底部铺垫积石积炭层。该墓出土随葬器物87件(组),有金、铜器、玉、石、料器和陶、瓷器。C1M7983出土随葬器物55件(组),有铜器、玉、石、料器和陶器。

洛阳市西工区战国时期大型积石积炭墓C1M7984出土鳞纹铜兽

洛阳市西工区战国时期大型积石积炭墓C1M7984出土铜马

这两座墓葬的形制为一椁一棺和二椁一棺，随葬有铜器、玉器、乐器及兵器等，椁棺的选材为柏木质地，《礼记·丧大记》有"君松椁、大夫柏椁、士杂木椁"。椁、棺板上面撒有玉片，同时还有铜饰和由玉件组成的几何形图案装饰。推测墓主人为男性，生前为大夫一级且具有较高地位的贵族。这两座墓葬的发掘为揭示东周时期的社会生活，研究中原地区东周时期的丧葬习俗等增添了新资料。

（二）中小型东周墓

洛阳西工区东周王城中部春秋中、晚期墓 墓葬编号为C1M7226、7039、7258、7256、7257，位于西工区凯旋中路南侧300米，涧东路南头西侧60米，东周王城中部。2001年11月～2002年3月发掘。

这5座墓均为长方形竖穴土坑墓，是保存完整的中小型墓葬。出土随葬器物以铜器为主，陶器仅2件。铜器的组合基本相同，为鼎、盘、匜、舟等。葬具均一棺一椁，墓主人的身份地位为较富裕的小贵族阶层。对这5座墓葬进行排列分析，可以看出器物在器形和组合上存在明显的发展演变特征，这二组铜器组合的发展演变序列清晰，承继关系明确。时代跨春秋中、晚期，器形、器物组合的发展演变序列清晰，为研究洛阳春秋时期中小墓葬形制、器物组合、器形演变提供了宝贵的资料。

洛阳西工区M203战国墓 1983年3月发掘。墓葬位于东周王城遗址内的东北部，即今中州路西工段北侧的八一路与唐宫路交口处。该墓保存完整，出土了一批较珍贵的青铜器和玉器。

此墓系长方形竖穴土圹，随葬器物组合是鼎、豆、壶，单棺重椁，所出的铜鼎2件和陶鼎3件，其形制相同，大小依次，说明该墓系一次使用铜礼器和仿铜陶礼器相组合的五鼎墓，墓主人的身份应为上大夫一级。该墓出土的珍贵玉器、玛瑙器、水晶器等饰物，当属墓主人身上的佩饰，其

洛阳市西工区M203战国墓

1\ 洛阳市西工区M212战国中期墓
2\ 洛阳市西工区C1M2528出土"越王"矛

所在位置确切,是研究当时上层贵族服饰样式的重要资料。精美的玉饰和繁缛华丽的铜器,为研究我国青铜器、玉器制作工艺的发展提供了珍贵资料。

洛阳西工区M212战国中期墓 墓葬位于洛阳市中州路西工段北侧的洛阳市供电局综合厂内,1983年5月发掘。

此墓系长方形竖穴土坑墓,为一棺一椁结构,此墓随葬器物的组合为鼎、豆、壶,时代为战国中期。最重的发现是此墓出土陶壶上刻划有文字,随葬陶器上带有刻划文字,在洛阳东周墓中尚属首次发现,为洛阳地区东周历史的研究提供了新资料。

洛阳市西工区C1M2528战国墓 墓葬(编号为C1M2528)位于洛阳市解放路东侧,南临健康路,亦即东周王城遗址北中部、汉河南县城遗址北郊,西南距洛阳西郊一号积石积炭战国大墓约200米,1988年1月发掘。

墓葬为长方形竖穴,随葬器物共42件,计有铜器如剑、戈等，石器如环、人面饰等。其中一件铜兵器上有铭文"越王者旨于赐矛"，在洛阳属首次发现。检孙稚雏编《金文著录简目》，已知越王者旨于赐兵器有一矛、二戈、四剑。这次洛阳出土的矛与容庚《鸟书考补正》所著录的越王者旨于赐矛的形制、纹饰、铭文一致，当为同人同时期的作品。李学勤先生在日本永青文库观察已著录的"矛上错金文字微高于器的表面"。洛阳出土的这件矛上的错金文字与器表面平，只是个别字画因为重锈所掩未能全部剔出，但经参照可以确认。林沄等学者考定"者旨于赐"即勾践之子"陨鼫与"，战国初年在位。

洛阳市西工区C1M4028战国中期墓　墓葬位于洛阳市八一路北端与唐宫西路交汇处北侧60米，东周王城遗址区内，1993年4月发掘。

此墓为长方形土圹竖穴，葬具一棺一椁，出土12件陶器及小件玉饰。陶器的组合为鼎、豆、壶，出土的一组彩绘陶器保存完好，彩绘方法是以白色或朱色为地，再以红、赭、绿、紫、黄等色绘制。纹饰以红或黑色线条分组，其间加填绿、黄等

洛阳市西工区C1M4028战国墓出土彩绘龙纹陶盖豆

洛阳市西工区C1M4028战国墓出土彩绘龙纹陶盖鼎

色。彩绘线条流畅，图案精美，在洛阳地区发掘的东周时期墓葬中极为少见。

洛阳市唐宫路小学C1M5560战国墓　墓葬位于唐宫路小学内。1996年12月下旬发掘，出土了一批珍贵器物。

此墓为长方形竖穴土坑墓，葬具为一椁一棺，出土遗物共87件(组)。可分为玉器、铜器、铁器、骨器等。其中玉器65件(组)，铜器12件，还有骨簪、象牙梳、水晶环等。

C1M5560位于东周王城内王陵区域，与我队1992年发掘的C1M3943相距120米，与洛阳新发现的"天子驾六"车马坑相距150米。应为东周王陵内的贵族墓葬。此墓出土了数量较多的玉器，这些器物工艺精湛，造型优美，具有很高的艺术价值和研究价值。其中一件玉戈有铭文"毕公左徒"。据《春秋左传注》文公七年"徒"，步卒曰徒。玉戈铭应释为"毕公左军步卒"，推测墓主人为毕公左军的步卒统领。

洛阳市西工第5040号东周墓　1995年10月发掘。此墓为长方形竖穴土圹墓，随葬器物共49件，其中铜鼎2件、陶鼎1件、陶豆1件、陶壶1件、陶匜1件，另有铜軎、辖、削，玉璜、环、圭、龙佩等。其中玉龙形佩计11件，用青玉或白玉精工雕琢，外表涂朱。这批玉龙，大小形制有别，多数属首次发现，是东周玉器的精品，为研究东周玉雕工艺和士大夫阶层佩饰提供了重要资料。

洛阳市西工区C1M5040战国墓出土玉龙形佩

洛阳市中州中路C1M8371战国墓　墓葬位于洛阳市中州中路南、人民西路西侧，北距东周王城广场约50米。2004年6~7月发掘。

C1M8371为长方形竖穴土坑墓，墓室长4.3、宽3.1、深14.2米。葬具为一椁二棺，均已腐朽，椁室长3.2、宽2.5、残高2.3米。棺内骨架仅存头骨和腿骨，为仰身直肢葬。随葬器物有铜器、小型铜器、铁器、铅器、玉器、石器、料器、水晶珠、绿松石、骨器、陶器、小型陶器等。其中铜鼎、陶鼎、陶壶、陶盆、陶豆等集中放置在椁室东南部，小型铜器、小型陶器、玉器等放置在外棺内，少量玉器放置在内棺内。

随葬器物中的铜器、玉器的纹饰主要为云雷纹、涡纹等战国早中期较为流行的纹饰。该墓的发掘为研究东周时期的物质文化、社会生活和丧葬习俗，提供了丰富的实物资料。

1 \ 洛阳市中州中路C1M8371战国墓
2 \ 洛阳市中州中路C1M8371战国墓发掘现场
3 \ 洛阳市中州中路C1M8371战国墓发掘现场

1 \ 洛阳市中州中路C1M8371战国墓出土玉覆面

2 \ 洛阳市中州中路C1M8371战国墓出土玉兽

3 \ 洛阳市中州中路C1M8371战国墓出土铅鸟

4 \ 洛阳市中州中路C1M8371战国墓出土玉剑鞘

洛阳周王城广场东周墓　2002年7月～2003年3月，为配合洛阳市东周王城广场的基本建设，我队对该工地进行了考古发掘。该地位于洛阳火车站南1公里的市中心区，东距东周王城东城墙约200米，属东周王城遗址区。在已钻探的1.6万平方米的范围内，发掘遗址面积800平方米，发掘东周墓葬208座、车马坑7座、马坑9座。

这批墓葬分大中小三种形制。大型墓2座，为"甲"字形墓，未发掘。中型墓共发掘6座，为竖穴土圹墓，填土经夯打。墓室长5～5.5、宽4～4.8米。其中西区M61、西区M145二墓均为一棺两椁，棺椁经髹漆。随葬器物主要有铜剑、戈等兵器，軎、辖等车器及部分玉饰品。中区M190为积石积炭墓，墓室长5.5、宽4.8、口深0.65、墓底深13.5米。小型墓发掘202座，均为竖穴土圹墓，随葬器物以陶器为主，另有少量戈、剑、镞等兵器，衔、軎、辖等车马器，圭、璧、环等玉器。陶器组合主要有鬲、盆、罐，鼎、豆、罐和鼎、豆、壶3种。

1 \ 洛阳周王城广场东周墓分布示意图
2 \ 洛阳周王城广场ZM156墓室底部
3 \ 洛阳周王城广场ZM190椁顶板及车

1\ 洛阳周王城广场ZM190椁顶积石
2\ 洛阳周王城广场XM84墓室底部
3\ 洛阳周王地广场XM61墓室底部

中国空空导弹研究院东周墓　2005年3～10月，我队在中国空空导弹研究院50号、51号楼的考古发掘中，共清理东周墓95座。墓葬皆为长方形竖穴土圹墓，长2.2～3.4、宽1.2～2.8、深3～13米，属中小型墓葬。葬具多为一棺一椁。葬式多仰身直肢。出土铜礼器的墓有15座。仅出土玉蚌饰的墓有5座，其余的则以陶器为主要随葬器物。

铜器的主要组合为鼎、方壶、簠、圆壶、盘、舟、敦、戈、剑、镞以及车马器等，陶器的主要组合为鬲、盆、罐，鼎、豆、罐，鼎、豆、壶等形式。从器型上分析，这批墓葬从春秋早期一直延续到战国晚期，直至秦、汉。其中M93为规格最高的一座墓葬，出土了一组7件铜鼎和其他铜礼器。

1 \ 中国空空导弹研究院M87发掘现场
2 \ 中国空空导弹研究院东周墓出土玉器
3 \ 中国空空导弹研究院M87东周墓
4 \ 中国空空导弹研究院东周墓发掘现场

洛阳市润阳广场东周墓葬　2007年12月~2008年4月，洛阳市文物工作队为配合润阳房地产公司润阳广场一期项目，在西工区中州路与王城大道相交处西南部进行了考古发掘。共发掘古代墓葬24座，形制均为长方形竖穴土坑墓。多数呈南北向，葬具为一棺或一棺一椁，葬式为仰身屈肢或侧身屈肢。墓室长2.2~5.3、宽1.3~3.4米。随葬器物陶器主要有鼎、豆、壶、罐等。M42、M65出土铜器较多，未见陶器，铜器主要有鼎、簋、方壶、鬲、盘等，玉石器主要有圭、琮、环、贝等。M65出土了5件鼎和4件簋，M42出土的1件鼎内壁刻有铭文，从随葬器物的器形特点判断，M42、M65墓主身份较高，应为卿大夫级。

（三）东周车马坑及陪葬坑

1972年，洛阳博物馆曾在洛阳中州路(西工段)南侧15米，即洛阳东周王城遗址中部发掘车马坑1座，坑内埋葬4马1车1犬。出土遗物主要有车马器和兵器。大多采用了错金银工艺技术，在纹饰上大都是以卷云纹为主体的几何图案，和辉县固围村一号墓出土的错金银花纹作风完全一致。可能是当时的田猎之车。我队建队以来，发

1 \ 洛阳市润阳广场东周墓发掘现场
2 \ 洛阳市润阳广场东周墓铜方壶外漆器痕迹
3 \ 洛阳市润阳广场东周墓

掘的东周时期车马坑主要有东周王城天子驾六车马坑、唐宫路战国早中期车马坑、解放路战国晚期陪葬坑等，为寻找东周时期的大型墓葬提供了重要线索。

洛阳租赁公司春秋车马坑　为配合洛阳市租赁公司住宅楼的基建工程，在洛阳市体育场路东、租赁公司院内清理出2个春秋早期的车马坑。2001年8～12月发掘。该车马坑由车坑和马坑组成，车坑在西，马坑在东，两坑相距1米，并排而列。

在车马坑西16米处有一座"亚"字形大墓，车马坑为该墓的陪葬坑。从该墓的规格和车马坑的规模分析，该车马坑为春秋早期王侯墓葬的陪葬坑，为研究春秋时期的丧葬制度和车制提供了重要的实物资料。

1\ 洛阳市租赁公司春秋马坑全景
2\ 洛阳市租赁公司春秋马坑清理现场

洛阳市西工区八一路春秋车马坑　此车马坑(编号为CIM8373)位于凯旋路与八一路交叉口向西约20米处。2004年10月发掘。

车马坑为长方形竖穴，坑长7.2、宽2.7米。坑内包含有少量的陶器残片及筒瓦残片。车马坑内残存2马1车。两马均头朝北，背对放置。左边的那匹马，头骨已遭破坏，四肢卷曲；另一匹仅存一堆散骨。从整个车马坑的空间布局上看，原应放置两驾车马，但实际发掘只有一架车马。

车为木质，腐朽。发掘时根据木灰的残迹剥剔出车子的形状，车舆受晚期遗存的破坏，仅存舆底的一部分痕迹，舆底残存3根木条，构成圆角矩形(前面一根被破坏)。车舆宽1.4、前后残长0.86米，木条宽约0.05米。车轴与车辕于舆底下部相交成"十"字形，在舆底后部及东南角发现有玉饰片及蚌饰片。根据清理出的大部分可知，车轮直径为1.1米，全轮辐条约有24根，辐条宽约4厘米。在两车轮旁均发现有玉饰及蚌饰片。车轴残长2.35米，直径12厘米。在左边车轴轴头处出有铜车軎、车辖和铅毂饰件，车辕朝北，残长1.5米，宽10厘米，车舆前部车辕下有一个八边形玉环。

该车马坑发掘出土遗物共27件(套)。按质地分为铜器、铅器、玉器和蚌器。这些

1＼洛阳市西工区八一路春秋车马坑K1
2＼洛阳市西工区八一路春秋车马坑全景
3＼洛阳市西工区八一路春秋车马坑发掘现场

均应为车马器或车马饰。如铜铃、毂饰、节约、铅凿、玉环和玉璧等。

车马坑不但随葬器物丰富,而且形制较为独特。两架车马的布局,实际上只放一架车马,且车马的放置相距较远。这种形制为车马坑布局和车马坑陪葬制度的研究提供了新的考古实物资料。参照《洛阳中州路》(西工段)东周墓的分期,车马坑出土的车马器、筒瓦、玉器及玉饰片的特征,其时代延续在春秋晚期至战国晚期之间。

周王城广场车马坑 2002年7月~2003年3月为配合洛阳周王城广场建设,在距东周王城东城墙约200米的东周王城遗址区1.6万平方米的范围内发现了东周时期车马坑(含马坑)18座。

其中的中区5号车马坑为天子驾六车马陪葬坑,规模最大、车马数量最多、气势最为壮观。长41.7~42.3、宽6.9~7.9米。由于后期破坏,坑内残存车26辆,马70匹。车的大小相近,车轮直径1.2~1.5、轮距1.8~2米,车轴长2.2~2.6米,车厢前后长1.1~1.5、左右宽1.2~1.3米,辕长3~3.5米,衡长1.1~1.6米,辐条26~30根。在其西南30米勘探发现了仅墓道就长达68米的"甲"字形墓,5号车马坑应是某一代周王陵的陪葬坑。整个车队由北向南呈纵向东西两列叠压放置,车辕均向南,辕左右两侧的马匹数量对称,马背靠向车辕,辕前端有衡,衡两端有的残存有车轭,部分车厢下压1犬。这些车多为2马驾1车,或4马驾1车,最令人震惊的是发现了罕见的6马驾1车,在这辆车的车辕两侧对称摆放着6匹马,清晰可见,这就是仅见于文献记载的"天子驾六"。驾2车和驾4车呈众星拱月之势排列在天子驾六的前后,烘托出独一无二的王者气势,仿佛恢宏浩大的周天子车马出行仪仗列阵。

周王城广场车马坑发掘现场

1 \ 周王城广场5号车马坑驾六马车
2 \ 周王城广场5号车马坑清理现场
3 \ 周王城广场中区190号东周墓椁顶及殉车
4 \ 周王城广场车马坑
5 \ 周王城广场车马坑出土贴金铜车軎

洛阳市唐宫路战国早中期车马坑　发掘地点在唐宫西路北侧唐宫路小学院内，处于洛阳东周王城遗址区东北部的王陵区内，东南距东周王城广场内的天子驾六博物馆约500米。

K1内葬1车6马。马均为侧卧状，前边2马背对背，后边4马为两两相背。车衡在车辕前端2马颈上，在车衡下发现有轭的痕迹。在马骨架上、下均发现有席纹痕迹。从形态看，马摆放较整齐，应是被杀死后埋葬。车舆仅存下部，东西长1.2、南北宽1.1、残高0.3米。舆底是用4根轸构成矩形方框。在车舆的前部发现车轼，车轼略呈弓形，上有纵横相连的小木条。车栏柱位于后轸两端。在车舆的前部发现有几处朱红色漆皮痕迹。K2内有2车4马。1号车位于北部，2号车在南部。每辆车辕两侧各置1马，马背相对呈侧卧状。1号车的衡、辕及马匹的头部均压于2号车舆下。

两座车马坑内的出土遗物主要是青铜器和骨器，在车马坑所填的夯土内也出土了少量陶器。陶器有罐、豆、盆，铜器有镈、方形贴金铜饰和角柱，骨器有骨管和环。

本次发掘的K1中的1车6马是这种形制的第4次发现，并且保存比较完整，所用车马器规格较高。它的发现，为研究洛阳地区东周时期的车马葬制、车制结构、车马

1＼洛阳市唐宫路战国早中期车马坑钻探情况
2＼洛阳市唐宫路战国早中期车马坑二号车马坑2号车车饰
3＼洛阳市唐宫路战国早中期车马坑一、二号车马坑全景
4＼洛阳市唐宫路战国早中期车马坑二号车马坑马骨上席纹痕迹

1\ 洛阳市唐宫路战国早中期车马坑二号车马坑

2\ 洛阳市唐宫路战国早中期车马坑一号车马坑

3\ 洛阳市唐宫路战国早中期车马坑三号马坑

4\ 洛阳市唐宫路战国早中期车马坑夯土区解剖沟东壁剖面

坑特点及东周的物质文化等提供了重要的资料。

洛阳市西工区市政府住宅楼东周王城马坑　1996年11月～1997年1月，在配合洛阳市政府住宅楼基建工程的发掘中发现东周马坑两处4座。

第一处1号马坑为长方形，东西宽6、南北长10.5、底深3米，四壁竖直整齐。坑内出土有少量的东周时期粗绳纹鬲、罐、豆的残片和骨管、蚌饰等物。坑底保存马骨架24具，分作四排，每排6具，头皆朝南，马背两两相靠，排列整齐，当为杀殉。在马骨架之上，坑东北和西北两角各有狗骨架1具，均东西横卧，一具头朝西，一具头挣扎向东，当为活殉。狗骨架颈部饰有青铜链饰。

第二处的3座马坑，西距1号马坑16.5米。2号马坑与3号马坑均为长方形竖穴单葬马坑，方向及大小深度基本一致，南北长2.3、东西宽1.7、底深2.7米。2号马坑葬马背朝东、足朝西，尾位北，颈部弯曲，头伸到足前。马颈部下压一陶豆盖。3号马坑葬马足朝东、背朝西、头朝南，其头部、颈部和背部部分被近代灰坑所破坏。4

洛阳市西工区市政府住宅楼马坑

号马坑西北角被3号马坑打破。该马坑残长6、宽3.5、深3米，坑底现存有马骨架10具，马头均朝南，以二、二、四、二的排列方式自北而南纵卧，马背两两相靠，排列较为整齐。坑内仅出土少量陶片和骨管。

这两处马坑均位于东周王城的东南部。1号马坑北邻一座较大型东周铜器墓，二者应有一定的联系。

中国空空导弹研究院东周车马坑　2005年3~10月，我队在中国空空导弹研究院50号、51号楼的考古发掘中共清理2座东周时期的车马坑、1座马坑（编号为K19、K73、K72）。

K19位于该工地发掘区西部，长方形，南北向，长7.4、宽3、坑口距地表1.64、坑深1.53米。坑内放置5辆车（编号为1~5号），由南向北排列。1号车由车舆和车轮组成。轮内侧相距1.85米。车厢由南向北倾斜，车舆北栏与两侧都压于土下，只露出前栏和车轼。1号车车轼与前栏上残留有红漆，西栏也有3根横木与数对竖木连接而成。2号车、3

1\ 中国空空导弹研究院东周车马坑发掘现场
2\ 中国空空导弹研究院东周车马坑发掘现场
3\ 中国空空导弹研究院东周K19车马坑
4\ 中国空空导弹研究院东周车马坑

1 \ 中国空空导弹研究院东周车马坑
2 \ 中国空空导弹研究院东周K73车马坑

号车与1号车结构相似。4号车最完整。5号车车顶部有完整的车伞盖，长2.5、宽1.8米。

K73长7、宽2.86米，马头向南。坑内共放置5辆车（编号为1~5号），由南向北排列。所有的车轮都拆散后放置在坑的两壁。坑内填土为花土。1号车由车舆和车辕组成。4号车上部保留了较完整的车伞盖。

K72近方形，2.9×2.7米，坑内仅有2马，头向南。

洛阳曾多次发现车马坑，此次发掘的车马坑及东周墓葬保存较为完整，车的一些细部被清理出来。另外，K73和M93相互关系的确定，为洛阳地区东周考古提供了较有价值的资料。

洛阳市解放路战国晚期陪葬坑 该陪葬坑位于解放路与现汉屯路交汇处西北角，市外贸局宿舍楼内。1982年8月9~26日发掘。

编号为C1M395的战国陪葬坑，坑口距地表深约0.8、长6.8、宽2.6米。共出土器物196件，以青铜器为主，还有少量玉、石、骨、角器等。器物在坑中的放置有一定的规律，青铜礼器主要位于坑的南部和中部，北侧多为生活用器。在坑南头距南壁1.7米

1\ 洛阳市解放路战国陪葬坑出土铜壶
2\ 洛阳市解放路战国陪葬坑出土编磬
3\ 洛阳市解放路战国陪葬坑出土铜编镈、编钟
4\ 洛阳市解放路战国陪葬坑出土铜簠

的范围内主要放置铜鼎，其中附耳鼎10件和环耳簋10件。这20件铜器的排放交错无规律。在铜鼎的西北边堆放有石编磬23件，约分四组，上下或交叉叠置。坑的中部靠西放有一件大形双叉鹿角，鹿角上间饰有宽约0.4厘米的朱、绿彩绘。以鹿角为界，其南侧坑西壁处放置铜铸钟4件；北部紧贴坑西壁放两排铜编钟，每排编钟9件，其中贴壁的9件自北而南基本以个体大小为序排列，靠里面的一排则自南而北以个体大小为序排列。鹿角及编钟的东面从南向北分别放置有铜壶、立耳铜鼎、扁形铜鼎、铜簋、铜簠。坑的北部放置有铜豆、大铜盆、大铜盘以及铜盘、铜罍、铜舟、铜灶、铜箕、铜釜、铜盒和铜罐等20余件以日常生活用具为主的随葬器物。

该陪葬坑位于洛阳东周王城城址内的东北部，汉河南县城城外的东北角，北距东周王城北城墙约700米，东距东墙约1000米，南距汉河南县城北墙约50米。因此，洛阳市西工区C1M395应为战国时期王陵区或贵族墓葬区的陪葬坑或者为祭祀坑，其从属可能与其西南部相距仅30米的出土有墨书"天子"石圭的1号大墓的关系更为密切。洛阳战国陪葬坑的发掘，对周代的葬制、用鼎制度以及寻找东周王陵区具有重

洛阳市解放路战国陪葬坑发掘现场

要的研究价值。

三、战国晚期秦人墓

公元前265年，秦灭西周，此后秦设三川郡，郡治在周代的洛阳成周城。但洛阳的秦代考古工作，在20世纪80年代前期之前，除了收集到的零星带有秦文化风格的器物之外，基本上是空白。1984年以来，洛阳市文物工作队陆续发掘了一批还有浓重秦文化特征的战国晚期墓葬，开始了秦文化的探索。其中包括洛阳轴承厂南山秦人墓地、洛阳工业高专战国晚期秦人墓、洛阳钢厂秦墓、洛阳关林皂角树秦墓等。这些墓葬多竖穴墓道洞室墓，墓道内设壁龛，墓道多宽于墓室。器物组合则与中原文化存在较多一致性，显示了周文化礼制的根深蒂固。

洛阳轴承厂南山秦人墓地 位于涧西区天津路南部西侧，南临孙旗屯遗址，洛阳轴承厂南山家属区。1983年11月～1984年2月发掘。

共发掘出土具有秦人葬俗的墓葬70余座。均为竖穴土坑墓道洞室墓，墓道长宽均大于墓室，即大墓道小墓室结构。葬式多为侧身屈肢，双手交叉置于腹前，随葬器物的组合有陶鼎、豆、壶、小壶、盘、匜、铜带钩、石圭，极个别墓葬还随葬有铜印、铜镜。

这批墓葬位于东周王城外西约3公里，从墓葬的陶器组合及形制看，时代应为战国中期偏晚至战国晚期偏早。从葬俗及墓葬的形制看与东周王城内的竖穴土坑墓有着明显的区别。这批墓葬的时代与《史记·周本纪》记载秦国势力达到东周王城外的时间基本一致，此时距秦统一六国还有几十年的时间。

洛阳钢厂秦墓 位于关林洛阳钢厂，1993年9月发掘。共清理秦墓6座。均为洞室墓，依其形制不同，可分为二类。第一类的5座，为大墓道小墓室的土洞墓，其中有壁龛的墓葬1座，无壁龛的墓葬4座。随葬器物的组合，有陶鼎、豆、壶、小壶、盆、钵、石圭，或陶鼎、盒、壶。第二类的1座，为大墓室小墓道的土洞墓，随葬器物的组合，有陶鼎、盒、壶。

这批墓葬位于东周王城外南约7公里，从墓葬的陶器组合及形制看，具有战国晚期的风格特点。这批墓葬的时代与《史记·周本纪》记载秦灭东西周的时间基本一致，因此这6座墓应为战国晚期的秦人墓葬。

洛阳工业高等专科学校秦人墓群 墓地位于洛阳珠江路西侧50米。2003年3～12月在配合洛阳工业高等专科学校基建考古工作中，共清理墓葬68座。

墓葬均为南北向小型土坑竖穴墓，葬式均为仰身屈肢，头向北，随葬器物组合有陶鼎、豆、壶、盘、钵，铜带钩等。

这批墓葬有秦人葬俗的特点，对研究洛阳战国时期秦与东周在葬俗上的相互影响有一定作用。

洛阳关林皂角树秦墓　位于关林皂角树村西200米，2005年3～7月发掘。共清理秦墓126座。墓葬均为洞室墓，依其形制不同，可分为二类。第一类125座，为大墓道小墓室的土洞墓。墓室内骨架多为侧身屈肢。双手交叉置于腹前，下肢一般屈肢较轻。随葬器物的组合有陶鼎、豆、壶、小壶、盘、匜、铜带钩、石圭，或陶鼎、盒、壶、盆、钵。第二类1座，为大墓道的侧室墓，随葬器物的组合为陶鼎、豆、

1＼洛阳关林皂角树秦墓工地全景
2＼洛阳关林皂角树秦墓发掘现场
3＼洛阳关林皂角树秦墓
4＼洛阳关林皂角树秦墓

壶、盘、匜。葬式为侧身屈肢。双手交叉置于腹前，下肢屈肢较轻。

这批墓葬位于东周王城外南部约7公里，从墓葬的陶器组合及形制看，时代应为战国晚期。这批墓葬的时代与《史记·周本纪》记载秦灭东西周及统一六国的时间基本一致，因此这6座墓应为战国晚期的秦人墓或秦代墓葬。

四、两汉墓葬

1953年由中央、省、市联合发掘队对洛阳烧沟汉墓群的发掘，反映了西汉中期至东汉末年洛阳地区汉墓的演变，为中原地区乃至全国汉代考古学的标尺。80年代以来，洛阳市文物工作队共发掘了数千座汉墓，其中在烧沟西北部邙山南麓约300座，洛阳东北部310国道及207国道一线有200余座，汉河南县城北郊和东北郊100余座，洛阳老城东关一带约120余座，黄河北岸吉利区有300余座。近年来在洛南新区还发掘了不少汉代墓葬。在墓葬等级和规模方面，这些墓葬绝大多数可纳入洛阳烧沟汉墓划分的若干类型中。此外，我队还发掘了10余座两汉壁画墓，其中新安县铁塔山新莽时期壁画墓、洛阳北郊石油站东汉壁画墓等都是较为重要的发现。

（一）两汉中小型墓葬

洛阳北郊C8M574西汉墓 位于洛阳市邮电局宿舍楼，1996年夏发掘。为竖穴墓道空心砖墓，由墓道、墓门、墓室、耳室几部分组成。墓室长3.72、宽1.1～1.2、高1.06米。随葬器物27件，有陶鼎、盒、钫、壶、碗、俑头、马头、铜带钩。

此墓出土有较多的精美彩绘陶器，特别是出土10余件形式多样的俑头、马头十分少见。依据出土的陶鼎、壶、盒等器形特征也明显具有从战国晚期向西汉中期过渡的轨迹。

洛阳西汉中期石椁墓 位于洛阳邙山南麓，洛阳火车站北1.5公里，铁道部隧道工程局院内，1981年8月发掘。

此墓由墓道、墓门、土洞墓室和石椁室、耳室几部分组成。石椁置墓室内，由规整的灰褐色石板和石条构筑而成，作拐角形。在主室与耳室的左右二壁、后山及顶盖的每块石板上，都有用以编号计数的朱书文字。随葬器物有陶鼎、壶、敦、小陶壶、铜镜等。

此墓石椁设计精确，结构严谨。石板上的文字，形体俊秀，笔法流畅，耳室门上的"彭咸户"可能是墓主彭咸的名字。这种石构形制的墓葬为首次发现。

洛阳市吉利区汉墓 位于洛阳市吉利区中国石化股份有限公司洛阳分公司院内，从20世纪80年代直至2007年，我队在此发掘区内发掘清理了近千座汉代墓葬。这里汉代墓葬分布较密集，大部分墓葬保存完好。墓葬可分为空心砖墓、土洞墓、砖室墓几种形制。墓葬一般由墓道、墓室和耳室几部分组成。墓葬形制由西汉早期的单棺土洞墓或空心砖墓发展为西汉中期的双棺空心砖墓，继而演变为梯形空心砖墓和

1\ 洛阳市吉利区汉墓出土陶楼
2\ 洛阳市吉利区汉墓
3\ 洛阳市吉利区汉墓

小砖砖券墓，至西汉晚期和新莽时期则流行穹隆顶多人合葬墓，东汉中期又发展为双穹隆顶墓，东汉早期逐步开始流行前堂横室墓一直沿用至汉末。

随葬器物由西汉早期的鼎、盒、钫、罐发展至中晚期新出现仓、灶、井、釜、奁、博山炉等，这一时期彩绘陶器较为盛行。新莽至东汉初期则出现方案、耳杯等。东汉中期出现伎乐、舞蹈百戏俑、陶楼等并逐渐流行，而陶鼎等基本消失。

吉利区汉墓在器物的形制及纹饰等方面与黄河以南的洛阳市及周边出土的同类器物，存在一些差异，而与济源、孟州出土的器物十分相似。吉利区在汉代与济源、孟州同属河内郡，而与隶属河南郡的洛阳隔黄河相望，二者存在地域上的差别。吉利区这批汉墓的发掘，为研究汉代黄河两岸文化及社会生活等方面的异同提供了实物资料。

洛阳东汉晚期孝女黄晨、黄芍合葬墓 位于洛阳市三乐食品厂，1992年8月发掘。此墓为砖砌洞室墓，由墓道、甬道、墓室、耳室几部分组成。墓室弧形券顶。残存的随葬器物有刻铭砖、陶罐、仓、方盒、灶、瓦当、猪圈以及铁镜、铜钱。

此墓随葬的刻铭砖为早期墓志的一种形式，在中原地区的东汉墓中也很少见。刻铭砖上有"黄君法行孝女晨夫夫芍" 9字，表明两姊妹皆夭亡，故一座墓随葬了二块内容相同的刻铭砖。此墓瓦当上有模印阳文篆字"津门"，是本地区颇为稀见的带字瓦当之一。东汉首都洛阳城有十二门，南面四门，西侧第一门称"津门"，魏、晋、北魏时名"津阳门"。此瓦当或为津门之建材。

洛阳东关夹马营东汉墓 此墓于1983年发掘，为砖砌多室墓，由墓道、甬道、前室、耳室和3个后室组成，后室是3个南北向的并列墓室。各室均为弧形顶，除前室为纵连券外，其余均为并列券。残存器物122件，主要为陶器，有俑、鱼、龟、羊、狗、鸡、鸭、龙首案、勺、盘、盆、罐、耳杯、筒杯、釜、甑、磨、屋顶、陶灯等。此外还有玉带钩、玉佩饰、琥珀珠、琉璃镇、铜剑等。出土的3件盘龙陶瓶，可能是仿自当时的鎏金铜饼，应与形制相同的带有外国字铭文的铜饼有关。

洛阳市瞿家屯汉代墓葬 2007年4~6月，为配合洛阳市隆安房地产开发公司上阳新村项目，在位于西工区瞿家屯村东南部，上阳路西侧进行了考古发掘，清理汉代墓葬8座，可分为竖穴式墓道土洞墓和竖穴式墓道砖室墓。竖穴式墓道土洞墓2座，可分为墓道、前室、后室、耳室四部分。竖穴式墓道砖室墓共6座，大多为穹隆顶砖室墓，可分为墓道、前室、后室、耳室四部分，墓葬保存较为完整，随葬器物组合为陶仓、陶罐、陶壶、陶瓮、陶方盒、陶井、陶奁、陶灶、陶猪圈、绿釉壶、铜镜等。本次所发掘的汉代墓葬保存较好，出土了较多的随葬器物，为研究洛阳地区汉

1 \ 洛阳市瞿家屯汉墓M118出土器物
2 \ 洛阳市瞿家屯汉墓M118
3 \ 洛阳市瞿家屯汉墓M118
4 \ 洛阳市瞿家屯汉墓M119

代墓葬提供了很好的实物资料。

（二）两汉壁画墓

洛阳西汉卜千秋壁画墓　位于洛阳邙山南麓，烧沟村西，陇海铁路北100米，1976年6月发掘。此墓由墓道、墓门、主室、耳室、小耳室几部分组成。在墓中清理出阴刻篆书"卜千秋印"铜印1枚。墓葬用特制的空心砖和楔形小砖垒砌而成。壁画分别画在墓门内上额、后壁和墓顶脊砖上。绘画之前，先涂一层白粉，然后着墨上彩。

绘画内容包括三部分：（一）天空、始祖；（二）吉祥、驱邪；（三）升仙。依据出土的陶鼎、壶、仓、奁、罐等形制特点，推断该墓葬时代为西汉中期稍后，即昭帝至宣帝之间。这座西汉壁画墓的形制、壁画和出土的陶器等都比较有特色，壁画内容丰富，严密紧凑，构图合理，线条流畅简约，色彩丰富，技法娴熟，具有极高的艺术价值。

1＼洛阳西汉卜千秋壁画墓壁画
2＼洛阳西汉卜千秋壁画墓壁画局部

洛阳新区中心湖公务员小区西汉壁画墓　2009年我队在位于新区牡丹大道与永泰街交叉口西南，发掘汉墓13座。为土洞墓和砖室墓，均遭盗掘。出土随葬器物以陶器为主，有壶、罐、仓、奁、灶、井、瓮、鼎以及铜镜、铜钱等。属西汉中晚期墓葬。M25为空心砖墓，在其顶部有彩绘。

1 \ 洛阳新区中心湖公务员小区西汉壁画墓M25

2 \ 洛阳新区中心湖公务员小区西汉壁画墓M25出土器物

3 \ 洛阳新区中心湖公务员小区西汉壁画墓M25椁顶壁画

4 \ 洛阳新区中心湖公务员小区西汉壁画墓M25椁顶壁画局部

5 \ 洛阳新区中心湖公务员小区西汉壁画墓M15

第二章
考古发现与成果

洛阳市新安县铁塔山新莽壁画墓　位于新安县城西的铁塔山，1984年4~7月发掘。此墓为砖券单室墓，由墓道、墓门、墓室组成。壁画分别绘在墓门内两侧、墓室南北两壁、后壁、墓顶。壁画内容有门吏、乐舞、祥云、日月星宿、瑞兽等。主要有：持兵器门吏图、男女舞蹈击鼓、乐器演奏图、七盘舞蹈及宴饮、观舞图、方相氏像、日月星宿图、四神图、枭羊图。随葬器物均为绿釉陶器，有陶仓、罐、壶、奁、耳杯、炉、灶、井、磨、博山炉以及新莽时期铜钱等。

墓葬出有较多精美的彩绘壁画，壁画中的男女舞蹈击鼓、乐器演奏图、七盘舞蹈及宴饮、观舞图等内容生动逼真，想象力丰富，堪称汉代壁画的代表作，对研究汉代音乐舞蹈有重要参考价值。

洛阳北郊石油站东汉壁画墓　位于洛阳市北郊石油站家属院，1987年6月发掘。此墓为砖砌多洞室墓，由墓道、前室与西耳室、中室与东西耳室、后室几部分组成。随葬器物有陶鼎、罐、仓、盒、敦、壶、瓮、甗、奁、灶、井以及铁剑、铜镜、铜钱等60余件。

壁画绘于甬道与中室。内容为镇宅门神、祭祀、始祖神、伏羲、女娲以双手擎日举月、仙人乘无轮车架东奔的青龙和西驰的天鹿遨游太空等，是汉代壁画所常见的题材，主要反映了墓主人生前崇尚神仙思想的宇宙和阴阳观念。该墓葬为前、中、后室组成的三穹隆顶多耳室墓，这种类型的汉墓以往在洛阳汉墓中很少见到。壁画画面左右对称，布局得当，笔墨技巧娴熟，线条流畅，形象生动传神。

1\洛阳市新安县铁塔山新莽壁画墓西壁及顶部壁画
2\洛阳市新安县铁塔山新莽壁画墓北壁中部幼儿观舞壁画

1\ 洛阳北郊石油站东汉壁画墓中室穹隆顶东坡女娲擎日壁画
2\ 洛阳北郊石油站东汉壁画墓中室穹隆顶东坡伏羲擎月壁画
3\ 洛阳北郊石油站东汉壁画墓墓室顶部壁画

洛阳机车工厂东汉壁画墓 位于洛阳市机车工厂，1990年秋～1991年春发掘。此墓为现存椭圆形封土堆墓，由墓道、墓门、甬道、前室、中门、中甬道、中室、后甬道、后室几部分组成。南北长19.12、东西宽16.65米。墓门、前室、中甬道、中室壁上残存壁画。此墓所用建筑材料以石材为主，辅以砖块。随葬器物残存有陶罐、瓦当、奁、罐、盘、碗、案以及铜甑、矛、钱币等。此墓壁画残损严重，内容为镇宅武士、捧盘的侍者、杂耍的艺人、墓主出行、祥云、瑞兽等是汉代壁画所常见的题材，主要表现了墓主人生前的地位和奢华的生活。

此墓有高大的封土堆，规模宏大复杂的墓室结构，是洛阳地区目前见诸报道的规格较高的汉代墓葬。

1\ 洛阳机车工厂东汉壁画墓前室西壁耳室券门上部出行图
2\ 洛阳机车工厂东汉壁画墓甬道西壁中层瑞兽图

1 \ 洛阳机车工厂东汉壁画墓前室西壁耳室券门南侧侍从
2 \ 洛阳机车工厂东汉壁画墓前室南壁西侧侍从
3 \ 洛阳机车工厂东汉壁画墓前室南壁东侧侍从
4 \ 洛阳机车工厂东汉壁画墓中室北壁舞伎

五、魏晋北朝墓葬

洛阳发现的曹魏时期墓葬较少，20世纪50年代中期在涧西发现的2035号墓，因出有"正始八年"（247年）铭文的铁帐架，被认为是有确凿证据的曹魏墓葬。1984年，中国社会科学院考古研究所在偃师杏园村发掘的84YDT16M6被认为属曹魏前期墓葬。1989年，我队在洛阳东郊商业供销学校发掘的C3M178墓，在墓葬形制、随葬器物组合和器形方面，均与东汉晚期有较大的区别，较之曹魏前期墓，在器物种类上又有所增加，时代应属曹魏晚期。

洛阳发现的西晋时期墓葬有三四千座，见于报道的有近百座，分布在涧西谷水、洛河北岸邙山南麓、孟津县境、黄河北岸吉利区以及老城瀍河两岸，近年来我队在关林皂角树一带又发现不少晋墓。洛阳地区发现的晋墓按照规模可分为大、中、小3种类型。大型墓多为砖构单室或双室墓，多有宽大、两壁分四、五级台阶内收的长斜坡墓道和制作规整的石门，墓道长可达35米以上，墓室长宽在5米以上，四壁呈外凸的弧线，四角或砌出曲折状砖柱。随葬器物丰富，主要有生活用具和俑类，并已出现圭首式的石墓志。中型墓形制特点与大型墓相同，但规模小得多。墓道长约10米，墓室长宽均约3米，随葬器物较少。小型墓多为形制较小的竖穴土坑墓，随葬器物极少。

建国以来洛阳发掘的北魏墓有十几座，其中包括元邵墓、元怿墓、元乂墓等大型墓葬。大型墓多为带长斜坡墓道的单室墓，有高大的封土，墓室砖构，平面近方形，前有砖券甬道。有的在甬道与墓道之间还有带天井的过道。中型墓为单室土洞，由墓道、甬道和墓室三部分组成，墓室平面近方形，顶作穹隆状。80年代以来，我队发掘了几座中型墓，其中较有代表性的有位于孟津县邙山乡三十里铺村东北约1.5公里处邙山南麓的北魏侯掌墓、孟津北陈村北魏晚期瀛洲刺史王温壁画墓等，这类墓葬为单室土洞墓，墓室平面方形，由墓道、甬道和墓室三部分组成，进一步确认了宿白先生"洛阳北魏墓的形制及棺椁制度，以牛车为中心的武装俑群，以及陶俑和壁画中所反映的各种衣冠服饰等，都为北魏以后迄初唐所沿袭"的推断。

洛阳发现的北朝墓葬较少，除了1955年在涧西拖拉机厂清理的M872北齐纪年墓外，1983年我队在涧水东岸又清理了一座北周墓，填补了洛阳地区北周墓葬的空白。

（一）曹魏晚期至西晋早期墓

洛阳东郊第178号墓 1989年冬，我队在位于洛阳老城以东1公里的洛阳市商业供销学校院内发掘，为单室土洞墓，由墓道、甬道、墓室三部分组成。此墓共出土随葬器物38件，多数为陶器，包括生活用具、俑类、模型明器、帐座等，如双耳罐、双耳壶、奁、空柱盘、碗、盆、甑、耳杯、勺、盘、武俑、侍俑、鸡、狗、灶、猪圈、井、磨、碓和帐座等。铜器有带钩、镜、钱币等。

新安县C12M262晋墓 位于新安县洛新开发区内市通用水泥除尘设备厂新厂内，

2004年2~3月发掘。

该墓为穹隆顶砖室墓，通长30.6米。由墓道、甬道、墓室、耳室等组成。墓道为长斜坡状。墓道两壁自上而下内收4层形成台阶。甬道中部的石门将甬道分为南、北两部分，墓室平面呈弧方形，四壁微外曲，顶作穹隆式，高3.52米。共出土陶器、陶俑、铜器、漆器、铁器、金银器、石器等105件(套)。根据墓葬形制和随葬器物形制特征可推断出此墓具有从曹魏晚期向西晋的过渡形态，其年代应为曹魏晚期至西晋早期。此墓出土的陶三足炉、B型铜熏炉、鎏金铜架、铜鸠杖、铜饰、铁燎炉、漆奁等，均为洛阳地区这一时期墓葬所罕见的器形。

洛阳孟津三十里铺西晋中晚期墓　1991年9、10月，我队在洛阳孟津县三十里铺发掘2座大型墓葬（M118、M120）。墓葬同属宽墓道的单室砖券墓，墓道长24米以上，且两侧土壁呈阶梯形向下收缩，墓室又用双层砖垒砌，它们均应属较大型的晋墓之列。出土随葬器物可分为陶器、瓷器、玉器、铜器、钱币五大类，如碗、空柱盘、奁、盘、盆、炉、耳杯、灯、勺、帐座、甑、陶楼、灶、井、多子盒、碓、磨、猪舍、车、侍俑、武俑、鸡、鸭、狗、羊、猪、牛、镇墓兽、瓷双系罐、铜弩机和铜帽钉等。

（二）西晋墓

新安县晋墓　位于新安县政府招待所，1992年发掘。此墓为单室砖券墓，方向180°，由墓道、甬道、墓室三部分组成。墓道为长方形斜坡，墓室平面为方形，四边微外凸，长宽约为3.32米。在西壁做出假耳室门。随葬器物29件，有陶罐、樽、灶、水井、碓、钵、甑、磨盘、牛车、厕所、多子盒、耳杯、盘、勺、狗、鸡、武士俑、镇墓兽以及铜灯、铜钱、铁镜、铁剑、瓷盂。

此墓结构完整，仿木结构复杂，特别是斗拱的斗材用砖刻成，以及在墓门上刻出双龙的做法，在其他西晋墓中是少见的。根据此墓的结构及随葬器物中的多子盒、武士俑、镇墓兽、磨盘等，推断其时代应为西晋中晚期。

关林皂角树西晋墓群　位于洛龙区关林镇龙康居民安置小区A区、牡丹大道一标段，皂角树村西侧，东距洛龙路约600米，北距开元大道约500米。2005年6~7月发掘。其中大型墓1座，由墓道、墓门、甬道、前室、耳室、后室六部分组成，通长30.6米。前室平面近方形，后室平面近长方形。中型墓5座。形制大小基本相同。由墓道、墓门、甬道、墓室四部分组

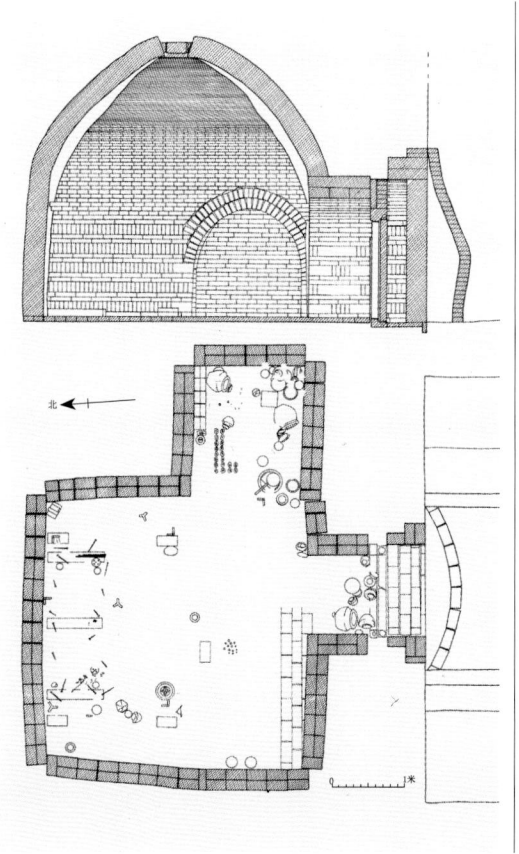

关林皂角树西晋中型墓平、剖面图

成,通长24.46米。墓室平面近方形。小型墓7座,通长12.8米。随葬器物有陶狗、武士俑、人俑、镇墓兽、帐座、四系罐、灶、猪圈、空柱盘、碗、鸡、盆、勺、井、磨、畚、杵、牛车等以及铜镜、铜环、银簪、铜簪、银戒子、铜戒子、水晶珠、铜圈等。

皂角树村这批墓葬分布较密集,墓葬的规模也较大,是洛阳地区目前已发现的西晋时期墓葬较集中、规格较高的墓葬区之一。从这种较规整的排列分布情况推断,这一墓葬区可能是一个地位较高的贵族家族墓地。

焦柳铁路洛阳枢纽工程工地晋墓 我队于2010年5~9月在洛龙区白马寺镇白王村及孟津县平乐镇马村交界处发掘晋墓1座。墓葬为单室砖券,由墓道、甬道、墓室、耳室、小窑室组成。墓室平面呈方形,墓顶为四角攒尖顶。在墓室北壁下,有3个大小相同的小型窑室,内放小型陶棺3个,应为迁葬后进行又合葬的墓葬。出土了陶器35件,铜砚滴、铜镜、铜簪各1件,"五铢"钱10枚。此墓葬形制在洛阳地区还是第一次发现,出土器物中的铜玄武砚滴保存完好,是一件难得的艺术珍品。

焦柳铁路洛阳枢纽工程西晋墓

焦柳铁路洛阳枢纽工程西晋墓出土铜玄武砚滴

（三）北朝墓葬

洛阳孟津北魏侯掌墓（M22）位于洛阳市孟津县邙山乡三十里铺村东北约1.5公里处。墓葬地处邙山南麓，南距汉魏洛阳城约3公里，我队于1985年秋发掘。

此墓为单室土洞墓，由墓道、甬道和墓室组成。墓道竖穴式，平面略呈梯形。墓室平面呈不规则方形，西壁外凸。随葬器物几乎全部集中在墓室东半部。M22出土了具有准确纪年的墓志。墓主侯掌是北魏较高级的地方官吏。洛阳地区经过科学发掘的北魏墓数量极少，而且多被严重盗掘，随葬器物残存无几。这次发掘的侯掌墓，随葬器物种类数量较为丰富。

洛阳市孟津县北陈村北魏晚期瀛洲刺史王温墓 位于孟津县北陈村东南1.5公里的邙山岭头，我队于1989年冬发掘。

墓葬为单室土洞墓（编号为C10M68），由墓道、甬道、墓室三部分组成。清理出随葬器物36件。墓室东壁的壁画保存较好，画面长2.8、高1.6米，绘法是先在土壁上涂抹一层白灰作为

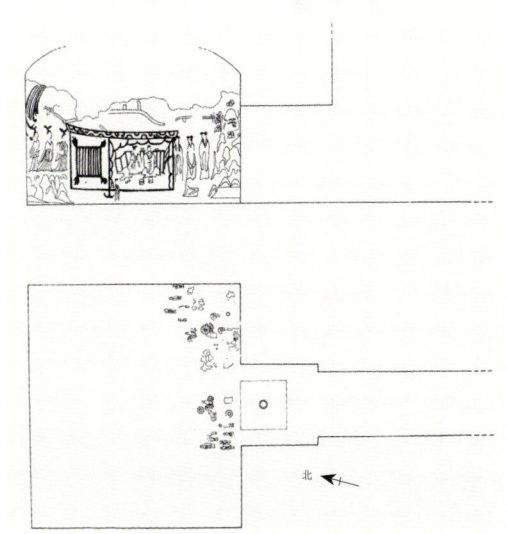

洛阳市孟津县北陈村北魏墓平、剖面图

1 \ 洛阳市孟津县北陈村北魏墓墓室东壁壁画
2 \ 洛阳市孟津县北陈村北魏墓墓室东壁壁画局部

1\吉利区济涧村北魏墓墓室
2\吉利区济涧村北魏墓墓室顶部仿木结构土雕

底，而后用红、黑、蓝、绿诸彩作画。墓中的壁画，既有墓主人夫妇静坐，又有恭守的童子和女侍，更有极富动感的舞女和清新的园林景色，画面动静交糅，景情融汇，是一幅不可多得的北魏世俗画卷。

吉利区济涧村北魏墓 2007年2~3月，我队在洛阳市吉利区济涧村抢救发掘了一座古代墓葬。墓葬由墓道、甬道、墓室组成。墓室为土洞，形制较为特别。在墓顶浮雕出房子顶的形状，有房梁、椽子，呈两面坡状。出土器物有陶双耳罐、陶灯盘、瓷碗、小瓷壶、铜镂、铜镜、铁镜、铜环、铜钱等。

此墓葬为洛阳首次发现用土雕刻出房子形状的墓葬。经分析认为其随葬器物和墓形特点应为北朝时期。房子形墓室与北魏墓室石椁室形状相近，风格一致。

洛阳涧水东岸北周晚期墓 1983年12月，我队在位于洛阳中州路南750米处的涧水东岸，发掘清理了一座北周墓（C1M240）。该墓分为墓道、甬道和墓室。墓室分作东、西两室，西室平面近方形周壁弧面，自下而上逐渐递收，结顶作穹隆状。东室是由西室向东扩挖而成，平面近似长方形。西室墓室内葬3人，均仰身直肢。东室葬2人。随葬器物有碗、罐等陶器和铜饰件、铜带钩、铁削等。此墓出土的"五行大布"钱，成为断代的重要依据。

北周历时短暂，此期的墓葬以前洛阳地区尚未发现，此墓的清理，填补了这一地区北周墓葬的空白。

六、隋唐五代墓葬

洛阳发掘的隋唐墓从数量上仅次于两周及两汉墓居第三。建国以来发掘的大约有数千座，主要集中在隋唐城的东、西、南、北四面。以南部的关林、龙门，西面的涧西谷水，北面的孟津朝阳以及东面的偃师杏园村一带较为集中。墓葬形制以中小型为主，大型墓少见，结构多为单室土洞墓，出土器物以俑类为主。其中关林59号唐墓、涧西谷水唐墓、龙门安菩墓出土了许多精美的三彩器，集中体现了我国古代

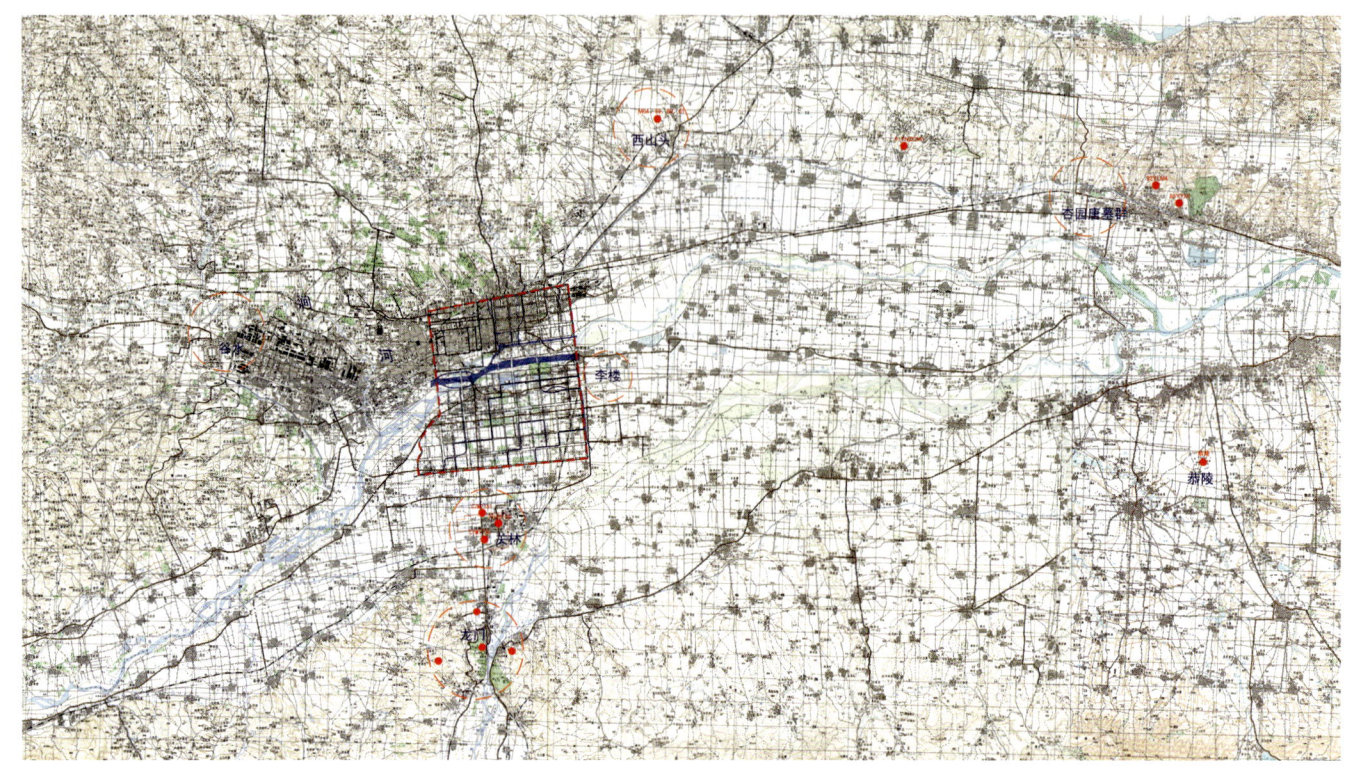

洛阳地区隋唐墓葬分布图

陶瓷手工业在造型、施釉方面的高超技艺和优秀传统。

20世纪80年代以来，我队又陆续发掘了一批唐墓，其中著名的大型墓有洛阳市南郊龙门镇花园村南侧的唐睿宗贵妃豆卢氏墓、中油一建郑西铁路安置小区唐代壁画墓以及北郊孟津县境的中国再生资源产业示范基地晚唐壁画墓，是研究唐贵族墓葬等级的重要材料。中型墓有1983年发掘的洛阳市粮食局龙门粮库内的唐神会和尚墓，1990年6～10月在关林镇南发掘的唐代墓群，1991年9月由河南省文物研究所与洛阳市文物工作队联合组成的310国道孟津考古队发掘的洛阳孟津西山头唐墓，1992年5月邙山南麓发掘的洛阳北郊颍川陈氏墓，1993年9月发掘的洛阳北郊唐代道士墓葬等。

洛阳发掘的五代时期墓较少，继1956年9月在位于洛阳城西北郊、陇海铁路北邙山坡上发掘的后晋墓后，近年来我队发掘的五代时期墓有洛阳北郊后梁高继蟾墓、洛阳市东郊史家湾后唐墓、洛阳铁路分局指挥部住宅南楼洛阳后周墓等，规模形制均为中小型墓葬。

（一）唐代墓葬

唐睿宗贵妃豆卢氏墓 豆卢氏为唐睿宗贵妃，葬于开元二十八年（740年），因其对幼年的李隆基有抚育之恩，特为其建造豪华陵墓。此墓位于洛阳市南郊龙门镇花园村南侧，东南2公里是龙门石窟，西面是龙门西山，北面约5公里是隋唐东都洛阳外郭城南门定鼎门遗址。此墓于1992年5～9月由我队发掘，为大型的砖结构洞室

1\ 唐睿宗贵妃豆卢氏墓外景

2\ 唐睿宗贵妃豆卢氏墓平、剖面图

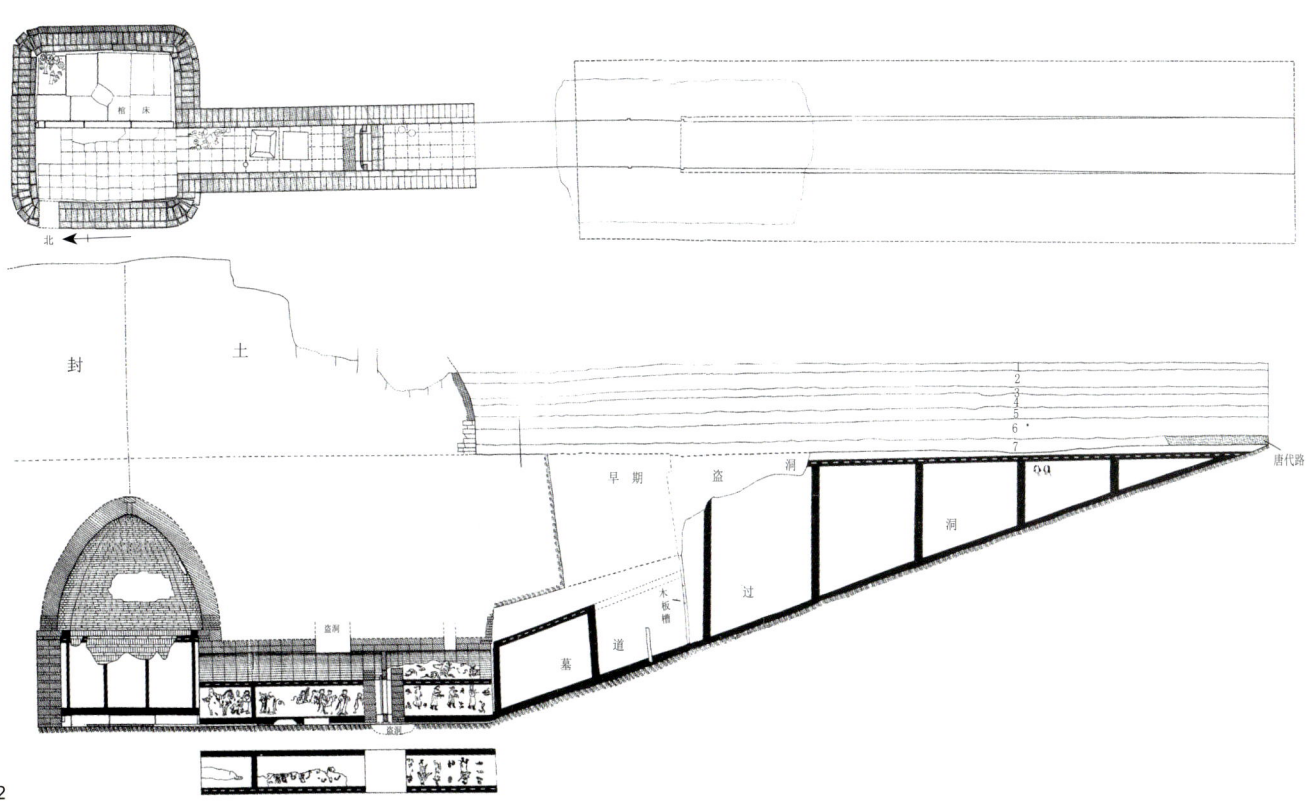

唐睿宗贵妃豆卢氏墓后甬道西壁侍女

唐睿宗贵妃豆卢氏墓后甬道西壁壁画

墓，坐北向南，地面封土残高6.5米，略呈方形，南北长22.3、东西宽约22米，南边还保存包砖的遗迹。墓葬由墓道、过洞、甬道和墓室组成。

壁画分布在墓道、过洞、前后甬道和墓室的顶部和四壁，整个壁画内容为一组回廊式建筑，在每组廊柱之间有不同身份的人物和活动场景，人物有仕女、行进中的男仆以及花草、飞鹤、云气等。遗物中陶器有镇墓兽、陶俑、塔式罐，铜锁、铜铺首、铜铆钉、铜泡钉等鎏金器以及瓷碗、陶碗、铁釜、铜钱、墓志。

中油一建郑西铁路安置小区唐代壁画墓 2008年8～11月，我队为配合中石油一建郑西铁路拆迁安置小区的基础建设，对该区域进行了考古发掘，其中一座唐墓为刀形砖室墓，由长斜坡墓道，3个天井、4个过洞、4个壁龛和墓室组成。经过清理，于墓道东西两壁上发现了青龙、白虎图案。这些图案以墨线绘于白色的壁仗之上，

1\ 中油一建郑西铁路安置小区唐代壁画墓发掘现场
2\ 中油一建郑西铁路安置小区唐代壁画墓墓室结构
3\ 中油一建郑西铁路安置小区唐代壁画墓墓道

虽然多处已剥落，仍可辨出龙头、虎首均向南，四足均踏有祥云，作腾空状，气势宏大，栩栩如生。在墓道北段东西两侧还发现绘有门吏，只依稀可辨头、身、脚等部分。从该墓的形制、规模以及壁画的复杂程度上来看，推测其为一社会地位较高的贵族墓。

中国再生资源产业示范基地晚唐壁画墓 2011年元月，我队在位于孟津县平乐镇新庄村的再生资源产业示范基地发掘一座晚唐时期圆形壁画墓，是洛阳地区首次发现。

此墓由墓门、甬道、墓室三部分组成：墓道为斜坡式，长约21米，宽2.4米。甬道两侧分别绘有两组壁画，壁画内容为唐代文官仪仗。墓室为圆形，高4～5米，直径6.85米。墓室四周墙壁上镶有砖雕的门、窗户、柜子，其中一侧墓壁上，两把椅子中间放有一张桌子，桌上摆着茶壶，具有浓郁的生活气息。墓室内出土文物有镶嵌在墓门上的铜质鎏金泡钉和瓷碗、瓷碟、粉盒、玉璧、铜钱等。

1 \ 中国再生资源产业示范基地晚唐壁画墓墓室
2 \ 中国再生资源产业示范基地晚唐壁画墓墓室南壁砖雕

洛阳龙门安菩夫妇墓　位于洛阳市南13公里的龙门东山北麓，西距伊水约1公里，北距隋唐东都洛阳城南墙约8公里。1981年4月下旬发掘。此墓自北向南由墓道、墓门、甬道和墓室组成。墓道为斜坡，墓室平面略呈长方形，弧顶，墓室东西两边各有一棺床，其上各置一棺。随葬器物中三彩器有文吏俑、天王俑、镇墓兽、马、骆驼、牵马（驼）俑、男女骑马俑、男女立俑、男女侍俑等，单色釉器有侍俑、小马、小骆驼及猪、狗、牛等；陶器有碗，瓷器有唾盂、瓶、灯、罐；及金币、铜钱、铜镜和玛瑙珠，并出土石刻墓志一合。

该墓是目前洛阳地区发现的唯一一座墓道朝北的唐代墓葬，其墓主人安菩为突厥族，官至定远将军。此墓出土的三彩器为洛阳唐三彩的断代分期提供了可靠的依据，也对研究"唐三彩"的制作工艺有重要的参考价值。随葬的东罗马金币，反映了洛阳与丝绸之路的密切关系及其在中西交通史上所具有的地位。

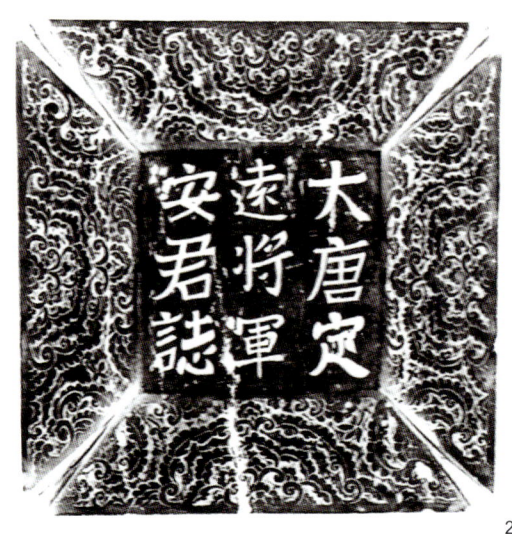

1＼洛阳龙门安菩夫妇墓出土东罗马金币
2＼洛阳龙门安菩夫妇墓墓志志盖拓片
3＼洛阳龙门安菩夫妇墓墓志拓片

洛阳龙门安菩夫妇墓出土三彩幞帽男牵马俑

唐神会和尚身塔塔基　位于龙门西山北麓，东临伊河，隋唐东都洛阳城南城墙外，现洛阳市粮食局龙门粮库内。1983年12月发掘。为唐代神会和尚身塔的石室塔基，平面近正方形，全室用13块经过加工打磨的石板、石条垒砌而成。随葬器物有铜、银、陶、铁器4类，铜器有净瓶、盒、长柄手炉、勺、箸、条等；银器有盒，陶器有钵，铁器皆残。在石室东壁上层石板内侧刻有塔铭。

　　此发现不仅为唐代洛阳和尚身塔塔基的形制提供了完整的实物资料，而且也为唐代佛教考古的研究提供了新的内容。其时代明确，出土的佛教文物具有一定典型性，这不仅对于同类器物的断代，而且对于出土同类器物墓葬的性质有着重要的参考价值。

1 \ 唐神会和尚身塔塔基出土铜长柄手炉
2 \ 唐神会和尚身塔塔基出土黑釉瓷钵

洛阳市关林唐墓葬群 20世纪80年代以来，我队在关林镇南发掘了数百座唐墓，其中1990年6～10月发掘的80座小型墓葬，分布密集，均为刀形单室土洞墓。出土各种陶、瓷、铜、铁器1000余件，其中三彩七星盘、白瓷双龙尊、瑞兽镜等较为珍贵。墓地年代从初唐延续到唐代中晚期。

2003年12月～2004年1月，在洛阳关林大道北侧，中储802仓库家属院内共发掘清理唐代中小型墓葬39座。其中中型8座、小型31座，均为长斜坡墓道洞室墓。随葬器物近200件，有七星盘、文官俑、天王俑、镇墓兽、多种男女侍俑、马、骆驼、鸡、猪、羊、井、灶等三彩器和碗、罐、双系罐、四系罐等瓷器。

洛阳孟津西山头唐墓 位于孟津县送庄乡西山头村东南1.5公里处，由河南省文物研究所与洛阳市文物工作队联合组成的310国道孟津考古队于1991年9月发掘。

此墓为单室土洞墓，由墓道、甬道和墓室3部分组成，甬道中部东西两壁各有一壁龛，壁龛马蹄形。随葬器物有伎乐俑、侍俑、马与牵马俑、驼与牵驼俑、镇墓兽、天王俑、牛等，其他的有青瓷罐、釉陶罐、残铁器及墓志一合。

1 \ 洛阳关林唐墓绘陶俑出土现场
2 \ 洛阳孟津西山头唐墓出土女舞俑

据墓志记载，此墓葬于武则天大足元年（701年）。出土的妓乐俑、女侍俑制作较精，为研究盛唐时期的服饰、化妆、音乐、舞蹈等，提供了新材料。

洛阳北郊颍川陈氏墓 位于洛阳北郊邙山南麓，南距隋唐外郭城北墙1.5公里，现为洛阳市劳动教养所餐厅楼处。1992年5月发掘。

该墓为刀把形竖穴土洞墓，由墓道、甬道、墓室组成。随葬器物有镇墓兽、天王俑、十二生肖俑、牵马（驼）俑、马、骆驼、男侍俑、女侍俑、塔式罐、铜镜、铜钱、铁刀、银平脱漆盒、滑石棒和砖墓志。

洛阳北郊唐代道徒墓葬 1994年4月，我队在位于邙山南麓龙泉东沟西侧的坡形阶地上，西距唐代下清宫遗址120米，南距隋唐东都洛阳城北郭墙300米，洛阳铁路分局生活小区内，发掘了两座唐代道徒墓葬（C8M1038、C8M1037）。

两墓均为小型刀形单室土洞墓，由墓道、甬道和墓室三部分组成。两墓各出土有石墓志1合。两块墓志均由上盖和底座组成。上盖四边线刻四神形象，中部为志文，志文5行，每行4～9字，行书，为："其灵冥冥，以此为拯，阳覆阴施，大道之侧。五精变化，安魂之德。子孙护吉，诸殃永息，急急如律令。"带有浓郁的道教色彩，石墓志底座上部凿方孔5个，孔内见朱砂、水晶及紫色晶状体，为道教炼丹师烧炼的"丹药"。其位置正处于唐代北邙的道宫一带，应为唐代中期或者稍晚的唐代道人墓，为研究唐朝东都一带的道教流行情况及道人的葬俗提供了十分宝贵的资料。

（二）五代墓葬

洛阳市北郊后梁高继蟾墓 位于洛阳北郊瀍河东岸、邙山南麓，南距隋唐东都外郭城北墙约1公里。1986年7月发掘。墓葬为土洞墓，由墓道、甬道、墓室组成。随葬有罐和砚等陶器，盆、碗、盂、壶、枕等瓷器，铜钱、钉饰等铜器和铁牛、银碗、银饰、铅注子、蚌饰及石墓志一合。

据墓志记载，高继蟾死于开平三年（909年），志文记述了死者家世，可补史阙。此墓的发现，为后梁时期的考古研究提供了重要资料。

洛阳市东郊史家湾后唐墓 位于洛阳市东郊史家湾村机瓦厂，1984年10月发掘。此墓出土纸经卷宽29.5、高38厘米，经文为梵文，系雕版印刷而成。在经卷左侧还印有汉字3行，其中末行刻有"报国寺僧知益发愿印施，布衣石弘展雕字"。其下为毛笔书写"天成年正月八日徐殷弟子□□记"。据此，可断该经卷的时代为后唐天成二年（927年），距今已1000余年。经券保存良好，完整，且雕版字体工整、清晰，是佛教史和印刷史研究的极为重要的资料。

洛阳铁路分局后周墓 位于洛阳铁路分局指挥部住宅南楼，1992年9月发掘。墓葬为单室土洞墓，由墓道、甬道、墓室三部分组成。墓室呈梯形，东西横列。墓室四壁底部有宽窄不一的小龛13个。随葬器物有陶罐、瓷注子、托盘、盏、尊、石盒、铜镜、铜钱等。

梯形横室墓及墓中有小壁龛是洛阳地区唐代晚期墓葬所具

1 \ 洛阳市北郊后梁高继蟾墓出土墓志志盖拓片

2 \ 洛阳市东郊史家湾后唐墓出土雕印经咒

有的特征，此墓出土数百枚周元通宝钱币，后周世宗显德二年始铸，于显德七年后周亡，由此这座墓葬的埋葬时间当在后周显德二年（955年）九月至显德七年（960年）之间。

七、宋金元明墓葬

洛阳以往发掘的宋墓有数百座，形制多为中小型。多为单室土洞墓，主要分布在关林、涧西一带。1997年6~8月，我队在唐宫路北侧发掘清理宋墓52座小型土洞墓，为洛阳地区宋墓的分布增添了新的资料。宋代砖室墓较少，主要分布在涧西及新安县一带，墓葬平面有方形、圆形、多边形等，穹隆顶。结构多为仿木，有的还有彩绘。彩绘内容多为墓主人生活宴饮等写实画面。近年来，我队在新安县古寺乡李村发掘的宋四郎家族墓地和嵩县城关镇北元村宋代砖雕彩绘墓等都是这一时期墓葬的重要代表。

洛阳发现的金墓多为仿木结构，如位于洛阳七里河村西北约750米处的涧西金墓，由墓道、墓门和墓室组成。墓道斜坡式，墓室平面呈八角形，边长1.08米。室内有砖棺床，墓顶系八角叠涩而上，顶做小藻井。除墓门外的七面墓壁皆饰格子门，每面两扇，雕花各异，格眼纹地以柿蒂纹为多，另有"亚"字纹、"刀"字纹和龟背纹，腰花板均雕牡丹花。障水板壶门中的雕花有牡丹、芍药、菊花和莲花4种。随葬有铜镜、黑白瓷碗、瓷碗和骨器等。这座墓是金代雕砖墓的典型代表，在洛阳历代墓葬文化序列中占有一席之地。1997，我队在孟津南麻屯发掘的C8M1159金墓，是目前洛阳地区唯一一座有明确纪年的金墓。

洛阳发掘的元代墓葬数量极少，一般为单室方形墓，元代墓葬分砖室墓和土洞墓两种。随葬器物多为陶质仿铜礼器。偃师元墓、伊川元墓、洛阳赛因赤答忽夫妇合葬墓及龙川和尚墓等，均属砖室墓。1969年，当时的洛阳博物馆在老城北关邙山脚下发掘的元代怀庆府路总管王述夫妇合葬墓，出土了造型精美的泥质黑陶仿铜礼器。此外位于洛阳市北郊邙山下元朝名将察罕帖木儿墓前发现石翁仲1件、头戴莲花之束冠，身着圆领朝服，足踏云头履，造型古朴自然，是元代陵墓石刻中很少见的一例。1990年，我队在洛阳东郊发掘的元代太尉翰林学士赛因赤答勿夫妇合葬墓，形制较大，随葬器物与王述墓的形制相似，反映了元代统治者的礼制观念。

洛阳发现的明墓共有6座，均位于明代洛阳城外，其中较为重要的是发现了明代福王府的家族墓地。

（一）宋代墓葬

新安县石寺乡李村1号宋代壁画墓　位于新安县石寺乡李村，1984年发掘。墓葬为仿木结构壁画墓，墓葬可分为墓道、墓门、甬道和墓室四部分，总长9.4米，墓道居南，为斜坡阶梯式。墓门为仿木结构，门额部分置一斗三升四铺作斗栱，两铺

1\ 新安县石寺乡李村1号壁画墓墓室西壁、西南壁
2\ 新安县石寺乡李村1号壁画墓墓门仿木结构
3\ 新安县石寺乡李村1号壁画墓墓室西北、北、东北壁

新安县石寺乡李村1号壁画墓墓室东南壁、南壁壁画

作间嵌方形匾额，上刻阴文："宋四郎家处宅坟……宣和八年（即靖康元年，1126年）二月初一日大葬记。"甬道作拱形券顶，在甬道两侧立面上浮雕孝子图四幅。墓室为八角形，墓壁作须弥座，座上浮雕花式，六边形壁柱八根，莲花座莲花柱头，斗拱部分开始向中心收分，斗拱为一斗三升十六铺作，斗拱上即为穹隆顶，交界处饰一周莲花瓣。墓室浑体彩绘，斗拱部分主要花纹为牡丹、云纹，墓壁上有各种花饰门窗浮雕并彩绘图案，主要有墓主人宴饮图、伎乐图、厨作图和牡丹图等。

新安县北冶乡梁庄北宋壁画墓 位于新安县北冶乡梁庄村西北，1988年秋季发掘。此墓由墓道、甬道、墓室三部分组成。为八角形单室仿木结构建筑。甬道平面呈长方形，东西两壁及弧形券顶为砖砌。墓室平面呈八角形，周壁7个壁面上或绘有壁画或修砌成门窗装饰。东北、西北两壁的上半部各砌一窗，北壁正中为砖砌假门。在墓室8个转角倚柱柱头砌普柏方，方上各有满饰彩绘砖雕斗栱一朵。墓壁顶部

1\ 新安县北冶乡梁庄宋代壁画墓墓室西南、西、西北壁壁画及砖雕
2\ 新安县北冶乡梁庄宋代壁画墓墓室西北壁砖雕局部

1 \ 新安县北冶乡梁庄宋代壁画墓墓室西壁宴饮图
2 \ 新安县北冶乡梁庄宋代壁画墓墓室西壁
3 \ 新安县北冶乡梁庄宋代壁画墓墓室北壁仿木结构砖雕局部

叠涩内收转砌为圆形穹隆顶。墓门两侧东南、西南两壁绘有墓主人夫妇宴饮图，东北、西北两壁均为牡丹图。该壁画墓仿木建筑大部分装饰以彩画。此墓保存了一批宋代木建筑中极为流行的小木作建筑形式和一批色彩鲜艳、内容丰富的壁画，是洛阳附近发现的宋代重要墓葬之一。

新安县正村乡古村北宋壁画墓 位于新安县正村乡古村东北角的台地上，1989年冬发掘。此墓为斜坡道砖券壁画墓，由墓道、天井、甬道、墓室组成。墓室为方形，宽约2.2米。墓室各转角处都砌出四方抹角柱础和四方抹角倚柱，柱上砌阑额、普柏方，方上砌单抄四铺作式的柱头斗拱。两朵斗拱之间砌拱眼壁。两倚柱间砌壁画，上绘壁画。在墓室南面甬道门两侧砌有砖作破子棂窗。西面为4个格扇门窗，北面正中砌假门，东壁有砖砌高浮雕的1桌2椅。此墓满室彩绘，墓室北壁有妇女启门

新安县正村乡古村宋代壁画墓墓室西壁砖雕窗棂

1\ 新安县正村乡古村宋代壁画墓墓室北壁妇女启门
2\ 新安县正村乡古村宋代壁画墓仿木斗拱
3\ 新安县正村乡古村宋代壁画墓墓室南壁
4\ 新安县正村乡古村宋代壁画墓墓室东壁砖雕桌椅

图案，东壁阑额下画黑色悬幔、蓝色组绶，男女主人对坐的开芳宴饮图。

新安县宋村北宋雕砖壁画墓　位于新安县城关镇宋村北边丘岭的背阴坡上，1994年12月发掘。此墓为阶梯式斜坡墓道砖券洞室墓，由墓道、过洞、天井、甬道、墓室五部分组成。墓室呈方形，后半部砖砌成棺床。此墓仿木结构斗拱与砖雕别具特色，其16朵斗拱的独特设计与精心制作，在整个洛阳地区同类墓葬中是罕见的。砖雕在工艺上融浮雕、减地浮雕、透雕等技法为一体，繁而不乱。而砖雕题材上，有盆花、折枝、朵花等类别。全部近30幅牡丹作品无一雷同。墓中除有大量雕砖壁画外，墓室内几乎满布彩绘。此墓的发掘对研究宋代的建筑、雕刻及牡丹为题材的装饰艺术提供了珍贵的资料。

洛阳关林钢厂医院宋代壁画墓　2009年10~11月，我队为配合钢厂医院外科病房楼的建设，在洛龙区关林庙东200米处，南临伊洛路。

墓葬为仿木结构单室砖墓，由墓道、甬道、墓室三部分组成。墓室平面呈八边形，转角处各砌倚柱一根，柱头上承阑额、普柏枋，枋上砌柱头斗拱一朵，除南壁外，其他墓壁柱头斗拱间均设补间铺作一朵，共计斗拱15朵，均为单抄四铺作计心

1\ 关林钢厂医院宋墓墓室结构
2\ 关林钢厂医院宋墓墓室内部

造，其组织有栌斗、华栱、泥道栱、耍头等，斗、普柏枋、倚柱皆涂红彩，栱则饰黄彩。除南壁外，其他墓壁阑额中间均嵌雕砖作装饰，内容为孝子故事图，共10块23幅，多数有榜题。墓室下部东南、西南两壁各设破子棂窗一个；东、西两壁均砌出版门，门额上有4枚门簪，西壁版门作出妇人启门图，右扇微启，门前直立一着圆领长袍、袖手的女俑。东北、西北两壁阑额之下设卷帘，其下各嵌3幅大块雕砖，东北壁内容为乐舞图、备宴图，西北壁内容为杂剧图；北壁则用雕砖砌出4扇格子门，裙板饰套方格纹，腰串饰奔跑状的狮子和牡丹，障水板纹饰分两种，壶门内一种刻口衔牡丹。

此墓所雕图案技法精湛，细腻精美，在洛阳发现的宋代雕砖中是少见的艺术精品，具有很高的研究与观赏价值。

新安县城关镇厥山村北宋中晚期壁画墓　2010年10月，我队与新安县文物局合作，在新安县城关镇厥山村发掘清理了宋代壁画墓一座。墓葬由墓道、过洞、天井、甬道、墓门、墓室几部分组成。东壁、南壁、西壁砌有浅浮雕壁画。墓室4角有砖砌转柱，转柱上绘莲瓣形图案装饰。此墓结构完好，满室彩绘，缤纷华丽，内容丰富。墓内壁面皆刷白石灰水，然后施彩。色调基本为白、红、黄、黑4种，简单明快，墓

新安县城关镇厥山村宋代壁画墓墓室

1\ 新安县城关镇厥山村宋代壁画墓砖雕及妇女启门

2\ 新安县城关镇厥山村宋代壁画墓牡丹

3\ 新安县城关镇厥山村宋代壁画墓砖雕家具

4\ 新安县城关镇厥山村宋代壁画墓发掘现场

1 \ 新安县城关镇厥山村宋代壁画墓墓顶仿木结构

2 \ 新安县城关镇厥山村宋代壁画墓砖雕窗棂

内色块整洁，层次清楚。浅浮雕技法娴熟，壁画线条流畅准确，极富装饰性。

洛阳西工区宋代墓地 位于洛阳市唐宫中路北侧约50米，河南省第三建筑公司家属院内。1997年6～8月发掘清理宋墓52座。年代约从北宋晚期延续至南宋初期。

这批墓葬呈东西向分为6排排列，均为小型土洞墓，由墓道和墓室两部分组成。随葬器物较少，主要有瓷碗、盘、罐、枕、陶罐、铭砖、铜镜、簪子、耳环、钱币等。其中一座北宋晚期墓（M21）中出土象棋子一套32枚，每枚直径2、厚0.6厘米，瓷质，表面无釉，黑白两色，双面阴刻，字内涂朱。出土这样完整的象棋，为考古发掘中所仅见。

洛阳关林宋代墓葬 位于洛南关林集贸市场北面约150米处。1993年3月发掘。此墓为小型单室土洞墓，随葬器物主要集中在墓室的东边及东北角，共22件，主要器物有陶笪篓、陶匜、陶坩埚、黑釉瓷瓶、瓷壶、黑釉杯、黑釉豆形灯、瓷盘、粉盒、瓷骰子、绿釉马、绿釉狮、瓷羊、白瓷塔、白瓷佛像。此墓随葬器物形制较小，制作草率。从墓内出土佛塔、佛像器物可以看出宋代百姓尚佛的习俗。出土器

洛阳市西工区M21宋墓出土象棋子

物中的笙箫、坩埚及骰子等，也都反映了当时民间的生活习俗。

（二）金代墓葬

孟津县南麻屯金墓　1997年6~8月，我队在洛阳市孟津县南麻屯，河南省第三建筑公司家属院内发掘一座金代墓葬，为长斜坡墓道土洞墓，由墓道（含天井）、甬道、墓室3部分组成。随葬器物有白瓷瓶3件，陶买地券1块。买地券为方形，边长27、厚6厘米。楷书，阴刻填朱。其内容为买地时间、钱数及墓地位置等，还有"大金天德二年"和"急急如五帝使者律令"等铭文。这是洛阳地区目前发现的唯一一座有明确纪年的金代墓葬，对研究中原地区金代的葬俗与书法等有重要价值。

洛阳新区金墓　2009年，我队在洛阳新区配合基建施工中，发掘一座金墓。该墓位于洛阳龙门客运站西北，坐北朝南，为小砖券单室墓，由墓道、甬道和墓室几部分组成。墓室近方形，破坏严重，仅甬道下部的砖墙保存下来。甬道西壁残存的砖

1\ 洛阳孟津南麻屯金墓出土买地券拓片
2\ 洛阳新区金墓甬道残存壁画
3\ 洛阳新区金墓甬道东壁南部残存壁画
4\ 洛阳新区金墓甬道西壁残存壁画

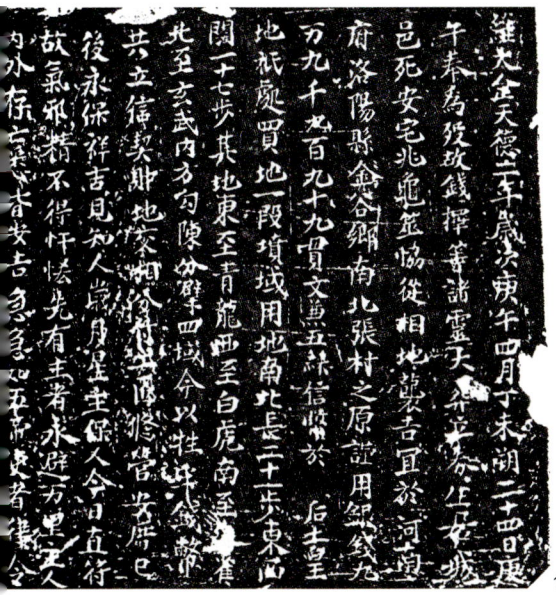

墙上绘有人物、桌子等壁画。

（三）元代墓葬

元赛因赤答忽夫妇合葬墓 洛阳赛因赤答忽夫妇合葬墓位于洛阳东郊。墓主人为元代太尉翰林学士承旨银青光禄大夫。墓葬形制较大，为方形单室砖墓，由墓道和墓室组成，墓道斜坡距地面深约20米。在距墓室上近10米处有一假墓室。随葬器物比较丰富，有鼎、壶、爵、簋、尊、牛尊、盘、案、灶等50余件，均为泥质黑陶，造形优美，制作精细。器表除素面磨光外，个别器物还饰有云雷纹。

洛阳西吕庙元代墓葬 位于洛阳东郊的西吕庙村东，由洛阳市文物工作队和洛阳市第二文物工作队于1990年7～12月联合发掘。

该墓为砖券墓，墓底距地表深达20米，墓室之上有佯设的墓室。随葬器物有铁

1 \ 元赛因赤答忽墓出土墓志

2 \ 元赛因赤答忽墓出土墓志志盖拓片

3 \ 元赛因赤答乎墓发掘现场

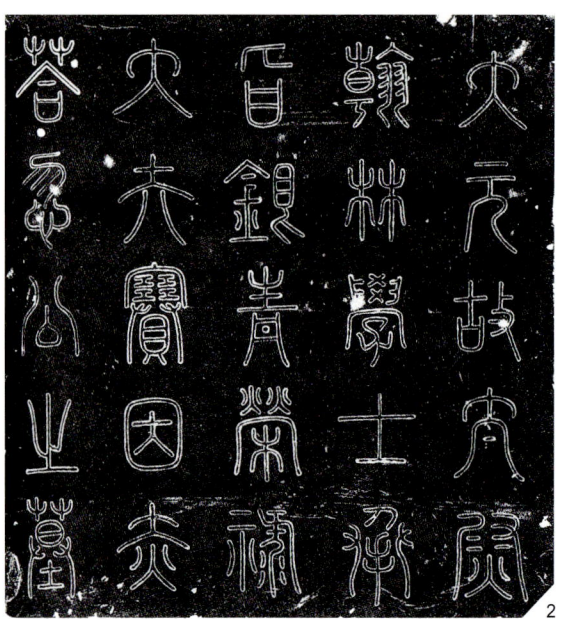

元赛因赤答忽墓

牛、黑釉瓷瓶和陶象尊、驹尊等。另有一块墓志，志文所记战事可与石料相互印证。

（四）明代墓葬

洛阳东郊明墓　1980年，我队在洛阳东郊史家湾村北清理一座明墓。墓葬由墓室、甬道、门楼和斜坡墓道组成。出土器物30件，有瓷器、铜器、铅器等。根据买地券纪年，墓主人葬于嘉靖年间。铜器多为仿古形制，瓷器精巧美观，尤其是一批青花瓷盘，造型与纹饰具有北方磁州窑系的风格。

洛阳东花坛明代福王家族墓　1983年，我队在洛阳东花坛立交桥建设施工中，清理了三座明代墓葬。墓葬北邻焦枝铁路，呈"品"字形排列。基本结构相同，由墓道、封门砖、门洞、石门、甬道、墓室、棺床等部分组成。此墓出土刻有福府瓦匠姓名的铭砖，位置也印证了传世《明福藩妃王氏圹志铭》中所记福王家族墓地的方位，是福王府墓地的一隅。

洛阳北郊两座明代墓葬　1993年7月，我队在洛阳北郊发掘两座明墓（编号为M1186、M1187）。这两座明墓均由墓道、墓门、甬道、墓室四部分组成。墓道居南，为长方形斜坡式；墓门用石门封闭，上部用砖券；甬道为过洞式，平面呈长方形，两壁用砖修砌，顶用小砖横列券，底铺砖；墓室平面呈长方形，一般长4、宽3、高2米，四面土壁平直，弧形顶。墓室北侧设棺床，置双棺，南侧置随葬器物。

M1186随葬有陶灯、瓷盘、锡罐、铜鼎、铜爵、铜镜等，另见铜钱、朱书地券砖。据墓志文，墓主为明代儒官孙遇诰夫妇，合葬于万历四十三年（1615年）。M1187随葬有铜烛台、瓷盘、铜镜、铜钱、金饰、铜饰、陶俑、朱书地券砖等，墓志记载墓主为孙遇诰长子肃宁县知县孙拱宸夫妇，合葬于天启辛酉年。

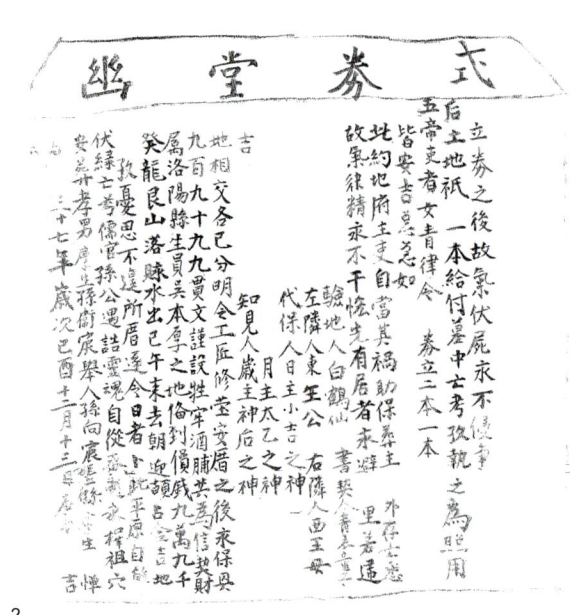

1 \ 洛阳东花坛3座明代墓葬出土的刻铭砖拓片
2 \ 洛阳北郊明墓M1187出土墓志摹本
3 \ 洛阳北郊明墓M1187出土墓志

第四节
配合国家大型工程建设考古发掘的主要收获

从20世纪90年代开始，我队先后参与过黄河小浪底水库工程建设、三峡工程建设以及南水北调水利工程等多项国家大型工程建设的考古发掘工作，发掘的主要遗址和墓葬有焦作安阳城，南阳淅川简营北等遗址以及焦作山后墓地、苏王墓地，南阳淅川齐家岗汉墓群，郑州中牟大关庄汉墓等墓葬群。这些遗址和墓葬大多不同于洛阳地区的文化类型，经过认真细致地工作，我们不仅取得了这些地区的考古资料，而且有力地支援了国家大型工程建设。

焦作安阳城遗址 位于焦作市马村区安阳城乡安阳城村东北，2006年6~9月，我队对该遗址进行了发掘，发现了丰富的先商文化遗迹，共发掘灰坑70个、沟渠2条。灰坑开口多不规则，个别为圆形或椭圆形，大多弧壁平底。出土器物以陶器最多，多为夹砂灰陶为主，纹饰以绳纹为主，弦纹、附加堆纹、压印纹等较少。器型有鬲、鼎、甗、橄榄形罐、深腹罐、敛口瓮、蛋形瓮、盆、豆、器盖等。石器加工精细，多数通体磨光，器型中以铲最多，其次为斧、刀、凿等。骨器有锥、笄、刀、镞等。此外还发现有牛角、鹿角及动物骨骼。根据发现的大量先商文化遗迹、遗物，可以认定该遗址为一先商聚落遗址。从其出土遗物特征来看，与先商文化辉卫类型中的"潞王坟——宋窑类"遗存和辉县孟庄、修武李固、焦作府城等先商文化遗址较为一致，其

焦作安阳城遗址全景

相对年代应为先商文化中、晚期。同时，这里出土的遗物中还包括有数量较多的二里头文化因素，以器盖最为典型。这为这一地区的先商文化类型学研究提供了新的资料，并为确立该地区夏——商文化发展序列提供了值得参考的资料。

1＼焦作安阳城遗址发掘现场
2＼焦作安阳城遗址发掘现场

淅川简营北遗址　为2007年10月我队承担的南水北调工程中的一处考古发掘项目。遗址位于淅川县上集镇简营村北，南距简营村约250米，西距老灌河约500米。地理坐标为东经111°27'37.4"，北纬33°03'46.1"，高程158米。

发掘表明此处为一处汉代聚落外的作坊遗址，发掘出的主要遗迹有烧窑3座、墓葬2座、灰坑6个、路1条，同时发掘出土了大量的陶器残片和砖瓦残片。此次发掘最为重要的收获是发现了3座烧窑，其中1座保存非常完好。该座烧窑由窑室、窑床、烟洞、烟道、火膛、窑门、操作坑组成，底部3个烟洞，上面还有5个（上二下三）掏烟道时留下来的小洞，后用板瓦或器底封住。这为研究南阳地区汉代陶窑结构提供了新的实物资料。3座烧窑操作坑内和附近出土了大量的器物及瓦片残片，特别是出土了具有南阳地区特色的灰陶绳纹附耳罐。操作坑中出土的灰陶月牙状垫圈和灰陶带孔环形垫圈更是为研究南阳地区汉代陶器烧造工艺提供了材料。需要指

1 \ 淅川简营汉代遗址发掘现场
2 \ 淅川简营汉代遗址汉代烧窑烟洞
3 \ 淅川简营汉代遗址汉代烧窑
4 \ 淅川简营汉代遗址汉代烧窑出土的两种垫圈

出的是此处遗址出土的陶片全部都夹砂，这是研究该地区陶器烧造工艺时值得注意的地方。

在3座陶窑北面发现了一条路，路和烧窑开口同一层下，路面有很多碎小的灰陶、红陶颗粒。说明此处在当时应为一处较为重要的陶器烧造场所。简营北遗址靠近老灌河，在各个地层中都包含有鹅卵石，地层土和部分陶片也有被水多次浸泡和冲刷过的痕迹，这也为研究河流的变迁提供了材料。

焦作山后墓地 位于焦作市马村区九里山乡山村西南部。2006年7~9月，我队对墓地进行了发掘，共清理汉墓7座，时代为西汉晚期到东汉早期。这批汉墓均为砖室墓。分前后双室墓和单室墓2种。其中单室墓有穹隆顶和券顶2种，在墓室前有一道封门墙，多用砖筑，个别用大石块代替。墓道有长斜坡和竖井式，其中M4形制较特殊，其墓道和墓室宽度基本相同，券顶保存完好，其券顶的砖缝间插有陶片，以保证券顶的坚固。出土器物主要有陶罐、壶、魁、灶、猪圈、耳杯、鼎、瓮等，个别墓中还出土了五铢钱和铜节约等一些小铜构件。

焦作山后遗址发掘现场

焦作苏王墓地 位于焦作市温县北冷乡北冷村，2006年6～11月，我队对墓地进行了发掘，清理墓葬96座，其中宋墓7座，明墓89座。宋墓分为砖室墓和土坑墓2种。砖室墓均为单室穹隆顶，大多坐北朝南，分竖穴、阶梯2种墓道。墓室分为长方形、方形、六角形。穹隆顶为叠涩砌法，分圆形和覆斗形顶。葬具均为单棺，已朽，大多为二次迁葬。随葬器物只有铜钱、铁铧犁、陶罐等。二次葬可以说是该墓地的一大特点。明代墓葬分为砖券单室墓、竖穴墓道洞室墓和土坑竖穴墓几种。竖穴墓道洞室墓的墓道均大于墓室，在墓道内墓门内的两侧各有一方形生土台，形似门墩。土坑竖穴墓皆为长方形，个别墓葬出有买地券，其中一座纪年墓为明正统四年。该墓地的发掘为研究当地的宋明时期家族墓地的埋葬习俗和埋葬制度提供了丰富的实物资料。

焦作苏王墓地

南阳淅川齐家岗汉墓群　2010年10~12月，为配合南水北调工程建设，我队在南阳淅川齐家岗进行了发掘。此次共发发掘墓葬42座，均为东汉时期墓葬。平面形制为长方形、"凸"字形及直背刀形。出土器物有陶器、铜器等类别，陶器有罐、鼎、仓、灶、磨等，铜器有碗、洗、钱币等。

1\南阳淅川齐家岗汉墓群发掘现场
2\南阳淅川齐家岗汉墓
3\南阳淅川齐家岗汉墓墓砖
4\南阳淅川齐家岗汉墓
5\南阳淅川齐家岗汉墓
6\南阳淅川齐家岗汉墓

1 \ 南阳淅川齐家岗汉墓

2 \ 南阳淅川齐家岗汉墓

文化遗产保护

第三章　184-201

1981-2011 洛阳市文物工作队三十年　历程

第一节　地面文物调查与保护
一、地面文物保护
二、文物普查
三、古建筑调查与保护

第二节　大遗址保护
一、隋唐城遗址大地坐标测点钻探
二、编制完成《洛阳市隋唐洛阳城遗址保护条例（草案）、（初审稿）》文本
三、隋唐洛阳城遗址的发掘和保护
四、丝绸之路与大运河申遗

第三章
文化遗产保护

> 文化遗产保护是我队业务工作的主要内容之一,从最初的地面文物调查到近年来的全国文物普查和大遗址保护,我队在洛阳市文化遗产保护上做出了非常重要的贡献。

第一节
地面文物调查与保护

地面文物保护是我队非常重要的日常工作。多年来,我队除了对管辖范围内的各类地面文物进行日常管理外,还参与了第一、第二、第三次全国文物普查,是洛阳市地面文物保护工作不可或缺的重要力量。近年来,我队在原有地面文物保护人员的基础上,又成立了古建研究保护中心,致力于古建筑的规划设计与保护工作,目前也已初见成效。

一、地面文物保护

目前在我队管辖范围内的隋唐东都城遗址属国家级重点文物保护单位,另有省级文物保护单位14处,市级文物保护单位17处。

多年来,我队严格按照"保护为主、抢救第一、合理利用、加强管理"的方针,定期对古遗址、古城墙、古建筑以及重要的古代文化遗产进行文物保护现状调查和防火防盗安全检查,并对洛阳市各县区重要的古建筑进行摸底调查,摸清了它们的保存现状和在当地的历史价值,同时配合市委督察办公室、市局文物科对引起群众高度关注的文化遗产现象进行现场文物调查。针对不同类型,我们制定了保护措施,对地面文物进行了有效保护。

(一)隋唐洛阳城遗址保护工作

1963年河南省人民政府公布隋唐洛阳城为省级文物保护单位,并划定重点保护区和一般保护区,成立文物保护小组。1988年1月,隋唐洛阳城遗址被国务院公布为

1＼隋唐洛阳城遗址保护规划（报审稿）
2＼隋唐洛阳城遗址"四有"档案
3＼隋唐洛阳城含嘉仓160号窖保护房外景
4＼隋唐洛阳城明堂遗址保护房
5＼隋唐洛阳城天堂遗址保护情况
6＼隋唐洛阳城含嘉仓160号窖保护情况

第三批全国重点文物保护单位。自20世纪80年代以来，一直由我队负责管理。多年来，我队一直致力于隋唐洛阳城的考古发掘和保护工作，并负责隋唐洛阳城明堂、天堂遗址、含嘉仓160号仓窖、回洛仓遗址、唐代水利设施遗址等重要遗迹的日常管理和维护。我队除定期对这些重要遗址进行文物保护现状调查和防火防盗安全检查外，还对隋唐洛阳城遗址进行了规范化管理。

1997年6月，我队按照国家文物局对国保单位的具体要求，对隋唐洛阳城遗址进行了"四有"（即有保护范围、有标志、有档案材料、有保护组织）建档工作，使其保护管理更加规范。

自1994年起，洛阳进入城市建设高速发展期，文物保护与城市发展建设的矛盾日益尖锐。由于隋唐洛阳城遗址部分在城市建成区内，濒临因城市扩张而被吞噬、

隋唐洛阳城唐代水利设施遗址保护现状

破坏的境地。在此情况下，我队为了合理、有效地加强隋唐洛阳城遗址的保护和开发、利用，缓解矛盾，联合中国社会科学院考古研究所唐城队组建"隋唐洛阳城遗址规划"课题组，于1995年6月编制出《隋唐洛阳城遗址保护规划》初稿，并于同年报请国家文物局审核。课题组根据国家文物局审稿提出的修订意见和1995年8月出台的《洛阳市城市总体规划文本》于1997年编写出第二稿；1998年春，课题组就第二稿召开了广泛的征求意见会，在吸取了洛阳市文物局、洛阳市土地规划局等有关部门领导和专家意见的基础上，对第二稿进行了修订、补充。2000~2001年期间课题组又邀请洛阳市土地规划局加入对保护规划的修订。2001年8月29日河南省文物局组织专家召开评审会对保护规划进行了审查。2001年9~11月根据河南省文物局评审会的审查意见对保护规划再次进行了修改并最终定稿。

含嘉仓作为隋唐洛阳城内的重要建筑遗存，一直是我们保护的重点。20世纪70年代，含嘉仓遗址发掘结束后，洛阳市文物部门即对具有重大研究和观瞻价值的含嘉仓第160号窖进行了原址的保护展示，但囿于时代、技术、资金的限制，当时仅对仓窖坑口进行了加固，安装了护栏，外面修建了保护展示房和管理房。保护房为普通砖木结构，房顶起脊；管理用房为普通平房。委派专人24小时负责看护管理，并加护围栏加以保护。对其围墙、地坪以及电网、水网、绿化等附属设施进行改造维修，并对炭化的粮食进行了化学保护。这一系列的措施，使含嘉仓160号仓窖得以完整地保存至今天。

近年来，含嘉仓作为大运河（洛阳段）申遗工作的重要申遗点，越来越受到国内外学者的关注。文物部门对含嘉仓城明确了保护范围,禁止在保护范围内进行一切基建工程项目的建设,并建立多处石质保护标志碑。目前,我们已经委托陕西古建设计研究所制订含嘉仓160号仓窖的保护展示方案,不久的将来,一个功能齐全、独具特色的保护展示房将取代现在简陋、功能单一的旧房,含嘉仓160号仓窖将以崭新的面貌展现在世人面前。

(二)省保及市保单位的地面文物保护工作

目前,我队管辖区内共有省保单位14处,市级文物保护单位17处。包括北窑旧

1\ 东周王城遗址标志碑

2\ 明代安国寺环境整治

1\ 洛阳东周王城残存西北角城墙环境整治

2\ 清代孔子入周问礼碑环境整治

3\ 隋唐洛阳城唐代水利设施环境整治

石器遗址、史家湾遗址、东干沟遗址、矬李遗址、西周铸铜遗址、东周王城瞿家屯建筑基址、回洛仓遗址、唐代水利设施遗址、唐代瓦窑遗址等从旧石器时代至唐代的古遗址，洛阳安国寺、洛阳文峰塔等古建筑和孔子入周问礼碑、福王府石狮等石刻。对此，我队除定期对这些重要的古代文化遗产进行文物保护现状调查和防火防盗安全检查外，还科学及时地向上级主管部门汇报文化遗产保存的现状，定期进行环境治理。

2008年，我队根据在位于唐宫路北侧、光华路西侧原河南省第三建筑公司院内发掘的东周王城东墙的一部分发掘情况，在分析和评估遗址文化价值与保存现状，归纳遗址当前面临的主要问题的基础上，制定了《洛阳东周王城东城墙局部保护规划及实施方案》，提出了片区规划的目标，制定了回填方案。根据实际情况制定出保护工程准则，即：原址保护的原则、时效性原则、最小损伤及最小干预原则、经济性原则、方便重建工程进行原则、日常维护原则。回填过程中的具体操作根据东周王城遗址密集，文化叠压层多，平面不规整的特点，区分了遗址形态，对不同的部位采用不同的加固措施：用砂、土覆埋；局部用小沙袋填充。

二、文物普查

洛阳市自20世纪50年代开始就开展了专项文物调查工作，其中1950～1960年初期，当时的洛阳市博物馆配合中国科学院考古研究所对汉魏洛阳城遗址、隋唐洛阳城遗址进行文物调查。1975年冬，在洛阳市和孟津县境内进行了一次考古调查，发现了古文化遗址28处。在调查的28处遗址中，包含有仰韶文化遗址的遗址18处，计有洛阳市的史家湾、五女冢、锉李、西岭、十里铺、齐村、凹杨、西高崖，孟津县小潘沟、汀沟、寺河南、后李、峰王、寨根等。

我队成立以来，参加了全国的第二、第三次文物普查，是洛阳市文物普查的主要力量。近年来，在完成第三次文物普查任务以外，还配合洛阳市文物局对洛阳市洛龙区古城乡青阳屯村的"大悲寺"古建筑和洛阳市西工区红山乡柿园村的古建筑群进行文物调查工作，并上报价值评估调查报告。

（一）全国第二次文物普查

全国第二次文物普查工作开始于1984年。我队业务人员作为洛阳市文物普查队的主力奔赴孟津县，拉开了我市文物普查工作的序幕。这次文物普查的主要项目是：古文化遗址、古墓葬、石窟寺、古建筑（包括寺庙、砖石塔、桥梁、官衙、民居）、石刻、革命文物、流散文物、民俗文物、帝国主义侵华罪证等。

1984年11月，市文物普查队在偃师县府店乡江村境内发现一处古文化遗址，面积约22000平方米。根据磨光石器的形状和陶片质量、纹饰，初步肯定遗址属龙山文化类型。采集的石斧、石铲、石矛以及陶鼎、陶钵、陶盆残片和蚌壳等标本，为研究我国古代文化提供了宝贵资料。

1984年11月，在临汝县纸坊乡中山寨新庄、骑岭乡槐树阴村和渑池县笃忠乡鹿寺遗址发现裴李岗文化遗址，从而填补了豫西地区原始社会新石器时代文化早期的空白。

另外，在文物普查中，还全面考查北齐平等寺造像碑。分别是北齐武成帝高湛之子冯翊王高润、洛州仓督李普贤、太上公寺法师普珍等人发愿为平等寺所立之碑。这几通碑的造像内容有和龙门石窟同期相似的，也有新颖的题材别于龙门石窟的，如佛传故事的菩萨踏夜叉等。北齐是仅有20余年历史的朝代，遗留下来的文物极少，像这样数量较多、内容广泛、艺术精湛的北齐造像在我国也是少见的。是研究石窟艺术的珍贵材料，是九朝古都洛阳的又一瑰宝。

（二）第三次全国文物普查

2007年，第三次全国文物普查拉开序幕。我队具体负责洛阳市文物普查队第一小组的工作，具体工作范围包括孟津县、新安县、栾川县、汝阳县以及西工区、老城区、瀍河区、洛龙区、吉利区。在实地调查阶段，我队普查人员严格按照不漏乡村、不漏社区、不漏地块的原则，按照"广、深、细、实"的工作要求，努力探索切合本地实际的普查方法。我们在对基层普查人员广泛培训的基础上，力争做到"腿勤、眼勤、口勤、手勤"，多走、多看、多问、多记，确保各项工作落实到位。做到了"行政村到达率、覆盖率达100%"，实地文物调查完成率100%。共调查登记不可移动文物约11000处，新发现500处，在新发现中以古遗址、古建筑、古

1 \ 孟津汉陵中学(由南向北摄)
2 \ 孟津县闫凹舞楼
3 \ 史家大院
4 \ 新安县清代张村石拱桥
5 \ 汝阳县段家绣楼
6 \ 唐代佛塔

1\ 汝阳县第三次全国文物普查实地调查
2\ 新安县第三次全国文物实地调查
3\ 孟津县第三次全国文物普查实地调查
4\ 实地调查老城区历史街区古建筑
5\ 实地调查老城区历史街区古建筑史家大院
6\ 栾川县第三次全国文物普查实地调查

碑刻、古桥梁为主，其中古碑刻、古桥梁以明清时期为主，另有一些近现代革命建筑和古树等。

通过我队和全体普查队员的共同努力，洛阳第三次全国文物普查实地文物调查工作全面细致，相关专题调查设置合理，史前遗存、传统民居、水利设施等新发现成果较为突出；文物认定、计量把握基本准确，对零散石刻等按照可移动文物登记较为合理，数据质量圆满通过省文物局、国家文物局整体验收。2010年5月，我队所属的洛阳市文物管理局文物普查队被国务院第三次全国文物普查领导小组办公室评为"第三次全国文物普查实地文物调查阶段突出贡献集体奖"。

三、古建筑调查与保护

我队古建研究保护中心自成立以来,完成了对汉魏故城遗址铜驼大街复原展示、规划勘察与设计工作,老城区敦志街"安国寺"大殿、栾川县潭头镇娃娃桥、栾川县陶湾镇小学石碑、宜阳县灵山寺、五花寺塔维修设计方案,偃师市会圣宫碑、洛宁县"洛书出处碑"保护设计方案,洛宁县及洛龙区古建筑群的文物保存现状调研工作。

(一)古建调查

西工区柿园明清古建筑群分布情况的调查 2011年,我队古建研究保护中心根据群众提供的线索,对西工区柿园明清古建筑群分布情况的进行了调查,结果表明,柿园村明清古建筑群现存知府宅院四所、关帝庙一所、后街四所宅院、钦赐翰林院、太赐第、房屋遗迹等。根据此次调查情况,我们编制了《关于柿园明清古建筑群分布情况的调查报告》。

孟津县"还金山"石碑的调查 位于洛阳市孟津县会盟镇花园村,碑长0.16、宽0.65、厚0.13米,正面刻有"还金山" 3字,背面为一篇题为《拾金处》的碑文。石碑断裂成三节,约2000字的《拾金处》碑文因字迹较小,雕刻肤浅,加之右下部分风化严重,部分字迹难以辨认。该碑是一通记载雍正皇帝对拾金不昧者进行褒奖的石碑,石碑为清雍正六年(1728年)所立,距今已有近300年的历史。

汝阳县桥上石桥 位于洛阳市汝阳县刘店乡岘山村桥上,距县城约20公里。该桥修砌在一条由南向北的岘山沟河上,为单孔石砌砖拱桥。该桥由桥基、桥面、引桥

1\ 汝阳县桥上石桥孔
2\ 孟津县"还金山"石碑正面(由西向东摄)

组成，桥基用较规正长方体石灰岩修砌，两侧的桥基依岘山沟河的东西两侧河壁修砌，中部为一个跨度为2.2米的桥孔，桥孔高2.55米桥孔上部为拱形券，拱券两侧面由五块弧形石灰岩组成，弧形石灰岩面部饰弦纹五道(上二下三)，内券由长方形青砖券成券，桥孔的东西修筑有"八"字形石砌护坡；桥身残存0.7米，桥面用不规则的石块横列平铺，桥面长8、宽4米；在该桥南部（上游）50米处有一宽2.5米的石砌水坝；在该桥南部（上游）60米处为石砌水渠的横断面，断面高4米，断面以南是一条长约500米的U形水渠。该桥结构简单，形体端庄，坚固耐用，是豫西地区民间桥涵建筑的代表作。

（二）古建维修与保护

安国寺位于今洛阳市老城区西南隅敦志街48号，属我国传统的宫殿式建筑，现存前后两座殿。前殿面阔五间、进深四间，砖木结构悬山顶，后殿面阔五间，进深四间，砖木结构单檐歇山式。据文献记载"安国寺"始建于唐咸通年间(860～870年)，明、清时期多次修缮，现为洛阳市第一中学校办育红灯具厂仓库。

由于建筑本身年久失修，随时都有倒塌的危险，而且前、后殿主要的构件均为木质结构，极易引起火灾。我队曾多次向上级省、市文物主管部门反映安国寺的现状，以及其维修保护的紧迫性，省文物局先后在2008年和2010年下拨专项维修资金20万元和30万元，2011年洛阳市财政配套93.55万元（未到账）专项资金对其进行维修，目前，河南省宏昌古建园林有限公司经洛阳市政府采购中心评审中标，南阳市古建研究所为监理公司，维修保护正在进行。

1\ 明代安国寺勘察设计
2\ 明代安国寺维修施工现场

第二节
大遗址保护

2005年起,国家加大了大遗址保护的力度,2006年12月29日,国家文物局、财政部下发《"十一五"期间大遗址保护总体规划》(文物办发〔2006〕43号),确定了"十一五"期间国家大遗址保护项目库的100处重要大遗址,隋唐洛阳城等大遗址作为"十一五"全国大遗址保护的重大项目和重点工程。我队多方配合大遗址保护,继续进行隋唐洛阳城的保护工作。

一、隋唐洛阳城遗址大地坐标测点钻探

洛阳市文物工作队为配合隋唐洛阳城大遗址保护规划的编制工作,为保护规划提供准确数据,自2009年7月15日~8月30日对隋唐洛阳城遗址区内30处重要遗迹点进行大地坐标点的测点钻探工作,任务包括整个外郭城、回洛仓城的准确位置及城内重要的遗迹点。确定了隋唐洛阳城内外主要遗迹的准确位置,为今后保护工作提供了依据。

洛南里坊区过去一直被认为其北部被洛河冲毁,钻探结果和以前的认识大不相同,洛南里坊区的东西二墙北部基本到达今洛河南岸的河堤处,且地面均残存有部分城墙墙体。隋唐时期的遗存多位于现地下2.5米以下,2.5米以上为隋唐城废弃后金元时期形成的淤土冲积层,说明洛河并未对洛南里坊区隋唐遗迹造成大的破坏。分析其原因,可能是隋唐时期在洛河南北两岸所建的河堤"月陂"对南北两岸起到了重要的保护作用。洛河北岸里坊区部分被冲毁较严重,主要是在今南大街以东部分,冲积呈扇面形分布。

此外,东北城角经钻探比原来所标注的向北延伸约60米,纠正了以前的错误认

1 \ 隋唐洛阳城东墙洛河南岸遗址点

2 \ 隋唐洛阳城永通门测点

1＼隋唐洛阳城东城墙南段与洛河处残存夯土
2＼隋唐洛阳城长夏门遗址现状
3＼隋唐洛阳城东北城角位置

识。在东北城角的东墙宽21.6米，北墙宽30米，并发现有宽48米的马面遗迹，这一区域的墙宽超过了宫城城墙的一倍，其原因何在值得今后进一步深入的研究。

隋唐洛阳城外郭城的东城墙以前认为其南北在一条直线上，经钻探推翻了这一结论，洛河以北城墙部分，由北向南往东偏80米左右，洛河以南城墙部分，由南向北往东偏30米左右，偏离原因不明。

对回洛仓城，通过钻探测点，确定了其准确的位置。仓城呈长方形，东西长646米，南北宽355米。东南角距隋唐城北墙1000米，西南角距北墙1100米。仓城南墙宽3米，东、西墙各宽3.7米，北墙宽2米，距现地表深0.8～1.5米，残存厚1～2米。距南、北仓城墙各19米处发现有直径10米，间距9米，整齐排列的仓窖。另外，在仓城中部发现长方形夯土台基一处，西部压于西侧厂区内，南北长10米，东西长10米，西出探区全长不详，南有踏步，疑为仓城的管理机构。在仓城还发现有宽窄不一的道路多条，其中部分道路延伸至仓城外。

二、编制完成《洛阳市隋唐洛阳城遗址保护条例（草案）、（初审稿）》文本

面对城市化进程中对遗址进行的人为破坏和自然因素的破坏，为加强隋唐洛阳城遗址保护、推动大遗址保护工程建设和丝绸之路（洛阳段）申报世界文化遗产工作，洛阳市将隋唐洛阳城遗址保护确定为立法项目。我队组织业务人员参与了前期的立法调研和起草讨论工作。从2008年3月初～6月底，我队参与编写并完成《洛阳市隋唐洛阳城遗址保护条例（草案）、（初审稿）》文本。该保护条例先后经过12稿的修改最终完成文本的修定工作。条例共22条，包括立法的依据；本法调整对象和适用范围；保护的原则；保护的主管部门、具体管理部门和协管部门及其职责；保护区域和重要遗址；规划的制定和调整的范围；保护管理的具体要求；保护资金来源和资金管理；奖励及处罚；附则等。另外，还编写完成了与本条例相关的法律、法规及参照的有关依据；关于条例（草案）的说明；保护条例的附图等工作。2008年8月14日,由我队起草的《洛阳市隋唐洛阳城遗址保护条例》经洛阳市第十二

届人大常委会第三十七次会议二次讨论通过。同年9月26日，经河南省第十一届人大常委会第五次会议批准，于2008年12月1日起施行。条例共21条，约4000字，明确了立法的目的、依据、方针、原则、洛阳市政府和市文物行政部门及相关部门的责任，对隋唐洛阳城遗址、遗址保护范围、遗址建设控制地带等进行了划定，对今后保护工作作了具体规定，使隋唐洛阳城遗址的保护有章可循、有法可依。

三、隋唐洛阳城遗址的发掘和保护

（一）定鼎门遗址的发掘与保护

定鼎门是隋唐东都和五代至宋西京郭城正南门，隋称建国门，唐高祖武德四年（621年）改称定鼎门。遗址位于洛阳市洛龙区关林镇曹屯村和安乐镇赵村之间。2006年12月初～2007年12月底，为配合国家大遗址保护工程，洛阳市文物局组织成立了隋唐城考古队，对定鼎门遗址进行了历时一年的发掘，总发掘面积近8000平方

1＼隋唐洛阳城定鼎门大遗址保护现场会
2＼国家、省、市文物局领导视察定鼎门遗址保护工程现场

米。发掘结束后，我市先后经过近3年的规划设计，2009年2月正式动工建设定鼎门遗址保护展示工程，并2009年10月底全部竣工，前后历时9个月。

定鼎门遗址保护展示工程是隋唐洛阳城大遗址保护展示工程中正式开工建设的第一个工程，也是国家文物局在大遗址保护工程中批准的第一个采用复原展示方式保护的项目。我队不仅参与了前期的考古发掘工作，而且全力配合保护展示工程，投入了大量的人力物力和财力，为国家大遗址保护做出了自己应有的贡献。

（二）隋唐洛阳城宫城中心区遗址的发掘与保护

为配合洛阳片区大遗址保护工作的开展，洛阳市于2007年8月全面启动了隋唐洛阳城宫城中心区遗址保护展示项目。

隋唐洛阳城宫城中心区遗址保护展示项目位于洛阳市中心城区，南北长约330米、东西宽约300米。初步规划北至唐宫路以北30米，南至中州中路，西至定鼎北路，东至原印刷厂东墙。该区域占地面积约145亩，涉及17家企事业单位，595户居民，至11月中旬以完成全部拆迁任务，拆迁建筑面积7.8万平方米。

宫城中心区遗址是隋唐洛阳城遗址的核心组成部分，为保证隋唐洛阳城宫城中心区遗址保护展示项目的顺利实施，为遗址保护和复原展示工作提供科学的依据，依

1 \ 隋唐洛阳城明堂遗址保护展示工程开工仪式
2 \ 隋唐洛阳城明堂遗址保护工程奠基
3 \ 国家文物局单霁翔局长视察天堂遗址保护展示工程现场

据考古操作规程,从2008年3月1日开始到2010年11月14日田野工作基本结束,共两年11个月。我队参与了对隋唐洛阳城宫城中心区明堂及天堂遗址的考古工作。

通过此次发掘,基本上弄清了隋唐洛阳城宫城中心区的平面布局,及隋、唐、宋各期的演变,同时为隋唐洛阳城宫城的平面复原提供了依据。天堂及明堂遗址的发掘入选2010年度"全国考古十大新发现"初评名单。

目前,依据考古成果而进行的保护展示工程正在有条不紊地进行当中,我队作为一支重要的力量,也参与了这项工程的建设。天堂及明堂遗址的复原展示工程可望不久就与观众见面。

(三)应天门遗址的发掘与保护

应天门是隋唐洛阳城宫城南垣的正门,地处隋唐洛阳城的中轴线上,是隋唐东都城的标志性建筑之一。它南对皇城的端门和郭城的定鼎门,北对宫城的玄武门、龙光门等,应天门遗址位于今洛阳市都城博物馆与洛阳日报社之间,定鼎南路从门址

1 \ 隋唐洛阳城应天门东阙复原台基
2 \ 领导视察应天门遗址东阙发掘现场

中间穿过。

为配合洛阳隋唐城大遗址保护工程，2010年3月~10月，我队与中国社会科学院考古研究所洛阳唐城队联合，对应天门遗址西阙开展了全面的考古发掘。发掘揭露出的应天门西阙遗迹以夯土为主，呈南北向分布，由垛楼、阙楼、廊庑和宫城南墙组成。

应天门遗址曾经过四次发掘与调查，通过此次发掘结合前人的考古资料，使我们对应天门的建筑形制、结构和历史沿革等有了较为全面准确的认识。可以得出应天门是以城门楼为主体，两侧辅以垛楼，向南伸出阙楼，其间以廊庑相连的庞大的建筑群体。整体平面呈倒凹字形，城门是一门三道，阙楼是双向三出。

四、丝绸之路与大运河申遗

2006年7月，为配合丝绸之路申报世界文化遗产的文本编制工作，我队组织业务人员进行"丝绸之路文献"部分的整理工作，在时间紧、任务重的情况下，按时完成了2.7万字，80余个条目的资料收集和整理工作。为申遗文本的编制提供了重要资料。

2004年8月，我队发掘的天津桥遗址，被作为大运河申遗的重要遗址点，申报第七批全国重点文物保护单位。2011年，回洛仓遗址考古调查与试掘被列为大运河申

隋唐洛阳城回洛仓遗址钻探

第四章 文物科技保护

202-213

1981-2011 洛阳市文物工作队三十年

历程

第一节 考古现场文物科技保护
一、车马坑的保护
二、壁画墓的保护

第二节 出土器物科技保护
一、陶瓷器科技保护
二、金属器科技保护

第三节 古籍、字画保护
一、古籍保护
二、字画保护

第四章
文物科技保护

> 文物科技保护是考古工作的重要方面，我队于建队之初就已开始了文物科技保护方面的工作，一直到20世纪90年代之前，主要是对出土器物的科技保护与修复。90年代开始，随着田野考古工作的不断发展，我们又在考古现场的科技保护上进行了探索并取得了初步的成效。近年来，随着国家对文物保护的日益重视，我队又在青铜器、古籍字画保护上进行了大胆的尝试。目前，我队的文物保护正朝着多方位、多层次的方向发展，可望在多个领域取得进一步发展。

第一节
考古现场文物科技保护

我队考古发掘任务量大，因此考古现场的文物保护就成为我队日常文物保护工作的首要任务。从车马坑等土遗址的保护到壁画墓的保护，在实践中，我们都积累了较为丰富的经验。

一、车马坑的保护

车马坑是两周考古的重要收获，这类土遗址目前保护难度较大，在保护过程中，我们结合兄弟单位的经验，边实践边摸索，逐步积累了一些具有可操作性的经验。近年来，共完成了东周王城文化广场车马坑、洛阳中国空空导弹研究院50号、51号住宅楼工地内的2座车马坑、洛阳市唐宫路小学院内的2座车马坑等3处车马坑的回填保护工作。其中东周王城广场车马坑的保护是我队进行的较为成功的例子。

2002年，洛阳市在东周王城文化广场基建工程中，清理了东周时期墓葬208座、马坑10座、车马坑7座。这次发现的马坑、车马坑的数量超过洛阳市以往发现的东周时期的马坑的总和。为了更好地保护车马坑和墓葬，根据考古专家的建议，国家文物局批准决定将已发掘的最大五号车马坑展示，其余马坑、车马坑和一个中型墓葬

1\ 周王城广场车马坑回填保护

2\ 周王城广场车马坑回填保护

3\ 周王城广场车马坑回填保护

进行回填保护。结合回填保护的考虑，对中区6号马坑用生土回填，对其余各坑和墓葬用细沙回填。回填前对马骨的清洗处理的防腐防霉杀菌处理、马骨与车痕的加固处理，根据洛阳出土车马坑情况，我们选择溶剂型B72和改性有机硅树脂对马骨架进行渗透加固。根据洛阳东周王城文化广场车马坑的特点，选择了目前国内最新研制的加固保护材料对车痕进行加固。

1 \ 周王城广场车马坑化学保护
2 \ 周王城广场车马坑化学保护
3 \ 周王城广场车马坑回填保护
4 \ 周王城广场车马坑马骨鉴定
5 \ 洛阳铁路分局车马坑整体搬迁

回填保护的车马坑和墓葬情况如下表：

车马坑号	长×宽—深（米）	车数（辆）	马数（匹）
中区2号	7.5×3.2—2.2	3	8
中区6号	3.4×2.4—1.2		2
中区M190	5.5×4.8—1.1	2	
西区8号	6.3×2.9—2.5	2	6
西区9号	9.4×3—2.9	3	8
西区10号	7.7×2.8—3.0	2	4

二、壁画墓的保护

壁画是考古发掘中的重要收获，壁画的合理保护和清理事关整个考古发掘的成败。壁画的保护，也一直是我队配合考古发掘工作的重要文物科技保护内容。20世纪90年代开始，我们在中国科学院考古研究所王振江先生的指导下开始进行壁画墓的保护工作，近20年来，我们不断学习新的保护技术并在实践中加以运用。截至目前，我们实际操作的壁画墓有十几座，时代自汉至宋。在实际工作中，为了科学合理保护壁画，我们始终坚持"保持文物原貌"、"最小干预"以及"选用材料具有可逆性"等文物保护原则，在工作中认真做好摄影、文字和绘图记录、临摹等。对于壁画表面的出病害，能在现场处理的就现场处理，现场不具备处理条件的，只要不影响壁画当前的保存、不影响考古信息的解读、对后期壁画揭取不造成影响的就暂时不处理，待将来修复壁画时经过分析检测明确形成原因并确定保护方法后再作处理。通过这些措施和手段，因地制宜地对发掘现场的壁画进行了科学保护。

2005年4~7月，我队在洛阳市新区翠云路发掘现场对唐安国相王孺人唐氏、崔氏壁画墓的保护就是成功的一例。

首先，根据前期的考古钻探资料，在有可能出现壁画的地方，我们搭建防护棚等准备工作。第二，召开业务会议，商讨发掘方案，制订工作方针，明确工作方向，为发掘工作的顺利开展提供保证。最后，抽调洛阳市文物工作队业务骨干，进行考古现场保护，壁画的清理工作都在专业人员的指导下一丝不苟地开展。

清理过程中，首先在发掘过程中不断检测记录温湿度变化，设法保持墓内温湿度的稳定、适宜；其次，边清理边加固，清理一部分加固一部分；再次，如果墓道内有坍塌的壁画块，我们采用提取、揭取壁画残块，再清理墓道两壁壁画。因为此墓壁画的清理是与墓道清理同时进行的，因此清理墓道时，我们在靠近两壁处各留5～10厘米的填土，以保护墓道两侧壁画。在逐层清理完墓道填土中坍塌壁画残片后，再清理、加固墓道两壁壁画。

此墓壁画地仗层存在碎裂、折断、错位叠压以及壁画剥落等现象，对此我们采用浓度为20%～40%聚醋酸乙烯酯乳液的水溶液注射到壁画的背层进行加固处理。在靠近墓道口附近的上边沿极易因干燥发生裂缝，容易造成壁画地仗层的脱落。为防止出现这种情况，我们将细泥调成糊状，用油画刀沿壁画边沿进行勾边固定。对墓道口附近有空鼓可能引起脱落的地方，我们有选择地用大头针插入壁画地仗层直达土墙壁进行固定。

洛阳市文物工作队壁画墓保护工作一览表

名　称	时　代	发掘时间	地　点
卜千秋壁画墓	西汉	1957年	洛阳市铁道北面粉厂院内，地处烧沟村之西，陇海铁路北侧约150米
金谷园壁画墓	新莽		洛阳火车站西边的金谷园村向阳旅社内
偃师辛村壁画墓	新莽		偃师县高龙乡辛村西南
新安县铁塔山壁画墓	新莽	1983年	新安县铁塔山
石油化工厂壁画墓	新莽时期	1982年	洛阳市石油化工厂家属楼
洛阳北郊壁画墓	东汉	1987年	史家屯和金谷园村之间、纱厂北路立交桥北西侧的石油家属院内
偃师杏园村壁画墓	东汉	1980年	首阳山电厂
唐宫路壁画墓	东汉	1981年	西工唐宫路南侧
豆卢氏壁画墓	唐代	1992年	洛龙路与省公疗西约1.5公里
关林皂角树壁画墓	唐代	1994年	洛阳关林皂角树
唐睿宗孺人墓（2座）	唐代	2005年	洛阳新区翠云路

壁画墓	唐代	2008年	洛阳石油一建家属院内
壁画墓	宋代	1984年	新安县梁庄村
壁画墓	宋代	1989年	新安县正村乡古村
壁画墓	宋代	1994年	新安县宋村

第二节 出土器物科技保护

考古发掘现场出土的大量器物，需要妥善进行科技保护，以便用于研究和展示，多年来，我队在陶瓷器、金属器等方面做了较多的工作，并在工作中注重吸收和运用国内外较为成功的经验，取得了令人满意的效果。

一、陶瓷器科技保护

20世纪七八十年代，随着田野考古任务的日益增多，出土的陶瓷器保护也成为了日常较为重要的保护工作。当时在修复墓葬和遗址中的陶瓷器时，粘接常用材料有三甲树脂、硝基清漆和热溶胶等。90年代至今，洛阳市文物工作队在修复陶器时用的粘接材料有环氧树脂（即哥俩好A、B胶、914环氧和502胶粘剂）。

多年来，我们主要进行了大量的素面陶瓷器修补、带印纹陶器的复原和彩绘陶器花纹的清理与保护工作。其中彩绘陶器花纹的清理与保护相对复杂一些，我们在整理《洛阳市西工区东周墓》、《洛阳613所东周墓》、《河南省洛阳市关林1305号唐墓的清理》等简报的同时，修复与保护了一批彩绘陶器。目前，我们在对某些彩绘陶器表面上的碳酸钙镁盐水碱的清洗、对纹饰的加固等方面积累了较为可靠的经验，运用的清洗加固技术做到了既固着花纹，又可保持它的自然外观，取得了令人满意的效果。

二、金属器科技保护

金属文物保护主要根据我队考古发掘的收获分为青铜器、铁器、金银器的修复与保护。

从20世纪80年代开始，我们就在专家指导下进行青铜器的修复保护工作，当时主要运用传统的修复手法对青铜器进行去锈处理。多年来，我队结合考古发掘，修复和保护了大批青铜器。洛阳市文物工作队在整理《洛阳东郊C5M906号西周墓》、《洛阳东郊西周墓》、《洛阳林校西周车马坑》、《洛阳市中州中路东周墓》、《洛阳市针织厂东周墓（C1M5269）的清理》、《洛阳市西工区C1M3943战国墓》、中国空空导弹研究院50号、51号住宅楼工地等发掘简报时，修复和保护了一批青铜器。其中较为复杂的是带铭文或纹饰青铜器的修复和保护，鎏金鎏银铜器去锈，如2000年7月为配合洛阳市房屋第一开发公司东明小区基建工程发掘清理的一批鎏金铜马、鎏金铜龟、凤鸟折枝花纹三足鎏金银盒等鎏金银器物。当时在去锈时用过两种配方，①百分之十五的冰醋酸溶液；②百分之十的硫酸溶液。在浸泡之前将判明的胎发锈，先用三甲树脂将该部分封闭。等将应去的锈全部处理完后，用丙酮溶剂洗去封闭树脂，露出原锈则不会在青铜器表面出现许多坑凹，使铜器外观达到较为理想的状况。

此外，我们在整理发掘简报或报告时，对破碎的或变形的铜器通过整形、焊接（或粘接）和补配等方法恢复其原来形状，利于进行研究和展览陈列。如在《洛阳东郊C5M906号西周墓》、《洛阳东郊西周墓》、《洛阳林校西周车马坑》、《洛阳市中州中路东周墓》、《洛阳市针织厂东周墓（C1M5269）的清理》的资料整理中即用到上述方法。

1 \ 我队邀请中国社会科学院考古研究所修复专家王振江先生进行漆器修复
2 \ 我队文物中心人员进行壁画临摹
3 \ 我队文保中心人员进行铜器修复

除此之外，我队还新安县的一批铁器的进行过保护与修复，对墓葬中出土的鎏金铜马、鎏金铜龟、凤鸟折枝花纹三足鎏金银盒等金银器也做过修复与保护，取得了令人满意的效果，在金属器的保护与修复上积累了一定的经验。

第三节
古籍、字画保护

一、古籍保护

近年来，随着国家对纸质文物保护的重视日益加强，针对我队藏书情况，尤其是队藏近18000册古籍善本书的整理与修复，我队引进了2名文物鉴定与修复（书画方向）专业的大学生，对单位现存的古籍进行了初步的整理，并将逐步进行修复和保护方面的工作。这批古籍现存18000多册，其中明代400多册，清代7000多册，其余为民国或年代无法确定者。我们对17册进行了修复，其中的《河南府志》第一函第一册还进行了扫描等电子化处理。

2010年，单位派出图书资料室业务人员参加河南省第三期古籍普查培训班和洛阳市第一期古籍普查培训班的学习，目前正在进行古籍普查工作。同年，我队还对队藏的珍贵古籍进行了河南省和第四批国家珍贵古籍的申报工作。同年，还参加了

1\ 河南省文物局领导听取我队古籍保护情况的汇报
2\ 初步修复后的古籍

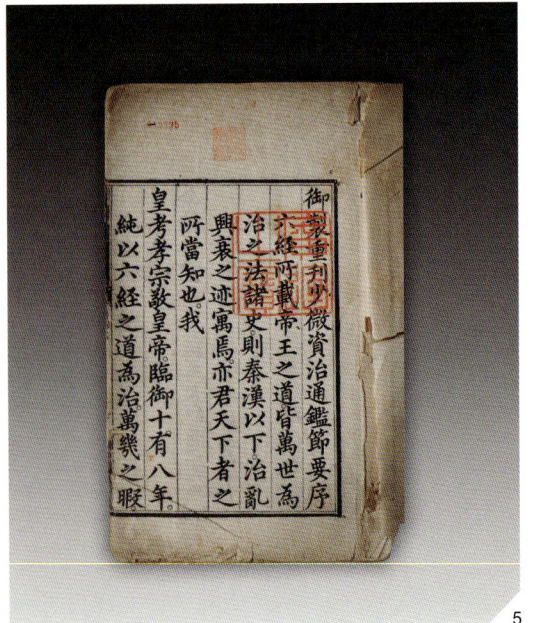

1 \ 河南省古籍保护中心领导来我队指导古籍普查工作
2 \ 我队古籍修复人员在修复古籍
3 \ 古籍修复前
4 \ 古籍修复前
5 \ 我队藏明正德九年内府刻本《少微通鉴节要》
6 \ 修复完成的古籍

国家文物局举办的"纸质文物行业标准推广实施培训班",为我队的纸质文物保护作好了准备。

二、字画保护

2009年,我队参加了国家文物局委托中国遗产研究院举办的纸质文物保护培训班,进行了为期4个月的系统学习,取得了结业证书。使我们对古籍和字画的修复在理论和实践上有了很大的提高。目前,我队的修复人员参与了洛阳博物馆大批字画的修复工作,在实践中检验了学习的成果。

修复人员进行字画修复

第五章 学术研究与成果

第一节 课题研究
一、伊洛河流域文明起源环境背景研究
二、皂角树遗址环境考古研究
三、古建筑近景测量
四、洛阳黄土旧石器
五、洛阳地区航空考古研究

第二节 学术交流与专业培训
一、专题报告与学术讲座
二、学术研讨与交流
三、专业培训

第三节 学术成果
一、学术奖励
二、科研成果

第五章
学术研究与成果

> 洛阳市文物工作队作为专业考古发掘机构，从建队之初就把科研工作作为重要内容，常抓不懈。多年来，我们立足洛阳，面向全国，注重课题研究与学术交流相结合，聘请了几十位国内外知名专家来队作学术报告和讲座，同时积极鼓励专业人员参加学术交流与考察，通过多年的积累，我们培养了一支具有专业素养的考古队伍，在多个领域展示了自己的实力。

第一节 课题研究

洛阳地处伊洛河流域，具有得天独厚的历史文化积淀和资源，在多年的考古工作中，我们结合洛阳考古工作实际，与国内大学或研究机构合作，在伊洛河文明起源环境背景研究、古建筑近景测量、洛阳黄土旧石器、航空考古等多个领域进行了课题研究，取得了阶段性成果。

一、伊洛河流域文明起源环境背景研究

"伊洛河流域华夏文明起源环境背景研究"是由国家文物局2001年批准的重点科研项目，由我队与北京大学环境学院合作于2004年完成。本课题的科学目标是采用自然科学和社会科学相结合的方法，通过地貌学、第四纪地质学、古环境学和考古学等多学科的综合研究，深入地分析伊洛河流域的区域自然地理特征，环境演变过程和华夏文明的形成、发展历史，揭示伊洛河流域的自然环境及其演变对华夏文明形成和发展的重要影响。通过对近80个田野遗址的考察和重要遗址的发掘及样品采集，经过大量的数据分析表明，伊洛河流域的新石器文化遗址的分布可划分为9个区，这一带优越的地理环境是孕育华夏文明的重要基础，全新世大暖期这里气候温暖湿润，不但为伊洛河流域史前文明提供了适宜的气候环境，而且大暖期期间气候的变化也是造成本区史前文明兴衰的重要原因。

1 \ 周昆叔等专家与我队业务人员研究皂角树遗址测试结果

2 \ 俞伟超等专家观看皂角树遗址测试分析结果

二、皂角树遗址环境考古研究

皂角树遗址，位于河南省洛阳市南郊关林镇皂角树村北。20世纪50年初洛阳市第一次文物普查时发现，为仰韶、龙山文化时期的新石器时代聚落遗址。1992年10月，洛阳市文物工作队与四川大学历史系考古专业90级学生组建联合考古队对皂角树遗址进行发掘。同时，中国科学院地质研究所周昆叔教授以此作为开展"伊洛河流域古文化与古环境研究"课题的起点，并作为考古发掘队的环境考古指导参加了发掘工作。此次发掘除遵循野外考古发掘操作规程进行常规发掘外，还就以下学术研究内容和方法进行了探索，并获得了预期成果。

运用水选法，在发掘过程中浮选、筛选文化层及各典型遗迹单位内的填土以发现微小遗物。浮选出属于二里头时期的炭化粟、黍、稻、小麦和大豆农作物和苍耳等野生植物的果核，筛选出鱼类及其他小型动物的遗骨以及骨针等细小文化遗物。

运用遗址北侧的东西长达100余米的黄土断崖地层剖面，进行考古文化层和地质地层的研究，在大剖面开探方4个以了解地层中文化内涵，由于考古学家和地质学家的共同努力，在同一剖面上，弄清了地质地层和考古学地层相互关系，从而为开展古文化与古环境关系的研究，提供了地层学基础。

在发掘中有选择地采集古环境研究标本，进行14C测年、孢粉、硅酸体分析和土壤结构等多科学的合作研究，为研究洛阳全新世，特别是二里头时期的人类生存环境提供了丰富的环境信息资料。

根据这些研究成果，2002年洛阳市文物工作队编写了考古研究报告《洛阳皂角树》。

三、古建筑近景测量

该项研究是将摄影测量新技术—近景立体摄影测量与古建筑测绘结合，获取古建筑、古文物的平面、立面、剖面图，为建立完整的古建筑、古文物的保护档案提供了一种经济有效的新方法。经在颐和园的实地检测证明，该种方法成图的精度在±1.2～±3.9厘米之间，达到文物保护档案图纸精度的指标。该种测绘方法为非接触测量，不损坏文物，节省了大量人力和经费。

中国人民解放军测绘学院摄影测量与遥感系摄影测量教研室和河南省洛阳市文物工作队于1991年对山陕会馆进行了近景测量。1991年6月开始至1992年3月完成。测绘了洛阳"山陕会馆"古建筑群大殿、后殿、配殿及琉璃照壁等各种比例尺的图件，主要有立面图、平面图、剖面图、轮廓线图、仰视图、斜视图、特写图等，按标准图幅计算，共计130多幅图。技术鉴定认为该项研究和应用成果，理论依据正确，技术先进，应用于古建筑群的系统图件测绘，在我国属首创，开阔了古建筑群测绘的现代化途径，测绘质量达到了国内先进水平。1993年获河南省文物局科技进步三等奖，并载入"中国技术成果大全"。

该成果主要关键技术有：各种控制方法的布设技术，不同类型摄影机的应用技术；立体测图和像片纠正技术；各种比例尺的确定技术以及图上各要素的表示技术等。技术优点有：1.以上主要关键技术，理论论据正确，技术先进；2.应用于洛阳山陕会馆古建筑群大面积、多图种、高精度测绘工作，节省经费80%，提高工效8倍多；3.发挥各类仪器作用，降低成本；4.成功地解决了测绘断面图、仰视图，斜视图和复杂结构件详图的技术难题，在我国属首创；5.所测图件，真实性好，图面清晰美观，质量达到了国内先进水平。该成果可用于古建筑、大型石窟、石刻等测绘工作，具有重要的实用价值和推广价值，经济效益和社会效益显著。该项成果的研究和应用成功，是我国古建筑群测绘技术的一大进步。

四、洛阳黄土旧石器

1997年北京大学考古学系在考古调查中，发现了洛阳北窑旧石器遗址，并初步搞清了它的大体范围。

为了更加深入研究伊洛河流域的旧石器文化，在国家自然基金的支持下，2007年7～9月、2008年9～10月，北京师范大学历史学院、洛阳市文物工作队再次对北窑遗址进行考古发掘，出土了标本近千件，标本从距今20万年连续到距今约2万年，在1998年发掘研究的基础上取得了重大突破。出土的标本从距今20万年连续到距今约2万年；在今年的考古发掘中，在距今约3万年这个时段发现了一个新的文化层，这在1998年没有发现。旧石器文化的连续进程中出现3个繁荣发展时期，分别为距今约20万年、约10万年和2万年～3万年。这个文化层的发现恰恰说明，北窑遗址包括旧石器时期的早期、中期和晚期，时间跨度非常大，是一处重要遗址。距今20万年～3万年是现代人起源的关键时期，国际上关于这个问题有两种观点：一种是单中心起源说，认为所有现代人有一个共同的祖先，即人类约在20万年前起源于非洲，后扩散到世界各地；另一种学说叫多中心起源说，认为世界各地的现代人是从当地更早的原始人类演化而来的。北窑遗址正处于这个关键阶段，这为探索和研究这一问题提供了直接证据，经进一步研究，它可能会对现代人起源理论提供新的证据。

五、洛阳地区航空考古研究

1996年，中国国家博物馆航空考古中心在洛阳进行了航空考古空中摄影工作，我队派出业务人员参与了此项工作。2006年，我队和中国国家博物馆航空考古中心据此申报了"河南洛阳地区航空摄影考古研究报告"的研究课题，研究的目的是通过20世纪50年代洛阳地区航片、影像地图（黑白正投影）、70年代洛阳地区航片、影像地图（黑白正投影）、1996年航拍遗址照片（正投影、斜摄）、2004年以后快鸟或国产卫星照片、地形图等资料的介绍及分析，力求全面、科学地按年代逐个介绍考古遗址和文物建筑，特别是补充新的发掘、研究成果，为洛阳市的大遗址保护提出科学研究方向及保护利用方面的建议。研究内容包括50年代洛阳地区航片、影像地图（黑白正投影）、70年代洛阳地区航片、影像地图（黑白正投影）、1996年

1996年偃师商城遗址航空照片（由西向东摄）

邙山陵墓群刘家井大冢航空照片

航拍遗址照片（正投影、斜射）、2004年以后快鸟或国产卫星照片、地形图以及偃师二里头、商城、东周王城、汉魏洛阳城、汉河南县城、东汉帝陵（南北兆域）、龙门石窟、邙山古墓群、隋唐洛阳宫城、皇城、巩县宋陵、偃师旧城、白马寺、关林及部分文物、博物馆场景等。

目前，该项目已完成文字部分工作。

第二节
学术交流与专业培训

一、专题报告与学术讲座

自20世纪90年代起，随着考古发掘工作日益深入和学术研究的需要，我队也加强了学术交流和研讨活动。这一时期邀请了国内外知名的学者、专家、教授来队做

1\ 中国社会科学院考古研究所原所长刘庆柱来我队作学术报告
2\ 原国家文物局办公室主任刘曙光来我队作学术讲座
3\ 国外学者来我队进行学术讲座
4\ 我队业务人员年终业务汇报会

专场报告会和专题讲座，收到了良好的效果，对我队的学术研究起了促进作用。

据不完全统计，这一时期来我队的专家教授逾30场，这些专家学者大多是国内重量级的学者，讲座的内容涵盖国内外考古学、民族史、历史地理学、科技考古、专题研究等近10个门类，时间上迄旧石器时代，下至当代的考古学研究的方方面面。其中有中国社会科学院考古研究所研究员谢端居先生在我队作"黄河中上游地区彩陶文化"专题报告。中国社会科学院古脊椎动物研究所吴汝祚研究员作"洛阳考古在中国考古的地位"学术讲座。中国社会科学院考古研究所研究员殷玮璋先生以"北京琉璃河西周墓"为题的学术报告。西北大学历史系教授周伟洲先生作"古代碑铭与民族史研究"的学术讲座。西北大学历史系教授李健超先生作"历史地理与洛阳文物考古"的学术报告。香港中文大学史学院研究员邓聪先生作"香港的考古"的专题讲座。中国国家文物管理局专家组组长黄景略先生作"农业起源"专题讲座。中国社会科学院考古研究所研究员郑笑梅先生作"中国古代城市"的学术讲座。北京大学城市与环境学系教授夏正楷先生作"伊洛河流域地质调查"和"人类与环境"专题讲座。北京大学考古系博士生导师吕遵谔先生作"旧石器时代——信息与介绍"学术讲座。中国历史博物馆馆长俞伟超先生作"中国古代青铜器发展的阶段性"专题报告。四川大学历史系教授马继贤先生作"三峡建设与考古"专题报告。

2008年以来，我队根据专业人员年轻化的特点，在原有常办的讲座基础上举办了"洛阳考古论坛",将学术交流常态化。这时期讲座的内容紧贴考古工作前沿和我队工作实际进行针对性的讲座,同时对于一些热点问题如大遗址保护与管理等也进行了专门探讨与交流。

这期间先后坐客"洛阳考古论坛"的有河南省考古研究所的孙新民先生、中国社会科学院考古研究所刘庆柱先生、古方先生,西北大学文博学院王建新教授、北京大学文博学院副院长孙华教授等,他们分别就各自熟悉的领域和课题做了专题讲座,涉及的课题有"河南古代瓷器考古的回顾、现状与展望"、"都城考古"、"中国玉器考古的回顾、现状与展望"等,对我队的人才培养和学术研究起到了良好的推动作用。

二、学术研讨与交流

洛阳市文物工作队作为一个考古发掘单位,同时担负着洛阳各类学术研究的任务,因此,自建队以来的各任领导都十分重视学术研讨和交流。我们认识到,要全面地提高考古工作者自身的素质和水平,不仅仅是要请进来,更要走出去。多年来,先后有十几人次出国学习、考察或进行学术交流,扩大了视野,吸收了国外文物保护方面的先进经验,同时宣传了自身。此外,我队还有多名业务人员加入了河南省考古学会、中国古都学会会员、钱币学会、河洛文化研讨会等各级各类学术团体,每年都要参加各级各类学术研讨会,进行学术交流,其中许多课题在研究角度和观点上具有独特视角,充分展现了我队的实力。

(一)出国考察与学术交流

自20世纪90年代始,我队先后有多名同志赴日本、韩国、英国、美国、加拿大等国进行学术交流和考察活动。内容主要涉及文物考古研究和文物保护两个方面的诸多课题。

1990～1992年,朱亮、岳金合、程永建等人先后参加在新加坡举办的《汉代文明展》和《唐代文明展》的随展工作。1997年3月,朱亮随洛阳市文物代表团赴韩国考察。朱亮于1998年3月赴日访问,撰写了《汉魏洛阳城与洛阳东汉墓》,发表在由古代吉备研究会编著的《吉备されど吉备》一书。1999年10月8～12日,应日本冈山市政府中国历史文化研究会会长岩崎范子的邀请,洛阳市文物工作队李德方赴冈山学术交流。回国后撰文《造山古坟倭王陵论》,并刊于2000年冈山株式会社出版的《关注吉备国》一书。2004年8月下旬,洛阳市文物工作队俞凉亘应日本冈山市日中友好协会邀请,参加在冈山市举办的"2004年日本古代吉备历史夏季演讲会",并作"洛阳出土的乐舞陶俑"专题报告。2005年8月18～24日,应冈山市日本中国友好交流协会会长冈和男和冈山市政府中国历史文化研究会会

1 \ 我队业务人员在意大利考察学习
2 \ 我队业务人员赴英国考察文物保护情况
3 \ 我队业务人员赴英国考察文物保护情况

长出宫德尚的邀请，洛阳市文物工作队程永建和李德方一行赴日本学术交流。程永建在冈山市福利文化馆作了题为《洛阳出土古代瓦当》的专题讲演，并考察了冈山市文物中心、姬路城、吉备神社、后乐园、足守川吟风阁，就文物收藏、古建维修等问题与日本学者进行交流。李德方重点踏查了熊山古塔、浦间茶臼山古坟、循築古坟，还参观了正在考古发掘的寺庙遗址。2008年8月下旬，洛阳市文物工作队王炬应日本冈山市日中友好协会邀请，参加冈山古吉备国学研讨会进行学术交流和学术演讲。王炬在会上做"隋唐洛阳城洛南里坊区发掘"的学术演讲，并与冈山市日中友好协会会员及文物、文化界人士座谈交流。会议期间还参加考察了冈山城遗址、市立博物馆、造山古坟、市埋藏文化财研究所、日本国宝姬路城遗址等文物单位和遗址。

2005年2月，洛阳市文物工作队徐昭锋赴日本奈良橿原考古所进行古代铁器保护进行业务考察。2006年10月，洛阳市文物工作队周立赴日本奈良橿原考古所就中国社会科学院考古研究所、洛阳市文物管理局和日本橿原考古所合作项目"洛阳汉晋铜镜研究"进行工作考察，并与日本同行对有关铜镜的保护与研究进行了学术交流。2006~2008年，洛阳市文物工作队朱亮、周立、程永建、俞凉亘等人先后随国家文物局举办的省级考古所长培训班赴英国考察。在英期间与伦敦大学中国考古试验中心的研究所人员进行座谈、交流，参观文物保护修复室和材料测验室以及考古工地等。2011年6月，周立参加河南省文物考察团赴美国、加拿大考察我国流散文物情况。

1\ 我队业务人员参加古都大同城市文化建设学术研讨会

2\ 我队业务人员参加甘肃省博物馆举办的"东亚纸张保护"国际学术研讨会

3\ 2010年我队业务人员参加大同古都学会年会

（二）参加各类学会交流

我队根据业务工作需要，积极鼓励业务人员参加各级各类学术团体进行学术交流，这些交流活动不仅开阔了视野，也极大地提高了业务人员的研究水平。我队业务人员参加的学术团体主要有：河南省考古学会、中国古都学会、中国钱币学会、河洛文化研讨会等。其中我队朱亮、孙新科分别当选河南省考古学会副会长和理事。叶万松、李德方分别当选中国古都学会副会长和副秘书长。

考古学会　20世纪80年代以来，我队先后有数十人次参加国内考古学会举办的各级各类学术研讨会、汇报会等，参会人员均提交大会论文进行研讨，内容涉及夏文化研讨、古代都城考古、大遗址保护、汉代帝陵考古、古都文化、文物科技保护等。提交的论文有《〈山海经〉与夏文化略论》、《夏都二里头遗址龙纹述考》、《偃师商城西亳说新证与夏商文化分界研究》、《洛阳西周墓葬综论》、《洛阳东周王城大型仓窖遗址初探》、《偃师二里头遗址的龙纹与龙文化》、《洛阳皂角树遗址大断面初步研究》、《孟津妯娌遗址考古发掘回想》、《郑州大师姑古城与夏之韦国》、《北京琉璃河燕都遗址出土"成周"刻铭文物考》、《古都遗址绿地保护的思考》、《黄河岸边一组古人类的体质特征和生存状况考察》、《唐安国相王孺人唐氏、崔氏壁画墓病害调查》和《洛南唐墓壁画保护概述》、《龙门石窟日常维护中的封缝技术》等。

古都学会　洛阳市文物工作队是洛阳古都学会的承办单位，我队拥有近10名学会会员。自20世纪80年代以来，每年都有专业人员参加古都学会年会并提交大会论文。2010年，我队叶万松当选中国古都学会副会长、李德方任副秘书长。

30年来，我队古都学会成员针对古都学、历史地理学及考古学等诸多方面进行探讨，提交研讨会的论文内容包括：早期文明与历代城址研究、考古与文物研究、古代建筑研究、古都研究与大遗址保护、民俗宗教研究等诸多方面。较有代表性的有：《郑州大师姑古城性质刍议》、《汤居西亳宫邑辨》、《汤始居亳试论汤都郑亳》、《郑州商城的建造及其性质谈》、《试论郑州人民公园期商代遗存与盘庚复亳问题》、《西周洛邑城址考》、《洛阳周王城新发现的一点思考》、《略论隋唐东都城遗址的考古收获与文物保护》、《隋唐洛阳城发现的门址概论》、《金中京城考略》、《洛阳东周墓葬出土货币研究》、《洛阳出土东周贝币简述》《、东周王城大墓与东周王陵》、《隋唐东都天津桥的初步探讨》、《中国古代马面的产生与发展》、《文物保护与发展洛阳经济》《大遗址保护中的隋唐洛阳城遗址》等。目前，洛阳古都学会已成为中国古都学会的一支重要力量。

河洛文化研讨会　河洛文化是中国文化的重要源泉之一，是指产生在河洛地区的区域性文化，是中华民族主流文化。河洛文化以洛阳盆地为中心，西至潼关、华阴，东至荥阳、开封，南至汝颍，北跨黄河至晋南、济源一带。作为河洛文化的中心地域，洛阳有着不可替代的历史地位，对河洛文化的研究也一直是我队学者着力的方向之一。从1989年，洛阳市举办首届"河洛文化学术研讨会"以来，我队学者就积极参与，多年来写出了一系列较有影响的文章。其主要的研究成果有：《河洛地区早期宗教史迹探微》、《隋唐东都应天门建筑论略》、《洛阳夏商周考古概论》、《偃师二里头遗址出土龙纹述考》、《早期河洛文化述略》、《隋唐洛阳支氏家族研究》、《洛阳邵雍遗址研究》、《洛阳周山东周"三王陵"考》、《论殷墟文化对洛邑成周早期西周文化的影响》、《洛阳东周车马坑概述》、《从黄帝"洛内祭天"追寻黄帝的踪迹》、《古都洛阳在东周时期的历史地位》等。

钱币学会　我队参与钱币学会的活动始自20世纪90年代，凭借我队出土钱币众多的优势，我队学者先后在钱币学研究上取得了重大突破，先后获得钱币学最高荣誉"金泉奖"。多年来，我队参与了钱币学会在全国各地举办的学术研讨会，提交的论文达数十篇，其中较有影响的有：《洛阳出土宋代钱币考略》、《洛阳出土宋金钱币探索》、《洛阳出土和同开珎、开元通宝银币新论》、《洛阳涧西西汉钱币窖藏》、《洛阳发现得壹元宝、顺天元宝钱币窖藏》、《洛阳唐墓出土两批波斯银币分析》、《得壹元宝、顺天元宝综论》、《曹魏五铢考》，《洛阳西晋、北魏出土的曹魏五铢》、《洛阳出土和同开珎银币》、《洛阳古代铸钱史》、《洛阳出土和同开珎银币》、《隋唐东都钱监史略》、《东周王畿布币的重要发现》、《试论洛阳偃师二里头遗址出土贝币》、《中国古代钱币的储藏器具》、《中国古代钱币书法艺术》、《洛阳北窑30号唐墓出土的波斯银币》、《贵霜王朝波调一世几种金币质疑》、《洛阳发现阿拉伯金币及其相关问题》等。

（三）举办学术研讨会

洛阳考古四十年——92年"洛阳考古学术研讨会" 1992年4月，为庆贺洛阳考古四十年和洛阳市文物工作队成立10周年，洛阳市文物工作队主办了"洛阳考古四十年——92年洛阳考古学术研讨会"。来自中国社会科学院考古研究所和历史研究所、中国文物研究所、陕西省考古研究所、南京博物院、河南省博物馆、河南省文物考古研究所、北京大学、四川大学、西北大学、武汉大学和中山大学等全国30多家科研院校的专家、学者以及洛阳代表70余人，参加了为期5天的学术研讨会。出席会议的有中国科学院历史研究所著名考古学家、历史学家和古文字学家张政烺先生，北京大学教授、中国考古学会副会长、著名考古学家宿白先生，北京大学教授、中国考古学会常务理事、著名考古学家邹衡先生，陕西省社会科学院副院长、中国考古学会常务理事、陕西省考古研究所名誉所长、著名考古学家石兴邦先生和卢兆荫、张森水、高明、李仰松、罗宗真、商志䫞、安金槐、许顺湛；国家文物局代表侯宗彦主任、河南省委秘书长张文彬、河南省文物局杨焕成局长、洛阳市人大常委会主任任普恩、洛阳市委秘书长张书田、洛阳市副市长刘炳旺等领导到会表示祝贺；中国社会科学院考古研究所所长徐苹芳研究员、历史研究所所长李学勤研究员、北京大学历史系吴荣曾教授、故宫博物院张忠培研究员等以贺信、贺电形式表示祝贺。

研讨会共收到学术论文50余篇，涉及内容从旧石器时代至隋唐时期的考古发掘收获和研究成果。张政烺研究员就已知西周最早的青铜器利簋铭文的考释，从年代

1 \ 蒋若是先生在学术研讨会上发言
2 \ 曾意丹先生在做学术报告
3 \ 郑光先生在研讨会上做学术报告
4 \ 张政烺教授在做学术报告

学、历法学等方面进行分析、研究，提出了武王征商时间的新见解；邹衡教授根据多年考古调查结果，认为河南省内黄县为商代亳都的看法是毫无根据的，应当否定；张森水研究员以《河南省旧石器考古》为题，对河南省旧石器时代考古进行了宏观和全面的论述；李仰松教授的《王湾遗址有关学术问题的探索》、卢兆荫研究员的《唐代洛阳与西域昭武诸国》等数十位专家学者在会上都做了精彩发言。多数论文收入由科学出版社出版的《洛阳考古四十年——1992年洛阳考古学术研讨会论文集》一书。

皂角树遗址考古工作座谈会　为了鉴定皂角树遗址考古发掘中取得的成果，洛阳文物工作队在田野考古发掘工作即将结束之时的1993年10月29日，在洛阳考古现场召开了"皂角树遗址考古工作座谈会"。应邀出席的有中国科学院院士、国际第四纪联合研究会主席、中国第四纪研究委员会主任、中国科学院地质研究所研究员刘东生教授，中国历史博物馆馆长俞伟超教授，北京大学考古系主任严文明教授、洛阳博物馆名誉馆长、洛阳市文物工作队学术顾问蒋若是先生等。

1\ 洛阳市皂角树遗址考古工作座谈会
2\ 洛阳北窑旧石器研讨会期间专家观看出土器物

与会专家考察了考古发掘现场，重点考察了遗址北部的东西百米大剖面所反映的地质地层和考古文化层的关系，详细观察了运用水选法采集到的有明确层位、遗址单位的农作物籽实，对皂角树遗址考古发掘工作中进行的考古发掘的科学性予以赞赏，认为该遗址的发掘"展示了考古学与自然科学结合研究的必要性和良好的前途"，"提出了今后各地配合基本建设进行的考古发掘，应在通过勘探等手段对遗址有一个总体估计后进行有计划的科学发掘，同时注重和加强多学科的合作与研究的工作方向"。

1998年洛阳北窑旧石器专家研讨会　1998年，我队对北窑旧石器遗址进行了抢救性发掘，发掘面积达340平方米，共出土各类石片、砍砸器、刮削器等650余件，并发现了火烧的痕迹和少量动物化石。这是继20世纪50年代在凯旋路工程发现少量采集石器后，洛阳文物工作者首次经科学发掘的有明确地层关系且颇具规

1 \ 我队举办西周洛邑祭祀遗址专家座谈会
2 \ 洛阳栾川旧石器专家座谈会代表合影
3 \ 洛阳栾川旧石器遗址考古座谈会

模的旧石器遗址。

为确保这一重大发现的科学性和严肃性，1998年10月29日，由洛阳市文物局主办、洛阳市文物工作队承办的"98洛阳北窑旧石器专家研讨会"在洛阳召开。邀请了国内一流的考古学家和地质学家，共同就目前的发掘成果进行论证和研讨，研讨会上，与会专家给予此项成果以极高评价，认为它不仅将人类在洛阳的活动历史提前20万年左右，而且填补了旧石器遗址在洛阳分布的空白，为研究我国南北方旧石器文化的交融情况提供了新的实物资料。

西周洛邑祭祀遗址专家讨论会　2010年6月6～7日，由我队举办，邀请来自北京大学、中国社会科学院考古研究所、河南省文物考古研究所、洛阳市第二文物工作队的有关专家，对我队发掘的林校西周祭祀遗址考古发掘工作进行讨论。与会人员一致认为，本次发现的西周祭祀遗址是目前发现规模最大、保存完好、规格较高的西周早期的祭祀场所，遗址内发现有牛坑、人马组合坑、马坑、车马坑、狗坑、猪坑、人猪组合坑、猪牛组合坑等，是西周考古的重大发现。本次发现为深入研究西周东都成周的历史地位、城市布局等提供了极为重要的资料，同时也为洛阳的都城发展史增添了新的内容。

栾川旧石器专家座谈会　2011年3月23日，由我队主办的洛阳栾川旧石器考古座谈会在栾川召开。来自中国科学院古脊椎动物与古人类研究所、北京大学、湖南省文物考古研究所、河南省文物局和西北大学等单位从事旧石器时代考古研究的专家，对栾川境内发现的十多处旧石器时代遗址点的重要性和学术研究价值给予充分肯定。与会学者实地考察了蝙蝠洞、龙泉洞、七里坪等遗址，听取了发掘队的阶段成果汇报，遗址发掘工作的规范、学术认定的谨慎态度得到专家的赞赏。

三、专业培训

建队以来，我们一直把专业队伍建设当作一项重要任务来抓，因此从单位职工的在职进修学习到各项专业技术的学习，我们都积极参与。建队30年来，先后有5人次在北京大学、四川大学等完成研究生学习归队，在职职工有30多人次参加各类成人高等教育学历教育。先后参加的技能培训有：故宫博物院举办的"中国古代字画修复"学习班、河南省博物院举办的"古旧书画修复"学习班、中国和意大利合作在中国北京举办的"中意文物保护修复培训班"、国家文物局教育处举办的"第二

1＼我队业务人员参加"洛阳市第一期古籍普查培训班"学习
2＼我队业务人员参加"全国陶质彩绘文物保护修复技术培训班"学习
3＼我队业务人员参加国家文物局"文物保护行业标准推广培训班"学习
4＼我队业务人员参加国家文物局"纸质文物保护培训班"学习
5＼我队业务人员参加"考古领队岗前培训班"学习
6＼我队业务人员参加国家文物局"纸质文物保护培训班"学习

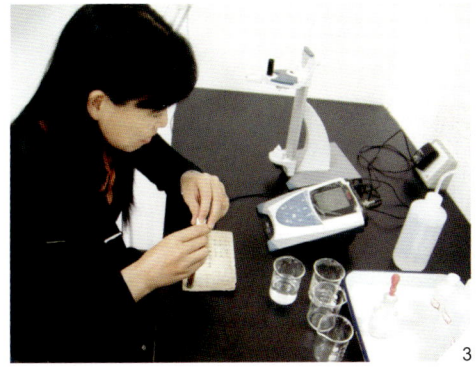

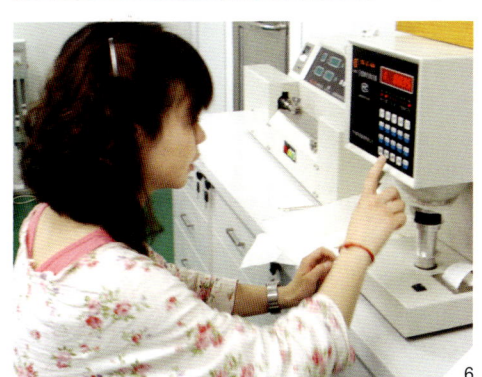

届金属文物保护修复培训班"、考古领队培训班、"文物博物馆文物保管员"培训班、世界文化遗产（预备名单）保护管理培训班、丝绸之路联合跨国申遗培训班、"河南省文物建筑专业技术培训班"、国家文物局举办的"纸质文物行业标准推广实施培训班"等。

多方位的人才培养造就了一支高素质的专业队伍，成为我们高标准工作的可靠保证。

第三节
学术成果

多年来，我队依靠自己的实力，在干部职工的共同努力下，先后取得了多项专业奖励，为我队争得了荣誉。同时发表了数百篇专业论文和简报，出版了二十几部图录论著等。2005年开始，我队每年还编辑印刷了《洛阳市文物工作队年报》，全面总结和展示我队全年的主要业务工作以及在文物保护、安全保卫、业务学习与学术交流、科研成果、单位建设等方面的工作情况。

一、学术奖励

1996年我队参加了黄河小浪底水库淹没区的考古发掘工作，孟津妯娌新石器时代遗址获当年"全国十大考古新发现"。

隋唐洛阳城定鼎门遗址获"2008～2009年度田野考古二等奖"

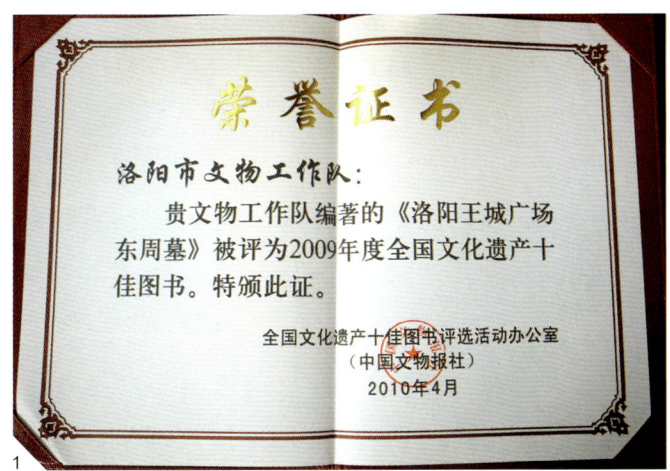 

1\《洛阳王城广场东周墓》获"全国文化遗产十佳图书"奖
2\我队近年编写的报告及专著

2009年,我队在配合基本建设考古发掘中,发掘的瀍河西周祭祀遗址获2009年度"河南省五大考古新发现"。

2010年,我队为配合国家大遗址保护项目,与中国社会科学院考古研究所洛阳唐城队合作发掘的隋唐洛阳城定鼎门遗址荣获国家文物局颁发的"2008~2009年度田野考古二等奖"。

2010年,我队编著的《洛阳王城广场东周墓》发掘报告荣获首届"紫禁城杯"(2009年度)全国文化遗产十佳图书奖。2011年,我队发掘的栾川旧石器遗址和隋唐洛阳城明堂天堂遗址荣获2010年"河南省五大考古新发现"。

2011年,我队和中国社会科学院考古研究所洛阳唐城队联合发掘的隋唐洛阳城宫城区明堂、天堂遗址进入"2011年度全国十大考古新发现"终评名单。

二、科研成果

我队积极鼓励业务人员撰写文章,开展学术研究工作。目前,我队专业人员在《文物》、《考古》、《考古学报》以及《中原文物》、《华夏考古》、《考古与文物》等专业刊物上发表简报、论文数百篇,参加编著了《古都洛阳》、《新编全唐五代文》、《中国文物精华词典》、《中国美术全集》、《中国历代货币大系》、《中原文化大典·文物典》(漆木器、金银器、杂项)、《洛阳唐三彩》、《洛阳名胜古迹》,自筹资金出版有《洛阳出土文物集粹》、《洛阳文物图案集》、《洛阳出土铜镜》、《洛阳出土历代墓志辑绳》、《洛阳历史考古文献目录》、《洛阳考古四十年》、《洛阳北窑西周墓》、《洛阳古代陶瓷纹样》、《洛阳皂角树》、《中国洛阳出土唐三彩全集》、《刺史行事录》、《黄河小浪底水库考古报告集(二)——妯娌与寨根遗址发掘报告》、《洛阳出土瓦当》、《洛阳陶俑》、《洛阳王城广场东周墓》、《洛阳瞿家屯发掘报告》、《洛阳市文物工作队2007年考古报告》以及《新安县盐东遗址发掘报告》等几十部发掘报告或专著、图录等。

附 录

1981-2011 洛阳市文物工作队三十年

历程

附录一

大事记 （截至2011年3月）

1958年
上半年，洛阳博物馆成立，地址设在关林庙内。与洛阳市文物管理委员会合署办公。
1959年
5月，洛阳博物馆将老城西北发掘的一座大型东汉墓搬迁至王城公园内进行复原。 夏，中国科学院徐旭生研究员带人在豫西地区进行考古调查，发现二里头类型文化在该地区十分普遍，并指出二里头遗址可能即是汤都西亳。 北大历史系考古专业师生在洛阳王湾进行发掘，发现新石器时代房基9座，灰坑179个，墓葬119座，解决了豫西地区仰韶文化向龙山文化过渡阶段的年代分期问题。 洛阳区考古发掘队编著的中国田野考古报告集《洛阳烧沟汉墓》出版。
1960年
年初，由河南省、洛阳市和洛阳专区组成的联合工作队，配合洛阳中州渠的施工，发掘清理了60余座古代墓葬。出土东周铜器60余件，包括重达75公斤的齐侯鉴。 秋，中国科学院考古研究所洛阳发掘队探察了隋唐城的宫城、皇城及其附属小城的平面布局，确定了各城一些门址的具体位置。 本年内，考古研究所洛阳发掘队在东周王城南部建筑区进行钻探，发现10来处夯土台基，在东周王城西南部（瞿家屯一带）发现一处长方形的汉代建筑基址。
1961年
夏，洛阳博物馆将1960年春在王湾发掘的一座晋墓搬迁复原至王城公园。 考古研究所洛阳工作队对隋唐东都城内街道分布和市场位置进行全面勘探，同时对个别里坊作了重点了解，为隋唐时期城市的研究提供了可靠的材料。
1962年

冬，开始修缮上清宫的玉皇阁和翠云洞。

冬，在洛阳建机厂门口路南，基建工程中挖出隋代石狮子1件。

1963年

6月20日，省人民政府公布第一批河南省重点文物保护单位名单，其中包括洛阳市区8处，市属三县18处。

12月，洛阳市文物管理委员会派人在老城北窑机瓦厂开始对西周墓群进行发掘。

1964年

10月，在王城公园内建成长300米的长廊，陈列展出西晋、北魏以来各时代墓志680余方。

本年，洛阳博物馆对邙山（市郊和孟津县）各村散存墓志进行了一次普遍调查和征集，当年收集370余方。

1965年

秋，洛阳博物馆对位于老城东北4公里盘龙冢村面0.25公里、邙山坡上的北魏元劭墓进行清理，出土墓志一方，陶俑115件。

下半年，考古研究所洛阳工作队对隋唐东都城进行复查，同时配合基建发掘宫城内的一些殿亭、廊房建筑遗址，勘察皇城宫城及其所属圆壁城、曜仪城、东城、含嘉仓城、东西隔城，探测了城内数十条街道，100余里坊及3个大市，并对城廓、里坊作初步的复原工作。

冬，开始在关林附近清理唐墓300余座。

1966年

1月，洛阳博物馆配合涧西秦岭防洪渠工程，在周山北麓、东马沟村北的长100、宽10米的范围内，清理二里头类型的遗迹及墓葬11座。

春，洛阳博物馆配合基建在中州路与定鼎路交叉口处的西南角，发现隋唐宫城内的一处烧瓦窑群，并清理了其中的7座。后又在市政府家属院和宫城西墙外发现两处砖瓦窑群。

5月，洛阳博物馆配合洛阳玻璃厂基建工程，发掘清理了春秋时期哀成叔墓。

10月，洛阳郊区马坡村民捐献解放前在孟津县后海资村出土的东周时期空首布72枚。

1968年

冬，翻修关林庙大殿，进行换梁加柱工作。

1969年

11月，洛阳博物馆配合焦柳铁路工程，在邙山南麓西吕庙村，清理新石器时代窖穴12座。

12月，洛阳博物馆在隋唐东都城宫城东北发现含嘉仓，并进行试掘工作。

1970年

春，洛阳化学试剂厂构筑地下管道时，在隋唐东都城西北角，发现杨国忠献给皇帝的银锭1件，其内容涉及唐代杨国忠、郭之昂、朱义3个历史人物及唐代官职、地名、税制及衡制等。

12月，洛阳博物馆在共青路东段、胜利路西侧发现战国粮仓，后经钻探发现排列有序的圆形窖穴70余座，并清理4座。

1971年

年初，洛阳博物馆在东郊旭升大队发掘一座砖石砌成的大型东汉墓，在甬道上的夯土中发现10个殉人骨架。

1月，河南省博物馆、洛阳市博物馆开始对老城北侧隋唐东都城含嘉仓进行全面钻探调查和发掘，同时加盖保护房进行保护。

7月，洛阳博物馆在关林清理一座唐墓，出土文物180件，包括1件金银平托铜镜。

1972年

春，洛阳博物馆在中州路西工段南侧清理一座战国车马坑，出土了重要的错金银车马器和兵器。

1973年

秋，洛阳博物馆在北窑村西南，配合铁二中建设，清理一批西周墓葬，在填土中发现了铸铜陶片，后经调查认定这是一处重要的西周时期铸铜遗址。

年底开始，洛阳博物馆对北窑西周铸铜遗址进行发掘，发现大量陶范和炼炉残壁。这次发掘持续至1979年结束。

1974年

1月，洛阳博物馆配合洛阳市委家属院改建工程，在隋唐东都城右掖门大街西侧，发现隋代子罗仓遗址，侦探出东西成排的仓窖4座，并发掘了其中的二号仓。

1月，洛阳博物馆配合洛阳拖拉机厂基建工程，发掘一座东汉墓，出土有铅质"买地券"。

2月，洛阳博物馆调查位于孟津县朝阳公社后海资村的北魏元乂墓，墓内穹隆顶有保存完好的大幅星象图。

4月，洛阳博物馆在凯旋路北侧，即东周王城东城墙内，清理了一座积石积炭"甲"字形大墓。出土文物359件，其中有楚国"繁阳之金"铜剑。

秋，洛阳博物馆开始试掘位于定鼎路与唐宫路交汇处东南的隋唐东都城"含元殿"遗址。

1975年

冬，洛阳博物馆在洛阳市孟津县进行文物普查，调查发现古文化遗址28处。

该年至1976年春，洛阳博物馆对洛阳南郊矬李遗址进行了两次发掘，从遗址地层和出土文物再次证明了河南龙山文化是由仰韶文化发展而来，二里头文化是由龙山文化发展而来的。

10月，洛阳博物馆在凯旋路东段南约30米处的隋唐东都城遗址内，发掘唐代"开明二年"墓葬1座，为研究隋唐洛阳城的建置沿革提供了重要线索。

10月，伊川发现东汉石八兽1件，交回洛阳博物馆。

1976年

3月，洛阳博物馆发掘洛阳西郊西高崖遗址，该遗址包括新石器时代、早商、西周及东周诸时期的文化遗存。

6月，洛阳博物馆在洛阳面粉厂内发掘"卜千秋"西汉壁画墓，壁画内容包括始祖、驱邪、升仙等，为研究西汉壁画艺术提供了新的例证。

冬，洛阳市邙山公社上寨村民在平整土地时，在村面大冢前挖出石人1件，推测应与北魏静陵前神道两侧的翁仲有关。

1977年

4月，洛阳博物馆在老城北窑村机瓦厂清理一座北魏洞室墓，出土一具精美的线刻画像石棺，具有较高的艺术价值。

本年，洛阳博物馆对邙山西汉画像砖进行了一次系统的调查和征集，共收集了500多块不同形状和花纹的空心砖。

1978年

洛阳博物馆在凯旋路东端市建筑机械厂施工中，首次发现旧石器31件和距今约5万年的象牙化石。

洛阳博物馆对位于金家村西早年被盗过的北魏元暐墓进行发掘清理，出土石棺1具。

1979年

5～7月，洛阳博物馆对隋唐含嘉仓北城墙德猷门进行发掘，了解到此为单门洞土木建筑结构。

1980年

7月，在洛阳老城东花坛南50米处新建公路时，发现唐代管元惠神道碑，碑文可称唐代隶书之精华。

秋，对隋唐应天门遗址进行了首次发掘。

1981年

4月，洛阳博物馆在龙门东山北麓清理一座唐景龙三年（709年）定远将军安菩夫妇合葬墓，出土文物140余年，包括墓志1方，罗马金币1枚，三彩器50多件，是有史以来洛阳出土三彩器最多的一次。

5月，以罗马大学考古学教授亚历山大德罗·斯图基为团长的意大利考古代表团一行5人，对我市近年来考古方面所取得的成果进行考察。

9～12月底，洛阳市人民政府下文将洛阳博物馆分为3个单位，分别是洛阳市文物工作队、洛阳古代艺术馆和洛阳博物馆。

1982年

9月，洛阳市文物工作队在解放路北段发现一座战国陪葬坑，有鼎10、盒10、壶8、盒8、簠4、豆2、编钟2套（一套13、另一套9）等，还有石磬一套23件，出土青铜器123件，这是洛阳建国以来出土青铜器最多的一次。

下半年，在洛阳金谷园车站西边，纱厂路石油化工厂家属楼院内发现汉代壁画墓。该墓前后室为穹隆顶，前室穹隆顶绘日、月、天象及云彩，下有白虎朱雀及飞翔的金乌，甬道两壁各有一门吏及老树。

1983年

7月，洛阳市文物工作队在金谷园村东北邙山下、元察罕贴木儿墓前发现大型石翁仲一件。

10月，洛阳博物馆、洛阳市文物工作队到广州民间艺术馆和佛山博物馆，举办《洛阳唐三彩展览》，共展出洛阳出土的唐代三彩珍品100余件。

12月，洛阳市文物工作队在龙门西山北麓，发掘了唐代乾元元年（758年）禅宗七世祖神会和尚塔塔基石室（即神会墓）。石室以石板砌成，为正方形，随葬有铜净瓶、铜式盖盒、狮形长柄铜手炉、陶胎漆钵以及记载神会生平事迹的塔铭石刻，为中国佛教史的研究提供了珍贵的实物资料。在洛阳北郊龙泉沟发现一批更新世晚期的水牛动物化石。

年底，洛阳市文物工作队在黄河北岸吉利区东杨村遗址进行第二次发掘，发现二里头早期和晚期灰坑20个，二里头早期房基5座，二里头晚期墓葬5座。

1984年

5~11月，洛阳市文物普查队在市郊及所属的孟津、偃师、新安三县文物普查中，复查了古文化遗址143处，内容十分丰富，在采集的标本中，包括了仰韶、龙山、二里头、商周等各个时期的陶片及石骨蚌制生产工具。

下半年，四川大学历史系考古专业师生和洛阳市文物工作队配合612基建工程，在东周王城内东南部6万平方米范围内，发掘东周墓500余座，马坑2座，出土铜器50余件，其他遗物1000件。

8月，市县文物普查队在新安县西沃乡黄河南岸的峭壁上，发现一处北魏晚期的摩崖造像，是迄今为止在黄河中下游沿岸发现的唯一的一处石窟造像。

年底~1985年，洛阳市文物工作队配合洛阳轴承厂宿舍楼工程，在涧西周山北麓发掘战国晚期墓葬100余座，从其特点来看，当属秦人墓葬。

1985年

在老城中州路北侧，发掘4座车马坑，每座均埋2马1车；车为木结构的轴、毂、轮、衡等组成，还出土了銮铃、车辖等铜车马饰。

秋，洛阳市文物工作队在孟津县邙山乡三十里铺村东北约1.5公里处，配合孟津玻璃厂扩建工程，发掘清理了北魏正光五年(324年)燕州治中从事史侯掌墓，此为单室土洞墓，随葬有大量陶制生活器皿及动物俑。

1986年

7月，洛阳市文物工作队在洛阳瀍河东北窑村的邙山坡下，发掘一座五代后梁开成元年（909年）检校工部尚书高继蟾墓，与墓志同出的还有陶罐、陶砚、瓷枕、铁牛、银碗、玉珠等。

本年度，洛阳市文物工作队在涧西周山以北、涧河南岸和洛涧相交汇处以西周山东麓，发掘汉墓800余座。

1987年

6月，在金谷园与史家屯之间的邙山南麓，发掘一座东汉前期的壁画墓。此墓为前、中、后室组成的三穹隆顶多耳室砖室墓，壁画绘于中室的穹隆顶上面，内容有伏羲擎日、女娲擎日、乘车驾龙、乘车驾鹿。

7月，在新安县西北石寺乡上孤灯村的振华耐火材料厂厂区西北部，发现窖藏铁范83件，后经河南省文物研究所调查，是一处铸铁遗址。铁范有铲、锄、犁铧3种；铲范正面铸有"弘一"，犁铧范上铸有"弘二"，表明这些铁范当属弘农郡官营冶铁作坊的生产工具。

1988年

1月，在洛阳西工解放路东侧，发掘一座小型东周墓，随葬有戈、矛、镞和玉饰物，其中1件矛上有铭文6字，为越王勾践之子矛。

2月，洛阳东郊机车厂发掘一座地面有冢的大型东汉墓，出土数百枚铜镂玉衣片，抛光玉璧、鎏金铜羽人和数百粒黄绿色玻璃珠。

秋，洛阳市文物工作队配合铁路建设工程，又发掘了隋唐东都含嘉仓城的数座仓窖，其中一座仓窖的周围，发现柱洞9个。表明该仓窖可能有地面建筑。

1989年

4月，中国洛阳博物馆、洛阳文物工作队、辽宁省博物馆和日本泛亚细亚文化交流中心筹办的大三彩展，正式在日本东京世田谷美术馆展出，共展出唐三彩、辽三彩、波斯三彩、奈良三彩等170余件。后陆续在日本多个城市展出，由中国洛阳、辽宁博物馆等编写的《大三彩》（图录）出版。

在西工某地发掘一座战国墓，出土编钟17件，为洛阳音乐史的研究提供了新的资料。

11月，洛阳市文物工作队配合洛阳日报社家属楼基建时，在定鼎路与中州路相交的西南部，隋唐宫城南部应天门内中轴线的西侧，揭露唐代建筑一处，夯土台基一段，排水沟一段以及宋代房基一座，并在唐代建筑地面1.7米处，发现唐昭宗第九子哀帝即位的文书玉册。

1990年

5~12月，配合洛阳铁路编组站工程，洛阳市文物队与洛阳市文物二队组成联合发掘小组，在洛阳老城东北的杨坟车站至西吕庙之间，共发掘战国至元明的墓葬500余座，其中汉墓152座，唐墓165座，墓中出土以往少见的东汉青瓷罐和骨尺、唐代三彩器皿、粉彩陶俑和波斯银币，有一座深19.2米的元代至正十五年太尉翰林学士承旨赛因赤答忽夫妇合葬墓，出土仿铜礼器的磨光黑陶器50余件，对于研究元代末期的政治形势和民间陶器手工业具有重要价值。

秋，洛阳市文物工作队在洛阳东郊机车厂发掘了一座地面有封土堆的砖石混筑的大型东汉墓，在墓中甬道、前室和中室的壁上残留有彩绘壁画，可以辨认的有男侍、车马出行、瑞禽珍兽等图案，所出龟座龙纹柄石灯造型优美，是一件艺术水平极高的工艺品。

12月，在洛宁县涧口乡发现更新世中期中国犀化石，距今大约20万至1万之间，为我国目前所发现的中间犀化石中最北的出土地点。

在洛阳老城青年宫一带发现了明代福王府故址，揭露出夯土台基座南北长300、东西宽250、残高1.4米，表面有白灰地坪和方形柱基坑，出土有青花瓷器残片。

12月~1990年3月，孟津县北陈村清理了北魏太昌元年（532年）瀛洲刺史王温墓。此墓东壁绘有"礼佛图"1幅，出土陶俑61件。

1991年

5~6月，洛阳市文物工作队在汉河南县城遗址中部偏西处发掘出一条东西向的大路，总长60余米，宽5.5~6米。路土中包含有东周和汉代陶器残片，路面上有车辙4条。

7~10月，河南省文物研究所、洛阳市文物工作队配合310国道建设，发掘了西汉到唐代古墓133座，出土各类文物500余件，其中两座唐墓墓主人为唐代银青光禄大夫、燕郡公屈突季札和清苑公刘府君夫人岑平。两墓出土的女侍俑乐舞俑，对于研究盛唐时期的妇女衣饰和化妆，以及音乐史都是十分重要的实物资料。

12月，在洛阳康乐食品厂院内发掘一座东周墓（C1M3472），出土有鼎、方壶、簠、簋、舟等青铜器，这些器型较大，多有花纹，其中两件项饰环带纹、腹饰兽首的大方壶，在洛阳的考古工作中尚属首见。

1992年

3月，在洛阳老城青年宫西侧，发现一座长方形竖穴土圹墓，出土随葬器物有铜爵、觯、刀、弓形器等，从随葬酒器及设有腰坑的情况看，应为首次发现的一座殷遗民墓。

5~6月，在洛阳市南郊花园村南侧，发掘唐睿宗贵妃豆卢氏墓，该墓在洛阳地区已发现的唐墓中形制最大，品位最高，出土了的批重要的文物，为研究洛阳地区唐代历史提供了重要的实物资料。

7~8月，市工商银行营业楼院内，发掘32座东周时期的墓葬。其中M47为最大的一座。一棺一椁，随葬有铜、陶器。铜器均饰以花纹，纹饰以蟠螭纹、兽带纹、贝纹、陶纹为主，纹饰细密、铜质较好。

1993年

2月，洛阳市文物工作队在关林集贸市场北约150米处发掘了一座宋代墓葬，出土有黑釉瓷瓶、黑釉杯、白瓷佛像等随葬器物。随葬器物丰富，种类较多。

8~11月，洛阳市文物工作队在洛阳市南郊关林镇北，发掘了1500平方米的遗址。这次发掘，丰富了二里头类型文化的内涵，并进行了多学科综合研究的有力尝试。

1994年

4月，为配合洛阳铁路分局基建工程，在洛阳北郊邙山南麓清理了两座道士墓。均为刀形墓，其中一座墓葬有墓志，从其所处的位置判断应为一道士墓。

7~9月，洛阳市文物工作队在关林角树村发掘一座唐代壁画墓，墓室四周均有壁画，可辨画面有人吏、马匹、山石、林木等。线条勾勒简洁明快，气势博大，是较为珍贵的唐代绘画作品。该墓是继1992年洛阳花园村唐代壁画墓之后洛阳地区发掘的第二座较大规模的唐代砖室壁画墓。

12月，在新安县城关镇发掘了一座北宋时期的壁画墓，墓壁上装饰有10余幅透雕或彩绘牡丹图并以此作为该墓的主题花纹。这是洛阳地区发两年首座以牡丹为主题花卉的北宋壁画墓。

12月，洛阳市文物工作队在孟津县南麻屯发掘了一座金墓，随葬器物有白瓷瓶和陶质买地券。这是洛阳地区目前发现的唯一一座有明确纪年的金代墓葬，为研究中原地区金代道俗的葬俗与书法等有重要价值。

1995年

3月，洛阳市文物工作队在东周王城东南部发掘了一座马坑，平面呈长方形，坑底埋葬22匹马，推测应属某座东周墓葬的陪葬坑。

7~8月，洛阳市文物工作队发掘了两座明墓，均为单室土洞墓，这两座墓保存完整，为研究明代葬俗葬仪提供了可靠的资料。

10月，洛阳市文物工作队在西工区发掘了一座东周墓，出土一批精美的玉器，多数属首次发现，是东周玉器的精品。

1996年

4~12月，洛阳市文物工作队、郑州大学历史系考古专业、孟津县文管会配合小浪底水库工程对孟津县妯娌新石器时代遗址进行了发掘，发掘面积3450平方米，该遗址主要由居住区、仓窖区和制作石器的工场、墓葬区等几部分组成。该遗址的发掘可望解决伊洛地区王湾二期文化的再分期，并可能划出一个新的地方类型。

5~12月，在妯娌遗址西北约1公里处，发掘了寨根遗址，发掘面积1000平方米，寨根遗址的发掘，不仅获得了自裴李岗文化时期至龙山文化时期的新资料，而且填补了该地区某些文化发展阶段的空白。

1997年

3~7月，洛阳市文物工作队、郑州大学考古系、西北大学文博学院、中山大学体质人类学系、新安县文物管理所对新安县盐东新石器时代遗址进行了发掘，发掘面积5000平方米。该遗址的发掘对深入研究伊洛地区特别是黄河中游沿岸地区王湾二期的文化面貌提供了丰富的实物资料。

6~8月，为配合河南省建三公司67号住宅楼基建工程，在东西长34、南北宽26米的范围内，共清理宋墓52座。其中M21出土象棋子一套32枚，瓷质，表面无釉，黑白二色，双面阴刻，字内涂朱。此次在一座墓中出土完整的32枚棋子甚为罕见。

1999年

1~3月，洛阳市文物工作队在洛阳市第二师范学校发掘了一段金代洛阳城垣。该城墙的发掘丰富了洛阳古城址研究的资料，对研究洛阳地区城址的变迁、沿用及筑法等方面提供了重要资料。

10~12月，在配合洛阳师专住宅楼基建工程的考古工作中，发掘出唐代夯土墙基、夯土建筑基址和陶管道等重要遗迹。根据文献记载及实地勘察确定该工地应属唐代修业坊范围，发掘出的这段夯土墙基应为修业坊东墙南段。

12月，为配合洛阳东站改选工程，对该区域的铸铜遗址进行了抢救性发掘，发掘面积约600平方米，墓葬14座，此次发掘为西周铸铜工艺及殷遗民墓的研究提供了新的材料。

2000年

2~7月，在洛阳市滨河路路基工程施工中，于瀍河以西、牡丹桥以东的洛河两岸，发现古洛河的南堤2段、北堤1段和古桥遗存1处（即天津桥遗址）。古洛河南北石堤和天津桥遗址的发现，是近年来隋唐东都城考古的重大收获。为研究洛河的水文、防洪、漕运和河道路变迁以及东都洛阳城的布局都有重要意义。

4~5月，为配合014中心豫航公寓的基建工程，在洛阳市体育场路东、市中级人民法院南清理东周和唐代夯土各一段及战国墓葬2座。它的发掘为研究唐代上阳宫遗址的范围提供了科学的考古资料。

11月，在配合洛阳市公安局体育场6号家属楼的基建工程中，发现一座车马坑。其南北长7、东西宽6、距地表深4.2米。其时代为战国早期。

2001年

1~4月，在配合洛阳市春都集团住宅楼基建施工中，发掘清理出一座由四周砖墙、散水、廊道、夯土墙等建筑遗迹所围成的东西长12.5、南北宽11米的庭院，并出土大量唐代遗物。当为唐代思恭坊内的民间建筑。为研究隋唐洛阳城里坊内民间房屋布局、结构、建筑方式等方面提供了新的实物资料。

6~12月，为配合洛阳市唐鼎商贸有限公司基本建设，在洛阳市西工区唐宫路发掘两座东周时期大型积石积炭墓葬，均为长方形竖穴土坑墓，出土大量精美的随葬器物。时代为东周早期和东周中期。

8~12月，为配合洛阳市租赁公司住宅楼的基建工程，在洛阳市体育场路东、租赁公司院内清理出了两座春秋早期车马坑。根据车马器的形制、纹样特征来看，时代应为春秋早期。在车马坑西16米处有一座"亚"字形大墓，车马坑应为其陪葬坑。从该墓规格和车马坑的规模分析，该车马坑为春秋早期王侯墓葬的陪葬坑，它为研究春秋时期的丧葬制度和车制提供了重要的实物资料。

2002年

7月~2003年3月，为配合洛阳市东周王城广场的基本建设，对其进行了发掘。发掘面积800平方米，发掘东周墓葬208座、车马坑7座、马坑9座。这批墓葬分为大中小型，时代从春秋至战国时期均有。发掘的16座车马坑、马坑形制均为长方形或方形竖穴土坑。其时代初步定为春秋中晚期。这批墓葬和车马坑的发现是近年东周王城考古的重大收获。墓葬排列之密集和车马坑的数量之多、规格之高是以往从未见过的。中区5号车马坑规模之大、车马数量之多，在全国也不多见，其中一车由6匹马驾驭，可知其为天子的规格。这次考古发现，对研究东周时期的车制的丧葬制度、确定东周王城的王陵区和城市布局具有十分重要的意义。

2003年

3~12月，在配合洛阳工业高专基建考古工作中，清理了战国中晚期墓葬68座。这批墓葬有秦人葬俗的特点，对研究洛阳战国时期秦与东周在葬俗上的相互影响有一定作用。

6~8月，为配合济洛高速工程建设，在济洛高速孟津段对小潘沟遗址进行了抢救性发掘，揭露面积530平方米，发掘灰坑32个，出土了一批龙山文化晚期的陶器和石器。为中原龙山文化晚期研究提供了新的资料。

8~9月，在洛阳市东车站共清理了4座明代烧窑，是一处具有专门化的用以烧制特殊用途砖的砖窑遗址。这是洛阳地区明代砖窑的首次发现，其窑十布局，窑的结构设计也为洛阳地区的首次发现。

12月，在洛阳东车站南100米，南新安街东侧，发掘隋唐时期砖瓦窑5座，遗址中出土大量隋唐时期的建筑构件及日常生活用品等。

2004年

2月，中意合作文物保护修复培训班学员在中意双方专家的指导下，在"隋唐洛阳城南市遗址"的发掘现场开展为期3个月的前期调查、抢救性保护、制定维护方案、结构的最终保护和重新覆盖等工程实践。参加单位有中意合作文物保护修复培训班学员和洛阳市文物工作队工作人员。

2~5月，在洛南新区文化西路工地，隋唐洛阳城南城墙外发掘了一处由青石垒砌成的建筑遗迹。时代为唐代，其功能应与水利设施有关。

10月，为配合洛南新区瀛洲路建设，对古城乡锉李遗址西北部进行了主动发掘，获得了丰富的考古材料。发掘面积500平方米，文化堆积主要是二里头文化早期和龙山文化、少量的仰韶文化遗存。

10~12月，中国社会科学院考古研究所、洛阳市文物工作队对隋唐洛阳城南市遗址进行了初步的考古发掘，取得了一些重要的收获。先后发现了建春门街、长夏门街之东第一街、南市内十字街及水渠等遗址。

2004年11月底~2005年11月，洛阳市文物工作队对泉舜房地产公司盛世唐庄第三期工程进行了考古发掘，总发掘面积约7000平方米，从清理出的夯土台基、夯土墙、排水设施看，至少残存二期遗存。从早期建筑遗存的规模看，应是在建造时有所规划的宫室建筑。其所在位置处在东周王城城外，对于进一步研究东周王城的城市布局提供了重要的资料。

2005年

3~7月，为配合洛南新区基本建设，在关林皂角树村西侧，龙唐安置小区工地发掘清理出秦墓共计132座，墓葬年代约当战国中晚期。这批墓葬具较明显的秦墓风格，同时又具有东周当地常见的随葬器物组合和器形特征。该种墓葬形制在东周王城内未有发现过，是洛阳发掘数量最多、分布最集中的一处具人秦墓风格的墓葬区。

4~11月，为配合空空导弹研究院生活区建设，发掘了二座车马坑，一座马坑，时代为春秋早、中期。其中K19共放置了5辆车，坑内还发现有狗骨架，坑内包含物有陶鬲和陶罐等。另外还发掘了三座烧窑和98座墓葬。

2004年9月至2005年，在洛阳北郊瀍河东岸的马坡村西南，处于隋唐洛阳城外，南距隋唐洛阳城外郭城约1公里处发掘了三座仓窖，这批仓窖排列有序，形制较大，应属隋代的国家粮库。

2006年

2005年12月至2006年1月，我队在洛阳市人民西路与环城北路交叉口西南角，配合洛阳市土杂公司住宅楼基建工程中，发掘5座宋代砖瓦窑遗址。该窑址应为北宋时期官营砖瓦窑作坊。

2005年12月~2006年3月，我队在洛南新区关林定鼎门街皂角树村、练庄村段发掘出十几座中、小型晋墓，为西晋墓分布范围和规模提供了新的实物资料。

3~6月，在配合唐宫路小学综合楼基建工程中，发掘了古墓葬21座，车马坑2座，马坑1座。时代为东周时期。

6~9月，为配合南水北调中线工程的基本建设，洛阳市文物工作队对焦作市马村区安阳城遗址进行了发掘。实际揭露面积达2052平方米。发掘所见以先商文化遗迹最为丰富。

6~11月，为配合南水北调中线工程的基本建设，洛阳市文物工作队对焦作市温县北冷乡北冷村的苏王墓地进行了发掘。实际揭露面积达3800平方米，清理宋代、明代墓葬96座。

7~9月，为配合南水北调中线工程的基本建设，洛阳市文物工作队对焦作市马村区山后墓地进行了发掘。清理汉墓7座，出土了一批汉代青铜器和陶器。

7~11月，为配合郑西铁路建设，发掘了铁路引线段工程。发掘唐宋时期古墓葬128座，汉代烧窑3座。

7月，为配合丝绸之路申报，完成了"丝绸之路文献"文字整理2.7万字，80余个条目的资料收集和整理工作。

9~10月，我队在洛阳市老城区中州路南兴华街以东发掘清理出明代暗渠一条、砖筑储藏室一处，推测应与明代福王府及其周边建筑有关。

10~11月，我队在吉利区河阳路与中原路之间发掘3座晋墓，其中一座砖室墓中出土了14枚涂有红色颜料的蛋壳，蛋壳顶部及底部有0.2~0.5厘米的小孔。

配合中国社会科学院考古研究所、市文物局及日本三方进行《洛阳出土汉晋铜镜研究》，提取铜镜202枚。

2007年

1~12月份，洛阳市文物局成立了由中国社会科学院考古研究所、洛阳市文物队、洛阳市第二文物工作队等组成的隋唐城考古队，对定鼎门遗址进行了历时一年的发掘，基本搞清了门址的沿革和布局。

2~3月，在洛阳市吉利区济涧村发掘了一座北魏墓，墓室为土洞，形制较为特别。在墓顶浮雕出房子顶的形状，呈两面坡状。该墓葬是我市首次发现的用土雕出房子形状的墓葬。

3月，瑞典斯德哥尔摩大学骨骼研究学者来我队参观访问。

6月，我队在行署路与临涧路交叉口处发掘汉代建筑基址一处。该基址北距汉河南县城西南角150米，西距涧河东岸400米。平面呈近长方形，台基北缘及东缘有包边砖、柱础石、踏道、廊道、散水等。清理出大量外绳纹内布纹筒瓦、板瓦残片，陶砖及卷云纹半、全瓦当，及"大泉五十"、"货泉"等。时代约当西汉晚期至东汉早期。

10月，为配合南水北调水利工程建设，我队在南阳淅川县上集镇简营村北，发掘一处汉代聚落外的作坊遗址。发掘出烧窑3座，墓葬2座，灰坑6个、道路1条。

10月底，为配合国家大遗址保护工程，隋唐洛阳城宫城区拆迁工程启动。洛阳市专门成立了隋唐洛阳城宫城区拆迁整汉领导小组，同时洛阳市文物工作队和中国社会科学院考古研究所洛阳唐城队组织成立了隋唐洛阳城宫城区联合发考古队，开展拆迁后的考古发掘和文物保护工作。

2008年

1月，由洛阳市文物工作队、中国社会科学院考古研究所洛阳唐城队、市钻探办等组成联合考古队，对隋唐洛阳城遗址宫城中心区开始发掘。该发掘项目是洛阳大遗址保护工作的重要组成部分。至年底，发掘面积已达13300平方米。

3月，洛阳市文物工作队组建文保中心并建立金属器、陶瓷器及纸质文物等三个文物保护修复室。

3~5月，洛阳市文物工作队图书资料室与天津轻工业职业技术学院学生一起进行了古籍修复工作，目前《河南府志》第一册已经修复完毕，并装订成册。

5月初，洛阳市文物工作队成立先秦及汉唐研究室，针对不同任务调整了各研究室的业务人员。

3~6月底，参与编写并完成《洛阳市隋唐洛阳城遗址保护条例（草案）、（初审稿）》文本。该保护条例先后经过12稿的修改最终完成文本的修定工作。该保护条例已通过市政府、市人大主任会议一审，并报省人大备案。

6月，经市文物局批准，我队向深圳保安区博物馆提供文物165件(套)，并逐一进行了登记、照相与造册。

6月，我队与日本合作进行洛阳铁镜研究。为日方提供61件铁镜的线图、照片等资料。

7月，洛阳市文物工作队队志正式启动，并已纳入洛阳市地方志办公室丛书系列。目前此项工作正在进行当中。

7月，我队承办洛阳市文物局第五届运动会，被局里授予"优秀组织奖"和"特别贡献奖"。9月，省文物局外事交流合作处王文嘉陪同日本东京国立博物馆、奈良国立博物馆、九州国立博物馆等一行6人来我队洽谈调选赴日文物展品事宜。

9月，我队举办"洛阳考古论坛"，邀请国内外知名专家教授来队举办讲座和专题报告，截至年底，已举办了7场讲座和报告。

11月，洛阳酒家工地发掘了一座东周时期的车马坑，车马坑南北长约4米，东西宽2米多。马车在车马坑内呈南北方向，坑内两匹马的马骨分别位于坑内车辕的东西两侧。车厢位于马骨后部，车轴长2米，车轮直径1.4米。让现场考古人员兴奋的是，随着发掘的深入，在大马车下叠压着一个小马车。距离车马坑约5米远的东南方向还发现了一个两匹马的马坑。它的发现为研究古代的丧葬制度提供了新的实物证据。

洛阳市文物工作队在新区关林大道和长兴街交叉口东南角一建设工地考古发掘中发现一座大型唐代壁画墓，墓室长宽均超过4米，墓道长10.7米，由南向北呈斜坡状的墓道两侧均有壁画，壁画用红、黑两种矿物质颜料绘成，线条简洁流畅。东侧的墓道上由外向内依次画有数米长的长龙、门吏等图案。墓主人身份应为贵族。

2009年

2月开始，我队配合河南省林校实训楼工程建设，发现一处西周祭祀遗址。发现西周灰坑59座、沟1条、墓葬13座。出土的卜甲和分布密集的兽骨坑和人骨坑，表明这一区域在西周时期存在占卜和人祭、牲祭活动。该祭祀区的发现寻找西周成周城提供了又一重要线索。

4月，我队文保中心人员主持了"洛阳新区中弧湖公务员小区"西汉壁画墓的清理与修复；2009年11~12月，参与了洛阳钢厂医院宋代壁画墓的现场清理、保护与搬迁。

4~7月，我队一名同志在队里安排下参加了国家文物局举办的"2009年馆藏纸质文物保护修复班"为期4个月的学习，取得了国家文物局颁发的培训结业证书。

5月，我队还邀请国家文物局办公室主任刘曙光来队作《意大利考古遗址保护展示》专题报告。

6月，我队7名考古领队前往北京参加由国家文物局组织的新的《田野考古工作规程》培训班。

6~8月，我们参与编写完成了《洛阳大遗址研究与保护》一书中有关隋唐城部分的编写任务，提供有关材料2万多字，照片近百幅，该书于同年10月出版。

7月25日~10月25日，文保中心业务人员参加由国家文物局委托"陶质彩绘文物保护国家文物局重点科研基地——秦俑博物馆"在山东青州举办的"2009年陶质彩绘文物保护修复专业技术培训班"的学习。

7月，我队调集文物参加北京首都博物馆"考古与发现展"。

7月15日~8月30日，洛阳市文物工作队为配合隋唐洛阳城大遗址保护规划的编制工作，为保护规划提供准确数据，对隋唐城遗址区内30处重要遗迹点进行大地坐标点的测点钻探工作，任务包括整个外郭城、回洛仓城的准确位置及城内重要的遗迹点。

8月，我队和复旦大学进行第二批玉器化学成份分析工作。

8~12月，我队在位于定鼎北路东侧，春都路南侧的绿都置业阳光佳苑工地进行考古发掘，发掘出隋唐洛阳城圆壁南城城墙的一部分。该段城墙仅存基槽部分。发掘长度为50、宽4、厚0.3~0.5米。

9月初，我队与洛阳市第二文物工作队、洛阳市文物钻探管理办公室组成联合工作小组对洛阳市孟津县平乐镇朱仓村东2-683号墓墓冢及其周围进行广泛调查。

10~11月，洛阳市文物工作队为配合钢厂医院外科病房楼的建设，进行了考古发掘，工地位于洛龙区关林庙东200米处，南临伊洛路。发掘北宋时期仿木结构单室雕砖墓1座。雕砖图案技法精湛，是洛阳发现的宋代雕砖中少有的精品，具有很高的研究和观赏价值。

10月，我队参与了洛阳东车站机务段乘务员小区工地对车马坑的整体搬迁；同时在洛阳酒家工地做车马坑的防风化加固和防腐防霉杀菌处理。

10月，我队配合参与大遗址高峰论坛、大遗址保护、博物馆新馆"八大古都展"等文物接收工作。调往洛阳博物馆1500余件（套），时代从西周至宋金，器形包括陶、瓷、玉、铜、铁、石、三彩器和钱币等，级别包括一级品2件、二级品3件、三级品4件。接收了五个城市的300余件文物。

10月，为定鼎门遗址博物馆开馆挑选、交接文物42件，参与了定鼎门博物馆的后期布展工作，为其保护展示奠定了基础。

10月31日~11月2日，大遗址保护高峰论坛和全国文物工作会议在洛阳召开。我队按照局党组的安排部署，全力支持此项工作。

11月3~4日，在2009年全国考古工作会议上，我队参与的"隋唐洛阳城定鼎门工地"获"全国田野考古二等奖"，实现我队此类奖项零的突破。

11~12月，参与了洛阳钢厂医院宋代壁画墓的现场清理、保护与搬迁。

12月，我队邀请中国社会科学院考古研究所王明辉博士来队进行人骨鉴定。

全年我队第一小组所属孟津县、新安县、栾川县、汝阳县、以及西工区、老城区、瀍河区、洛龙区、吉利区，共普查文物点12000余处，其中复查2085处，新发现10263处。圆满完成了洛阳市文物局第三次文物普查办公室下达的各项工作任务，使洛阳市在全国第三次全国文物普查中新发现的不可移动文物数量在国家、省市名列前茅。

我队图书资料室将单位藏的古籍进行了整理登记，初步摸清了家底，并利用网络、善本书总目等资源对一些重要的版本逐一进行了核对。共清理核对清代古籍善本22种共计284册。另外还承担了我省汝南县文物古籍的修复方案的制定工作，方案基本制定完毕。

2010年

2009年12月~2010年1月，洛阳市文物工作队、河南省文物考古研究所、栾川县文管所对洛阳市栾川县庙子蝙蝠洞遗址进行了调查与试掘。此次调查与试掘发现了大量的动物骨骼。其中最重要的发现是发现了一颗人类的门齿。这对研究洛阳地区的旧石器洞穴遗址提供了宝贵的材料。

3~6月，洛阳市文物工作队对洛阳林校西周祭祀遗址进行了第六次发掘。此次发掘主要发现唐代灰坑31座、西周灰坑17座、西周沟1条，西周墓葬8座。发掘表明，这一区域在西周时期是一处祭祀活动区。祭祀区的南、北均在发掘部分内，东、西向仍延伸至发掘区外。

3~10月，洛阳市文物工作队联合中国社会科学院考古研究所洛阳唐城队，对应天门西阙遗址区开展了全面的考古发掘。此次发掘结合前人的考古资料，对应天门的建筑形制、结构和历史沿革等有了较为全面准确的认识。可以得出结论，应天门是以城门楼为主体，两侧辅以垛楼，向南伸出阙楼，其间以廊庑相连的庞大的建筑群体。整体平面呈倒凹字形，城门是一门三道，阙楼是双向三出。

4~10月，洛阳市文物工作队为配合中航光电科技股份有限公司光电技术产业基地工程，在位于关林路北，侯城村西北的洛阳市洛龙区高新科技园区内发现一处早期遗址（定名为侯城遗址），遗址的主要时代为龙山晚期至商时期。

5月，洛阳市文物工作队为配合河南豫煤集团孟津县乙二醇项目建设，在孟津县城南约500米，原永煤集团永龙热电厂区院南部，发掘清理了编号为MJYM9的唐代壁画墓。是洛阳地区已发掘出唐代墓葬中规模较大、等级较高的墓葬。其年代大致在唐代玄宗开元前后。

5~9月在洛龙区白马寺镇白王村及孟津县平乐镇马村交界处进行了发掘工作。此次共发掘出的一座晋墓，墓葬形制较为特殊，在洛阳地区还是第一次发现。该墓出土铜玄武砚滴1件，为研究西晋时期的墓葬形制以及合葬制度提供了形的材料。考古发现的砚滴保存完好，是一件难得的艺术珍品，为古代砚滴研究提供了新的实物资料。

10月，洛阳市文物工作队与新安县文物局合作，在新安县城关镇厥山村发掘清理了宋代壁画墓一座。此墓结构完好，墓内壁面皆刷白石灰水，然后施彩，彩绘缤纷华丽，内容丰富。浅浮雕技法娴熟，壁画线条流畅准确，极富装饰性。

10~12月，为配合南水北调工程建设，我队在南阳淅川齐家岗、郑州中牟大关庄进行了发掘。

11月14日，隋唐洛阳城宫城中心区遗址的田野工作基本结束，共用两年11个月。基本上弄清了隋唐洛阳城宫城中心区的平面布局，及隋、唐、宋各期的演变，同时为隋唐洛阳城宫城的平面复原提供了重要依据。

2011年

2010年12月~2011年1月,栾川龙泉洞遗址发掘取得重大收获。遗址内发现了各类遗物1000多件,其中大量为石片和石核石器。龙泉山遗址的发现,为研究现代人类起源补充了重要的考古资料,可望为东亚和我国人类起源直接提供证据。

1月,我队在位于孟津县平乐镇新庄村的再生资源产业示范基地工地发掘西晋、晚唐墓葬15座,出土了一批精美的陶瓷器和铜器。其中一座晚唐时期圆形壁画墓是洛阳地区首次发现。

3月,我队对新安县曹村乡的清代寨墙进行了考古调查,该寨墙是清代为防御捻军,而由当地数名乡绅出资并组织农民修筑的石寨墙,周长约10公里。为进一步保护的需要,拟在调查基础上将此遗址申报省级保护单位。

3月,我队和中国社会科学院考古研究所联合发掘的隋唐洛阳城宫城区明堂、天堂遗址进入"2010年度中国十大考古新发现"初评名单。

3月23日,由我队主办的洛阳栾川旧石器考古座谈会在栾川召开。来自中国科学院古脊椎动物与古人类研究所、北京大学、湖南省文物考古研究所、河南省文物局和西北大学等单位从事旧石器时代考古研究的专家,对栾川境内发现的10多处旧石器时代遗址点的重要性和学术研究价值给予充分肯定。与会学者实地考察了蝙蝠洞、龙泉洞、七里坪等遗址,听取了发掘队的阶段成果汇报,遗址发掘工作的规范、学术认定的谨慎态度得到专家的赞赏。

1~3月,我队保管部、文保中心和保卫科等19名同志先后借调至洛阳博物馆短期工作,帮助博物馆库房搬迁和新馆展厅的布展工作。

3月,我队调往洛阳博物馆文物28件(套),实际37件,时代包括东周、北魏、唐代等,种类包括陶器、石器、货币等,其中有一级品1件、三级品1件,有力地支援了博物馆新馆的建设。

附录二

简报、论文、专著等目录（1981~2011年）

一、考古简报

（一）旧石器时代

安亚伟、郭引强、周军、刘富良：《洛阳北窑发现旧石器遗址》，《中国文物报》1999年1月27日。

周立：《栾川县旧石器考古工作概述》，《中国文物报》2011年4月22日。

（二）新石器时代

朱亮等：《洛阳西高崖遗址试掘简报》，《文物》1981年第7期。

贺官保、隋裕仁等：《洛阳西吕庙龙山文化遗址发掘简报》，《中原文物》1982年第3期。

隋裕仁：《河南洛阳吉利东杨村遗址》，《考古》1983年第2期。

朱亮：《孟津平乐新石器时代遗址调查》，《中原文物》1983年第4期。

方孝廉：《洛阳市1984年古文化遗址调查简报》，《中原文物》1987年第3期。

刘富良、李永强、曹岳森：《河南新安县太涧遗址发掘简报》，《考古与文物》1998年第1期。

（三）夏商周时期

朱亮、张剑：《河南洛阳春秋墓》，《考古》1981年第1期。

徐治亚：《洛阳北窑村西周遗址1974年度发掘简报》，《考古》1981年第4期。

徐治亚、赵振华：《洛阳战国粮仓试掘纪略》，《文物》1981年第11期。

叶万松、张剑：《1975~1979年洛阳北窑西周铸铜遗址的发掘》，《考古》1983年第5期。

余扶危、叶万松、李德方：《洛阳东关五座西周墓的清理》，《中原文物》1984年第3期。

孙新科、李德方：《洛阳市西工区203号战国墓清理简报》，《中原文物》1984年第3期。

叶万松、余扶危：《洛阳西郊四号墓发掘简报》，《文物资料丛刊》1985年第9期。

余扶危、赵振华：《洛阳发现随葬空首布的东周墓葬》，《考古》1987年第8期。

赵振华：《河南洛阳发掘一座战国墓》，《考古》1989年第5期。

赵振华：《河南洛阳新发现随葬钱币的东周墓群》，《考古》1991年第6期。

王炬、廖子中：《洛阳市东郊发现的两座西周墓》，《文物》1992年第3期。

廖子中：《洛阳市又发现一座随葬空首布的东周墓》，《文物》1992年第3期。

赵振华、黄吉博：《洛阳C1M3352出土吴王夫差剑等文物》，《文物》1992年第3期。

赵振华、申建伟：《洛阳东郊C5M906号西周墓》，《考古》1995年第9期。

王炬：《洛阳市中州中路东周墓》，《文物》1995年第8期。

张剑、蔡运章：《洛阳白马寺三座西周晚期墓》，《文物》1998年第10期。

张剑、蔡运章：《洛阳东郊13号西周墓的发掘》，《文物》1998年第10期。

俞凉亘：《洛阳林校西周车马坑》，《文物》1999年第3期。

邢建洛、梁锋：《洛阳聂湾发现东周空首布》，《考古与文物》1999年第3期。

黄吉博：《洛阳市西工区C1M3943号战国墓》，《文物》1999年第8期。

王炬：《洛阳市613所东周墓》，《文物》1999年第8期。

谢虎军、司马国红：《洛阳东郊西周墓》，《文物》1999年第9期。

邢富华、黄吉博、李德方：《洛阳东周王城第5239号大墓发掘简报》，《考古与文物》2000年第4期。

王炬：《洛阳市针织厂东周墓（C1M5269）的清理》，《文物》2001年第12期。

程永建、赵振华：《洛阳解放路战国陪葬坑发掘报告》，《考古学报》2002年第3期。

程永建：《洛阳东周王畿出土奇特的东周布币》，《中国钱币》2002年第2期。

曹岳森：《洛阳东车站两周墓发掘简报》，《文物》2003年第12期。

王炬：《洛阳市西工区几座春秋墓的清理》，《考古与文物》2003年第2期。

俞凉亘、田玉娥：《洛阳东周王城内春秋车马坑发掘简报》，《考古与文物》2003年第4期。

俞凉亘：《洛阳东周王城战国陶窑遗址发掘报告》，《考古学报》2003年第4期。

司马国红：《洛阳市唐宫西路东周墓发掘报告》，《文物》2003年第12期。

黄吉博：《洛阳唐宫路小学C1M5560战国墓发掘简报》，《文物》2004年第7期。

霍宏伟、田玉娥：《洛阳王城花园战国墓》，《文物》2004年第7期。

安亚伟：《东周王城战国至汉代陶窑遗址发掘简报》，《文物》2004年第7期。

安亚伟：《洛阳市唐城花园C3M417西周墓发掘简报》，《文物》2004年第7期。

俞凉亘、高金照：《洛阳瀍河东岸西周墓的发掘》，《文物》2006第3期。

司马国红、尚巧云：《洛阳中州中路东周墓发掘简报》，《文物》2006年第3期。

潘海民：《洛阳西工区C1M8503战国墓》，《文物》2006年第3期。

申建伟：《洛阳再次发现东周车马坑》，《中国文物报》2006年9月27日。

安亚伟：《洛阳市王城大道发现西周墓》，《考古》2006年第6期。

安亚伟：《河南洛阳市唐城花园西周墓葬的清理》，《考古》，2007年第2期。

薛芳、潘付生：《洛阳市西工区八一路东周车马坑》，《中原文物》，2007年第2期。

潘海民、郑卫：《河南洛阳市唐宫路战国车马坑》，《考古》，2007年12期。

薛芳、潘付生：《洛阳涧河东岸西周晚期墓》，《文物》，2007年第9期。

徐昭峰、薛芳：《洛阳瞿家屯东周大型夯土建筑基址发掘简报》，《文物》，2007年第9期。

潘海民：《洛阳市润阳广场C1M9950发掘简报》，《考古》2009年第12期。

周立：《洛阳王城广场战国墓（西区M37）发掘简报》，《文物》2009年第11期。

俞凉亘：《洛阳老城北大街西周墓》，《文物》2010年第8期。

程永建：《洛阳西工区春秋墓发掘简报》，《文物》2010年第8期。

安亚伟、商春芳：《洛阳西工区三座战国墓出土文物》，《中国历史文物》2010年4期。

（四）秦汉

李德方、宋云涛、余扶危、叶万松：《洛阳西工东汉壁画墓》，《中原文物》1982年第3期。

叶万松、余扶危、曾意丹：《洛阳吉利发现西汉冶铁工匠墓葬》，《考古与文物》1982年第3期。

朱亮：《洛阳西汉墓发掘简报》，《考古》1983年第1期。

张剑：《洛阳金谷园车站11号汉墓发掘简报》，《文物》1983年第4期。

张剑：《洛阳烧沟西14号汉墓发掘简报》，《文物》1983年第4期。

张剑、余扶危：《洛阳唐寺门两座汉墓发掘简报》，《中原文物》1984年第3期。

朱亮：《洛阳东关夹马营路东汉墓》，《中原文物》1984年第3期。

朱亮：《洛阳西汉石椁墓》，《考古》1984年第9期。

李德方：《洛阳市东郊东汉"对开式"砖瓦窑清理简报》《中原文物》1985年第4期。

赵振华、邢建洛：《河南洛阳北郊东汉壁画墓》，《考古》1991年第8期。

谢虎军：《洛阳机车工厂东汉壁画墓》，《文物》1992年第3期。

郭木森、刘海旺、廖子中、王炬：《洛阳孟津汉墓发掘简报》，《华夏考古》1994年第2期。

刘富良：《洛阳钢厂秦墓发掘简报》，《华夏考古》1997年第3期。

俞凉亘：《洛阳北邙飞机场903号汉墓》，《考古与文物》1997年第5期。

张剑：《洛阳李屯东汉元嘉二年墓发掘简报》，《考古与文物》1997年第2期。

程永建：《洛阳西晋北魏墓出土的曹魏五铢》，《中国钱币》1997年第4期。

李德方：《河南洛阳市第3850号东汉墓》，《考古》1997年第8期。

程永建：《洛阳发掘的四座东汉玉衣墓》，《考古与文物》1999年第1期。

朱亮：《小浪底汉函谷关仓库建筑遗址又有新发现》，《中国文物报》1999年7月28日。

程永建、侯秀敏：《洛阳吉利区东汉墓发掘简报》，《文物》2001年第10期。

程永建：《洛阳北郊C8M574西汉墓发掘简报》，《考古与文物》2002年第5期。

黄吉博、王炬、余扶危：《洛阳新安县铁塔山汉墓发掘报告》，《文物》2002年第5期。

潘付生：《重庆奉节万家嘴出土汉半两钱范》，《中国钱币》2003年第2期。

王炬：《洛阳613研究所新莽钱窖藏》，《中国钱币》2003年第2期。

邢富华、徐昭峰：《洛阳吉利区汉墓C9M2367发掘简报》，《文物》2003年第12期。

邢富华、徐昭峰：《洛阳吉利区汉墓C9M2365发掘简报》，《文物》2003年第12期。

潘付生：《洛阳纱厂路汉代砖券建筑遗址》《中国考古学年鉴》2004年。

邢富华、徐昭峰：《洛阳王城公园东汉墓》，《文物》2006年第3期。

（五）魏晋南北朝

张剑、余扶危：《洛阳曹魏正始八年墓发掘报告》，《考古》1989年第4期。

赵春青：《洛阳孟津晋墓、北魏墓发掘简报》，《文物》1991年第8期。

商春芳：《洛阳北郊西晋墓》，《文物》1992年第3期。

朱亮、李德方：《洛阳东郊两座魏晋墓的发掘》，《考古与文物》1993年第1期。

李德方、孙新民：《洛阳孟津三十里铺西晋墓发掘报告》，《华夏考古》1993年第1期。

廖子中、刘海旺、郭木森、王炬：《洛阳孟津邙山西晋北魏墓发掘报告》，《华夏考古》1993年第1期。

朱亮、李德方：《洛阳孟津北陈村北魏壁画墓》，《文物》1995第8期。

程永建、赵振华：《洛阳市发现东晋窖藏》，《考古》1996年第9期。

刘富良：《洛阳新安县晋墓发掘报告》，《华夏考古》1998第1期。

郑莉、王炬、范新生：《洛阳关林皂角树西晋墓》，《文物》，2007年第9期。

薛芳、潘付生：《洛阳涧河东岸发现大的一座西晋墓》，《文物》，2007年第9期。

武海、马春梅：《洛阳厚载门街西晋墓发掘简报》，《文物》2009年第11期。

程召辉：《洛阳吉利区西晋墓发掘简报》，《文物》2010年第8期。

（六）隋唐五代

余扶危、叶万松：《洛阳隋唐东都皇城内的仓窖遗址》，《考古》1981年第4期。

赵振华、朱亮：《洛阳龙门唐安菩夫妇墓》，《中原文物》1982年第3期。

余扶危、叶万松、李德方、宋云涛：《1981年洛阳隋唐东都夹城内发掘简报》，《中原文物》1983年第2期。

朱亮：《隋唐东都应天门遗址发掘简报》，《中原文物》1988年第3期。

赵春青、谢虎军、谢新建：《洛阳含嘉仓1988年发掘简报》，《文物》1992年第3期。

余扶危、邢建洛：《洛阳唐神会和尚塔身塔基清理》，《文物》1992年第3期。

刘海旺、王炬、郭木森、廖子中：《洛阳孟津西山头唐墓310国道》，《文物》1992年第3期。

孙新民、李德方：《〈大唐故荆府长史孙府君之碑〉考略》，《华夏考古》1993年第2期。

朱亮：《洛阳30号墓出土三角缘画像镜》，《华夏考古》1994年第3期。

方孝廉、谢虎军：《唐睿宗贵妃豆卢氏墓发掘简报》，《文物》1995年第8期。

李德方、申建伟：《洛阳北郊唐代墓葬的发掘》，《华夏考古》1996年第1期。

陈良伟、王炬：《隋唐洛阳城永通门遗址发掘简报》，《考古》1997年第12期。

俞凉亘：《河南洛阳瀍河东岸唐代窑址发掘简报》，《考古》1998年第3期。

霍宏伟：《洛阳发现唐代合璧宫遗址》，《中国文物报》1998年11月4日。

霍宏伟：《洛阳西南角发现唐代大型宫殿遗址》，《中国文物报》1999年1月10日。

霍宏伟：《洛阳发现洛水石堤》，《中国文物报》1999年4月11日。

廖子中：《洛阳北郊唐颍川陈氏墓发掘简报》，《文物》1999年第2期。

王炬：《隋唐东都城洛阳城外廓城砖瓦窑址》，《考古》1999年第3期。

邢富华：《洛阳杨文唐墓C5M1045发掘简报》，《考古与文物》2002年第6期。

陈良伟、石自社、李永强、谢新建：《定鼎门遗址发掘报告》，《考古学报》2004年第1期。

司马国红：《洛阳市东明小区C5M1542唐墓》，《文物》2004年第7期。

霍宏伟：《洛阳王城花园战国墓》，《文物》2004年第7期。

霍宏伟：《洛阳北郊唐墓》，《文物》2006年第3期。

霍宏伟、程永建：《洛阳岳家村30号唐墓出土波斯萨珊朝银币》，《四川文物》2006年第2期。

俞凉亘：《河南洛阳市关林1305号唐墓的清理》，《考古》2006年第2期。

周立：《洛阳南关发现金代钱币窖藏》，《中国钱币》2006年第3期。

霍宏伟：《洛阳北郊唐墓》，《文物》2006年第3期。

霍宏伟：《河南洛阳市瀍河西岸唐代砖瓦窑址》，《考古》2007年第12期。

霍宏伟：《河南洛阳市隋唐东都外郭城五座窑址的发掘》，《考古》2008年第2期。

程永建、王炬：《洛阳龙门张沟唐墓发掘简报》，《文物》2008年第4期。

任广、李飞：《洛阳市关林唐墓(C1M1526)发掘简报》，《中原文物》2008年第4期。

侯秀敏：《洛阳发现的一件唐代山水禽兽纹铜镜》，《文物》2008年第10期。

王炬、尚巧云：《洛阳关林唐墓发掘报告》，《考古学报》2008年第4期。

马毅强、方莉、李惠君：《河南孟津县大杨树村唐墓》，《考古》2007年第4期。

商春芳、黄吉博：《洛阳龙康小区唐墓（C7M2151）发掘简报》，《文物》2007年第4期。

任广：《洛阳关林大道唐墓（C7M1724）发掘简报》，《文物》，2007年第4期。

王炬、郑莉：《河南洛阳关林镇唐代烧瓦窑址的发掘》，《考古》，2007年第12期。

司马国红：《河南洛阳市东郊十里铺村唐墓》，《考古》2007年第9期。

俞凉亘、贺辉：《洛阳东北郊隋代仓窑遗址试掘简报》，《考古》2007年第12期。

司马国红、马毅强、侯秀敏：《河南洛阳市龙门镇唐墓发掘简报》，《考古》2007年第12期。

霍宏伟：《河南洛阳瀍河西岸唐代砖瓦窑址》，《考古》2007年第12期。

黄吉博、商春芳：《洛阳市龙康小区C7M1422唐墓发掘简报》，《中原文物》2009年第2期。

刘斌、潘海民：《洛阳润阳广场东周墓发掘简报》，《考古》2010年第12期。

程永建：《洛阳出土后梁雕印经咒》，《文物》1992年第3期。

程永建、高金照：《洛阳发现一座后周墓》，《文物》1995年第8期。

朱亮、程永建：《洛阳后梁高继蟾墓发掘简报》，《文物》1995年第8期。

程永建：《洛阳发现一座后周墓》，《文物》1995年第8期。

（七）宋元明

张剑：《洛阳涧西三座宋代仿木结构砖室墓》，《文物》1983年第8期。

隋裕仁、张振宇、赵振华：《洛阳纱厂路北宋砖瓦窑场遗址发掘简报》，《中原文物》1984年第3期。

张剑：《洛阳安乐宋代窖藏瓷器》，《文物》1986年第12期。

叶万松、李德方：《洛阳发现宋代门址》，《文物》1992年第3期。

廖子中：《河南新安县古村北宋壁画墓》，《华夏考古》1992年第2期。

霍宏伟：《洛阳南郊皂角树村宋墓》，《文物》1995年第8期。

程永建：《洛阳宋金墓葬出土的几种压胜钱》，《中国钱币》1996年第1期。

霍宏伟、程永建：《洛阳出土两批波斯银币分析》，《河洛春秋》1996年第3期。

王炬：《河南新安县梁庄北宋壁画墓》，《考古与文物》1996年第4期。

廖子中、曹岳森：《河南新安县宋村北宋雕砖壁画墓》，《考古与文物》1998年第3期。

黄吉博：《洛阳市西工区5692号北宋墓》，《中原文物》2002年第3期。

霍宏伟：《洛阳王城花园出土宋代器物》，《文物》2003年第12期。

俞凉亘：《洛阳孟津县麻屯金墓发掘简报》，《华夏考古》1996年第1期。

徐昭峰：《洛阳发现金代城垣》，《中国文物报》1999年7月。

黄吉博：《元察罕贴木儿墓前发现石翁仲》，《考古与文物》1987年第5期。

王支援、张剑、刘富良：《元赛因赤答忽墓的发掘》，《文物》1996年第2期。

赵振华、谢新建：《洛阳东花坛三座明代墓葬》，《中原文物》1984年第3期。

徐治亚、赵振华：《洛阳东郊明墓》，《中原文物》1985年第4期。

程召辉、贺辉：《洛阳人民路北宋砖瓦窑址》，《文物》，2007年第4期。

梁淑群、张剑：《洛阳明清墓出土陶俑》，《中国历史文物》2010年第4期。

二、论文

余扶危、叶万松：《论我国犁耕农业的起源》，《农业考古》1981年第1期。

张长森、李德方：《洛阳新近出土的两件三彩莲花盘》，《中原文物》1981年第2期。

蔡运章、侯鸿钧：《洛阳附近出土的两批东周货币》，《中原文物》1981年特刊。

余扶危、赵振华：《洛阳出土的东汉〈王当买地铅券〉及相关问题》，《中原文物》1981年特刊。

赵振华：《洛阳出土西晋"合背"五铢》，《中原文物》1981年特刊。

黄明兰：《"穆天子会见西王母"汉画像石考释》，《中原文物》1982第1期。

余扶危、叶万松：《河南孟津小潘沟遗址河南龙山文化陶器的分期》，《考古》1982第1期。

赵振华、朱亮：《安菩墓志初探》，《中原文物》1982第3期。

李德方、张长森：《介绍一件彩陶壶》，《中原文物》1982第3期。

李德方、张长森：《洛阳新发现的石刻造像》，《中原文物》1982第3期。

余扶危、叶万松：《我国古代地下储粮之研究》（上），《农业考古》1982第2期。

余扶危、叶万松：《我国古代地下储粮之研究》（中），《农业考古》1982第2期。

余扶危、叶万松：《我国古代地下储粮之研究》（下），《农业考古》1982第2期。

黄明兰：《唐故司成孙处约墓志铭浅释》，《考古与文物》1983年第1期。

黄明兰：《洛阳西汉画像空心砖概述》，《中原文物》1983年特刊。

曾意丹：《漫谈文学氏族社会与夏文化的问题》，《中原文物》1983年特刊。

蔡运章：《王剑及阳国史初探》，《中原文物》1983年第3期。

侯鸿均：《洛阳出土西晋鸡头壶》，《中原文物》1983年第3期。

蔡运章：《谈解放以来空首布资料的新发现》，《中国钱币》1983年第3期。

吴戈 张剑：《九朝古都考古述略》，《中原文物》1983年第4期。

张剑：《叔牝方彝考释》，《中原文物》1983年特刊。

蔡运章 陈长安：《丰国铜器及相关问题》，《考古与文物》1983年第6期。

徐治亚、赵振华：《洛阳东周王城内的古窑址》，《考古与文物》1983年第3期。

方孝廉：《洛阳附近的古代粮仓》，《中原文物》1984年第1期。

赵振华、朱亮：《洛阳安菩墓的一批有关农牧业文物》，《农业考古》1984年第1期。

张剑：《洛阳近几年来搜集的珍贵历史文物》，《中原文物》1984年第3期。

李献奇、侯鸿军：《临汝县出土一批金代窖藏铜钱》，《中原文物》1984年第3期。

梁晓景《洛阳徐村发现一批唐代石刻造像》，《中原文物》1984年第3期。

叶万松、余扶危：《河南龙山文化的社会经济基础》，《中原文物》1984年第3期。

张剑：《洛阳西周原始瓷器的探讨》，《景德镇陶瓷》（二）1984年第2期。

叶万松、余扶危：《洛阳东周至唐宋时期的陶窑概况》，《景德镇陶瓷》（二）1984年第2期。

梁晓景：《洛阳徐村发现一批唐代石刻造像》，《中原文物》1984年第3期。

谢新建、赵振华：《洛阳首次出土"万历通宝"银钱》，《洛阳钱币》1988年。

叶万松：《我国西周前期青铜铸造工艺之研究》，《考古》1984年第7期。

叶万松、余扶危：《洛阳西周考古概况》，《西周史研究》1984年第8期。

叶万松、余扶危：《关于西周洛邑城址的探索》，《西周史研究》1984年第8期。

张湘：《中国山水画渊源浅谈》，《中原文物》1985年第2期。

李德方、赵振华：《偃师商城始建年代之管见》，《中原文物》1985年第3期。

梁晓景：《明刘相墓志考略》，《考古与文物》1985年第3期。

隋裕仁：《关于夏县东下冯"龙山文化晚期"遗存的讨论》，《中原文物》1985年第4期。

张剑：《齐侯宝盂鉴的年代及其史料价值》，《中原文物》1985年第4期。

赵振华：《洛阳西周卜用甲骨的初步考察》，《考古》1985年第4期。

叶万松、余扶危：《洛阳北窑西周遗址陶器的分期研究》，《考古》1985年第9期。

余扶危、叶万松：《洛阳农业考古概述》，《农业考古》1986年第1期。

李德方：《洛阳最早的文字》，《洛阳日报》1986年7月。

叶万松、余扶危：《中原地区西周陶器的初步研究》，《考古》1986年第12期。

方孝廉：《裴李岗文化陶器分期和年代分析》，《中原文物》1986特刊。

赵振华：《洛阳盗墓史略》，《中原文物》1987年特刊。

李德方：《东周王陵分区考辨》，《中原文物》1987年特刊。

蔡运章、张剑、贺官保、陈长安：《洛阳北窑西周墓发掘的重要收获》，《中原文物》1987年特刊。

隋裕仁：《二里头类型早期遗存的文化性质及期来源》，《中原文物》1987年第1期

德方、春芳：《洛阳象庄石像雕造年代考述》，《河洛春秋》1988年第2期

隋裕仁：《黄河中下游龙山文化"城堡"初探》，《中原文物》1988年第4期。

霍宏伟：《中国古代货币的美学探讨》，《中州钱币》专辑二，1988年。

张湘：《洛阳新发现的西汉空心画像砖》，《文物》1990年第2期。

叶万松、张剑、李德方：《西周洛邑城址考》，《华夏考古》1991年第2期。

赵振华：《洛阳存古阁及其藏石》，《河洛春秋》1991年第2期。

张乃翥、叶万松：《禅宗七祖荷泽大师神会塔铭引论》，《中原文物》1991年第4期。

朱亮、赵振华：《唐郑德曜墓志与湛然书法》，《中原文物》1991年第4期。

霍宏伟：《隋唐东都应天门建筑论略》，《河洛文化论丛（二）》，河南大学出版社，1991年。

霍宏伟：《中国钱币造型初探》，《中州钱币论丛》，中国金融出版社，1991年。

张剑：《淅川下寺楚墓的时代及其墓主》，《中原文物》1992年第2期。

韩玉玲：《谈二里头文化时期的青铜冶铸业》，《中原文物》1992年第2期。

叶万松：《近十年洛阳文物工作队考古工作概述》，《文物》1992年第3期。

程永建:《洛阳出土后唐雕印经咒》,《文物》1992年第3期。

沈淑玲、张剑:《试论洛阳出土的西晋青瓷》,《河洛春秋》1992年第4期。

张剑:《河南洛阳西周墓葬陶器》,《中原文物》1993年第1期。

赵振华:《洛阳东周墓随葬的多种钱币》,《中国钱币》1993年第2期。

霍宏伟:《中国钱币造型刍议》,《河洛春秋》1993年第4期。

霍宏伟:《北魏〈元冏墓志〉》,《书法丛刊》1993年第1期。

霍宏伟:《波斯银币与丝绸之路——论洛阳出土的波斯银币》,《洛阳钱币》,中国社会科学出版社,1993年。

朱亮:《洛阳30号墓出土的三角缘画像镜》,《华夏考古》1994年第3期。

程永建:《洛阳出土几批西汉钱范及有关问题》,《中国钱币》1994年第2期。

赵振华:《元赛因赤答忽墓志考释》,《内蒙古社会科学》1994年第2期。

黄吉博、黄吉军:《浅论元朝郑择墓志及诗配画》,《画像砖、石刻、墓志研究》1994年9月。

叶万松、商志䪽:《洛阳龙门出土神会塔铭考辨》,《文物》1994年第11期。

郎保湘、赵振华:《关于洛阳三十年代考古的一本书》,《文物》1995年第5期。

于倩、霍宏伟:《洛阳出土波斯银币探索》,《中国钱币》1995年第1期。

邢富华:《浅析两宋妇女地位之变异》,《洛阳师专学报》1995年第2期。

赵振华、邢富华:《洛阳唐三彩发现始末》,《河洛史志》1995年第4期。

霍宏伟:《王铎手稿〈隐君连太华墓志铭〉》,《文物》1995年第4期。

霍宏伟:《洛阳出土丝绸之路货币探索》,《中州钱币》专辑五,1995年。

霍宏伟:《洛阳出土和同开珎、开元通宝银币新论》,《兰州金融》1995年增刊2。

叶万松、黄吉博:《洛阳东周王城遗址发现烧造坩埚古窑址》,《文物》1995年第8期。

程永建:《洛阳出土宋代货币考略》,《宋代货币研究》1995年。

霍宏伟、程永建:《洛阳出土的两批波斯银币分析》,《河洛春秋》1996年第3期。

张剑、孙新科:《洛阳传世的青铜器研究》,《河南考古论集》,1996年8月。

叶万松、李德方:《四十年来伊洛地区原始社会考古的主要收获》,《洛阳考古四十年》,科学出版社,1996年。

张剑：《洛阳两周考古概述》，《洛阳考古四十年》，科学出版社，1996年。

朱亮：《新中国建立以来洛阳秦汉魏晋北朝考古的发现与研究》，《洛阳考古四十年》，科学出版社，1996年。

方孝廉：《四十年来洛阳隋唐以降的考古发现与研究》，《洛阳两周考古概述》，《洛阳考古四十年》，科学出版社，1996年。

张剑：《关于北魏洛阳城里坊的几个问题》，《洛阳考古四十年》，科学出版社，1996年。

朱亮、李德方：《洛阳魏晋墓葬分期的初步研究》，《洛阳考古四十年》，科学出版社，1996年。

韩玉玲：《记洛阳出土的两件魏晋南北朝宗教石刻》，《洛阳考古四十年》，科学出版社，1996年。

赵振华、韦娜：《罗振玉和洛阳文物研究》，《洛阳考古四十年》，科学出版社，1996年。

霍宏伟：《中国夏代艺术构成》，《洛阳考古四十年》，科学出版社，1996年。

叶万松：《周秦汉魏时期洛阳与西域的文化交流》，《洛阳考古四十年》 科学出版社，1996年。

谢虎军、廖子中：《浅论洛阳出土的唐代彩绘陶俑》，《洛阳考古四十年》科学出版社1996年。

黄吉军、黄吉博：《程咬金之孙程伯献墓志考略》，《文物》1996年第7期。

叶万松、李友谋：《小浪底水库区妯娌遗址的发现与意义》，《中国文物报》1997年1月5日。

商春芳：《浅谈我国汉代的俳优形象》，《四川文物》1997年第1期。

张剑：《洛阳古代玉器概况》，《河洛史志》1997年第3期。

赵振华、黄茯苓：《洛阳存古阁及其藏石》，《考古与文物》1997年第4期。

霍宏伟：《略论龙门二十品》，《书法研究》1997年第5期。

商春芳：《辉煌灿烂的洛阳古代壁画艺术》，《中州今古》1997年第6期。

霍宏伟、张书良：《偃师李村窖藏钱币中的曹魏五铢》，《中国钱币》1997年第4期。

蔡运章、霍宏伟：《论曹魏五铢钱》，《中国钱币》1997年第4期。

霍宏伟：《略论〈龙门二十品〉》，《书法研究》1997年第5期。

黄吉军、黄吉博：《谈"河市"、"河亭"和秦墓断代》《中原文物》1998年第2期。

刘富良：《洛阳西周陶器墓研究》，《考古与文物》1998年第3期。

商春芳：《洛阳出土东汉时期佛教文物及其相关问题》，《文物春秋》1998年第4期。

邢富华、高金照、李德方：《唐府君夫人秀容县君阎氏墓志考略》，《考古与文物》1998年第4期。

霍宏伟、董留根：《洛阳出土日本和同开珍银币》，《中国钱币》1998年第4期。

霍宏伟：《得壹元宝顺天元宝综论》，《中国钱币论文集》第三辑，中国金融出版社，1998年。

霍宏伟：《洛阳东周王城遗址区铸钱遗存述略》，《耕耘论丛》（一）1999年9月。

方孝廉：《隋开通济渠与洛河改道》，《考古》1999年第1期。

德方、吴迪：《从四神彩绘陶壶看汉代彩陶艺术》，《洛阳日报》1999年5月22日。

俞凉亘：《铜四足器小议》，《文物》1999年第2期。

徐昭峰：《从"汤始居亳"说到汤都西亳》，《考古与文物》1999年第3期。

张剑：《洛阳秦墓的探讨》，《考古与文物》1999年第5期。

程永建：《西周兽面纹青铜方鼎》，《洛阳日报》1999年5月31日。

张剑：《洛阳新石器时代考古综述》，《华夏考古》1999年第2期。

赵振华、申建伟：《洛阳铲》，《河洛春秋》1999年第2期。

李永强、邢建洛：《隋唐东西二京布局分析》，《远望集》1999年第8期。

李永强：《金中京城东垣及相关问题》，《洛阳博物馆四十周年纪念文集》1999年9月。

程永建：《洛阳大型东汉墓初探》，《洛阳博物馆四十周年纪念文集》1999年9月。

商春芳：《东周时期"组玉佩"有关问题略论》，《洛阳博物馆四十周年纪念文集》1999年9月。

张剑：《洛阳东周墓葬的型制与考古分期》，《洛阳博物馆四十周年纪念文集》1999年9月。

霍宏伟：《洛阳金村出土铜镜述论》，《洛阳博物馆四十周年纪念文集》1999年9月。

余黎星、王建华、余扶危：《中国北方初唐墓壁画综述》，《洛阳博物馆四十周年纪念文集》1999年9月。

谢虎军：《隋唐时期东都洛阳自然环境之考查》，《洛阳博物馆四十周年纪念文集》1999年9月。

方孝廉：《从考古学文化谈豫西地区古环境之变迁》，《洛阳博物馆四十周年纪念文集》1999年9月。

赵振华：《元朝白马寺释源宗主塔铭》，《考古与文物》1999年第3期。

尚巧云：《考古绘画的一点体会》，《耕耘论丛》（一）1999年9月。

黄吉博：《洛阳李村唐墓壁画艺术浅析》，《耕耘论丛》（一）1999年9月。

邢富华：《论南北朝至隋唐时期的陶瓷扁壶》，《耕耘论丛》（一）1999年9月。

谢虎军：《唐睿宗贵妃豆卢氏墓志考略》，《耕耘论丛》（一）1999年第9月。

程永建：《洛阳发现的古代钱币纹饰》，《耕耘论丛》（一）1999年第9月。

程永建：《东汉长方形铜饰考》，《中国文物报》1999年2月21日。

霍宏伟：《洛阳北魏永宁寺建筑及历史地位》，《汉魏洛阳故城研究》，科学出版社，1999年。

田玉娥：《考古遗址博物馆所涉及的保护问题》，《文物保护与修复问题》。

商春芳：《洛阳北魏墓女俑服饰浅论》，《华夏考古》2000年第3期。

商春芳：《洛阳汉代家具考略》，《中州今古》2000年第2期。

徐昭峰：《试论偃师商城的性质及其相关问题》，《中国历史地理论丛》2000年第1期。

王支援、安亚伟：《对洛阳东周墓的几点认识》，《考古与文物》2000年第4期。

程永建：《洛阳涧西西汉钱币窖藏》，《考古与文物》2001第2期。

程永建：《试论有銎铜戈》，《华夏考古》2001年第2期。

商春芳、王丽芬：《从出土实物看洛阳汉代音乐艺术》，《中原文物》2001年第2期。

霍宏伟、董留根：《洛阳出土唐代开元通宝金银钱之考察》，《中国钱币》2001年第1期。

曹岳森：《买地券研究三题》，《四川文物》2001年第1期。

程永建：《洛阳出土宝河局咸丰元宝当百铜钱》，《中国钱币》2001年第3期。

曹岳森：《买地券研究三题》，《四川文物》2001年第1期。

霍宏伟：《董卓五铢钱略论》，《中州钱币》专辑九，2001年。

李献奇、朱亮：《唐白幼敏妻邓氏墓志考释》，《河洛春秋》2001年第3期。

霍宏伟：《洛阳出土波斯萨珊朝库思老二世银币考略—兼谈中国境内发现的库思老二世银币》，《中国钱币》2001年第4期。

叶万松、李德方：《偃师二里头遗址兽纹铜牌考论》，《考古与文物》2001年第5期。

霍宏伟：《洛阳出土波斯萨珊朝库思老二世银币及其相关问题》，《甘肃金融》2001年第6期。

刘富良、安亚伟：《洛阳：从车马坑找到东周王陵》，《文物天地》2002年第2期。

张剑：《洛阳出土墓志与洛阳行政区划之关系》，《洛阳出土墓志研究文集》2002年3月。

余扶危、王建华、余黎星：《洛阳出土隋唐以前墓志名称略说》，《洛阳出土墓志研究文集》2002年3月。

余扶危、张乃翥：《洛阳龙门出土唐彭绍墓志考略》，《洛阳出土墓志研究文集》2002年3月。

黄吉博：《唐高宗孝敬皇帝睿德颂相关问题》，《洛阳出土墓志研究文集》2002年3月。

商春芳：《四川汉代雕塑艺术及其所反映的社会现实》，《太原大学学报》2002年第4期。

邢富华：《从洛阳出土文物看汉代的朱雀》，《太原大学学报》2002年第4期。

徐昭峰：《铁钩镶浅议》，《考古与文物》2002年汉唐考古增刊。

程永建：《洛阳东周墓出土货币研究》，《中州钱币》2002年第10辑。

程永建：《中国古代钱币的储藏器具》，《国际钱币与银行博物馆委员会第9届年会论文集》2002年10月。

程永建：《东周王畿铜器墓用鼎状况考察》，《考古与文物》2003年第1期。

黄吉博：《洛阳新出土古代象棋的初步研究》，《耕耘论丛》（二）2003年2月。

霍宏伟：《试论洛阳文物上的牡丹纹》，《耕耘论丛》（二）2003年2月。

程永建、孙红飞：《洛阳古代的龙》，《耕耘论丛》（二）2003年2月。

邢富华：《东周时期的金属贝综述》，《中原文物考古研究》2003年2月。

刘富良：《洛阳地区更新世晚期的环境与文化》，《耕耘论丛》（二）2003年2月。

俞凉亘：《豫西地区史前成人瓮棺合葬墓试析》，《耕耘论丛》（二）2003年2月。

谢虎军：《洛阳西周殷遗民墓的初步研究》，《耕耘论丛》（二）2003年2月。

李永强：《隋唐洛阳城布局再分析》，《耕耘论丛》（二）2003年2月。

邢富华：《洛阳出土的包金铜币、铜贝及其相关问题》，《耕耘论丛》（二）2003年2月。

王支援、吴迪：《洛阳地区宋墓形制及相关问题探讨》，《耕耘论丛》（二）2003年2月

王炬：《关于隋唐洛阳城烧窑的几点认识》，《耕耘论丛》（二）2003年2月。

程永建、商春芳：《东周王畿与莒国东周葬制、青铜礼器比较》，《耕耘论丛》（二）2003年2月。

邢富华：《东周时期的金属贝综论》，《中原文物考古研究》2003年2月。

霍宏伟：《河洛古泉风韵》，《人民日报》（海外版）2003年7月21日。

叶万松、李德方：《中国古代马面的产生与发展》，《考古与文物》2004年第1期。

程永建：《洛阳东周两汉瓦当概述》，《河南科技大学学报》2004年第1期。

霍宏伟、刘莲香：《洛阳云溪观遗址出土碑铭考述》，《四川文物》2004年第3期。

徐昭峰：《偃师商城建造过程及其意图蠡测》，《中国文物报》2004年6月18日。

霍宏伟：《贵霜王朝波调一世几种金币质疑》，《新疆钱币》2004年第3期。

田玉娥：《洛阳唐砖浅议》，《河南科技大学学报》2005年第4期。

程永建等：《洛阳北窑青铜器合金成份分析》，《黄盛璋先生八秩华诞纪念文集》2005年6月。

邢富华：《略论隋唐时期太原洛阳的祆教》，《中国古都研究》第20辑。

徐昭峰、邢富华：《洛阳东汉墓新出土的艺术品》，《文物天地》2005年第8期。

刘君田、王承瑞、余扶危：《洛阳出土五代宋元瓷器研究》，《洛阳大学学报》2006年第3期。

霍宏伟、程永建：《洛阳北郊岳家村30号唐墓出土波斯萨珊朝银币》，《四川文物》2006年第2期。

黄吉博：《从〈孝敬皇帝睿德之纪〉看太子李泓之死》，《河洛春秋》2006年第2期。

叶万松：《浅析"河洛"与中土》，《河洛文化研究——第五届河洛文化国际研讨会论文集》2006年4月。

霍宏伟：《洛阳钱币与河洛文化》，《河洛文化研究——第五届河洛文化国际研讨会论文集》2006年4月。

霍宏伟：《〈大业杂记〉与隋唐洛阳城》，《中国地方志》2006年第12期。

霍宏伟：《河南洛阳偃师李村窖藏钱币》，《亚洲钱币》2007年第1期。

邢富华、邢建洛：《洛阳匾额中的进士、贡士、举人述略》，《洛阳匾额论文集》，三秦出版社，2007年。

邢富华、司马国红：《明孙遇诰、孙拱宸墓志考释》，《河洛春秋》，2007年第1期。

李德方、周辉：《孟津妯娌遗址出土铙形器考释》，《河洛春秋》，2007年第2期。

方孝廉、程沛岩、方莉：《洛阳"井田"遗址拾遗》，《河洛春秋》，2007年第2期。

余扶危、贾彩霞、李月娥：《洛阳武周时期墓葬出土陶俑概论》，《河洛春秋》，2007年第3期。

李德芳、王玲珍：《寨根遗址裴李岗文化遗存初步研究》，《河洛春秋》，2007年第4期。

陈大好、裴学杰：《寨根遗址出土仰韶文化火种器用法考识》，《河洛春秋》，2007年第4期。

郑莉、刘明：《西晋韩寿墓表拓本鉴赏》，《河洛春秋》，2007年第4期。

李月娥、扈晓霞：《记清代沂州五十两银锭》，《河洛春秋》，2007年第4期。

蔡运章、安亚伟：《西周陶簋所见图画、筮数和文字简论》，《考古》，2007年第2期。

赵振华、商春芳：《洛阳邵雍遗迹研究》，《湖南科技学院学报》，2007年第10月。

赵振华、商春芳：《〈太平广记·郑居中〉道仙故事之来源》，《洛阳隋唐研究》（第二辑），2007年7月。

侯秀敏：《古代洛阳与西域间的文化交流与联系》，《河洛春秋》2010年第3期。

李鑫、李德方：《孟津新发现的仰韶文化大石刨考识》，《中原文物》2010年第5期。

俞凉亘：《洛阳的"天子驾六"车马坑》，《文史知识》2010年第6期。

李德方：《妯娌遗址陶器方格纹与黄帝方田》，《黄河科技大学学报》2010年第6期。

商春芳、王阁：《记洛阳关林唐墓出土的几件唐代茶具》，《中原文物》2010年增刊。

司马国红：《浅论洛阳地区明清时期石拱桥的建筑特点》，《中原文物》2010年增刊。

袁小红：《新疆汉晋小河遗址一件黄铜样品的科学分析》，《第十一届考古与文物保护化学学术研讨会文集》，文物出版社，2010年。

马依莎：《隋唐东都洛阳城水系浅析》，《河洛春秋》2010年第1期。

马依莎：《"诗中有画，画中有诗"——浅谈王维诗与画的结合》，《今日河南》2010年卷。

马依莎、慕鹏：《浅析博物馆陈列色彩设计艺术》，《今日河南》2010年卷。

邢富华：《浅谈洛阳出土东周玉器》，《河洛文化论丛》第五辑。

孙新科：《横槊高歌抒壮志——简论曹操诗作的艺术成就》，《三门峡职业技术学院学报》，2010第2期。

孙新科：《龙门石窟北魏造像题记中"槐"、"棘"之典及其相关问题考略》，《河洛文化论丛》第五辑。

马春梅：《新时期洛阳文化遗产保护面临的机遇与挑战》，《河洛文化论丛》第五辑，国家图书馆出版社，2010年。

孙新科：《"槐"、"棘"入典考辨问题》，《新叶集》，中州古籍出版社，2010年。

田玉娥、扈晓霞：《略述骨角牙器现场保护现状与前瞻》，《河洛春秋》2010年第4期。

田玉娥：《考古发掘现场文物科技保护现状》，《第十一届考古与文物保护化学学术研讨会文集》，文物出版社，2010年。

商春芳：《吕不韦与洛阳》，《河洛》，2010年第1、2期合刊。

李德方：《平逢山与黄帝母族居地考释》，《河南科技大学学报》2009年第4期。

李德方、王玲珍：《寨根裴李岗文化初步研究》，《中华文明与嵩山文明研究》第一辑，2009年7月。

田玉娥：《洛阳气候和环境污染》，《文物保护与修复的问题》，文物出版社，2009年。

程永建：《河洛文化文明基石》，《集邮·牡丹花城特刊》总第246期。

程永建：《珍宝荟萃》，《集邮·牡丹花城特刊》总第246期。

刘余力、周建亚、潘付生：《高陵君弩机考》，《中国历史文物》2009年第1期。

李德芳、司马国红：《洛阳市第三次全国文物普查新发现》（参编），2009年10月。

孙新科：《请君只看洛阳城》（编审），中国文化出版社，2009年1月。

王炬：《洛阳大遗址研究与保护》（参编），2009年10月。

杜娟：《中国音乐文物大系·续河南、江西卷》（编委），大象出版社，2009年。

周辉：《中国新石器时期储粮史研究——新石器时期早期储粮史》，《河洛春秋》2009年第1期。

李德方等：《孟津新发现的仰韶文化大石刨考识》，《河洛春秋》2009年第3期。

陈谊、王建华：《中国新石器时期储粮史研究——新石器时期中期储粮史》，《河洛春秋》2009年第1期。

裴学杰、刘红武：《汉"杜阳"猪符辨伪》，《河洛春秋》2009年第1期。

贾彩霞、吴迪：《从考古发现看洛阳东周王城的城市布局》，《河洛春秋》2009年第2期。

侯秀敏：《从建立多媒体数据库到文物库房现代化管理》，《河洛春秋》2009年第3期。

程永建：《东周王城遗址考古揭示的东周文化资源》，《河洛春秋》2009年第4期。

方孝廉：《隋通济渠与东都洛阳城布局》，《华夏考古》2009年第3期。

李德方、王玲珍：《南唐后主李煜葬地推测》，《河洛春秋》2010年第2期。

杜水生、刘富良等：《洛宁县发现黄土石器工业》，《考古与文物》2010年第2期。

刘富良、杜水生：《河南洛阳新发现的黄土旧石器地点》，《华夏考古》2010年第2期。

侯秀敏：《洛阳出土一方唐代山水禽兽纹铜镜》，《文物世界》2010年第2期。

徐昭峰、晏桃凤、马春梅：《建筑之外的夯土遗迹性质确认》，《中国文物报》2010年2月5日。

晏桃凤、薛方：《中原先秦城市防御思想及其对后世的影响》，《河洛春秋》2010年第2期。

程永建：《或可借鉴的他山之石——意大利文化遗产保护见闻》，《河洛春秋》2010年第2期。

孙新科：《"槐"、"棘"入典考辩二题》，《郑州大学七七、七八级考古专业纪念文集》，中州古籍出版社，2008年。

余扶危：《文物考古生涯纵横谈》，《洛阳博物馆建馆50周年论文集》，大象出版社，2008年。

潘付生、贾彩霞、薛方、李长英：《论东周王城为城郭制的城市布局》，《洛阳博物馆建馆50周年论文集》，大象出版社，2008年。

张剑：《洛阳夏商周考古概论》，《洛阳博物馆建馆50周年论文集》，大象出版社，2008年。

陈大好、裴学杰：《寨根遗址出土仰韶文化火种器用法考识》，《洛阳博物馆建馆50周年论文集》，大象出版社，2008年。

余黎星、杜灵芝、余扶危：《中国北方唐代墓葬壁画研究》，《洛阳博物馆建馆50周年论文集》，大象出版社，2008年。

扈晓霞、李德方：《中国古城出现于龙山时代》，《洛阳博物馆建馆50周年论文集》，大象出版社，2008年

李月娥、王玲珍：《新砦古城是中国古都营建史上的里程碑》，《洛阳博物馆建馆50周年论文集》，大象出版社，2008年。

潘付生、贾彩霞、薛方、李长英：《论东周王城为城郭制的城市布局》，《洛阳博物馆建馆50周年论文集》，大象出版社，2008年。

侯秀敏：《谈博物馆管理的创新》，《洛阳博物馆建馆50周年论文集》，大象出版社，2008年。

李长英、吴迪：《浅论博物馆藏品的研究》，《洛阳博物馆建馆50周年论文集》，大象出版社，2008年。

刘斌：《十六国北朝时期甲骑具装及甲骑具装俑研究》，《北朝研究》(第六辑)，科学出版社，2008年5月。

孙海岩、扈晓霞：《谈馆藏青铜器的去锈保护》，《洛阳博物馆建馆50周年论文集》，大象出版社，2008年。

潘付生：《洛阳龙门新村出土的一方隋代墓志》，《文物》2009年第11期。

李德方等：《孟津寨根遗址出土仰韶文化火种器考识》，《新果集》2009年1月。

李德方：《寨根类型裴李岗文化石磨棒的初步研究》，《河南科技大学学报》2009年第3期。

李德方：《中原文物考古研究二则》，《黄河文化专题研讨会文集》2009年4月。

司马秋丽、邢建洛：《洛阳匾额中涉及的道德观》，《洛阳匾额论文集》，三秦出版社，2007年。

霍宏伟：《成都蒲江南宋窖藏铁钱及相关问题》，《四川文物》2008年第2期。

霍宏伟：《中国钱文书法艺术新论》，《河南书法论文集（二）》，河南美术出版社，2008年。

王玲珍、扈晓霞：《妯娌大墓是史前社会步入文明时代的里程碑》，《河洛春秋》，2008年第1期。

王玲珍、潘付生：《洛阳龙门新村出土的一方隋代墓志》，《河洛春秋》，2008年第3期。

侯秀敏：《论汉画像砖石中有关社会活动方面的几种形式与内容》，《文物世界》，2008年第3期。

李长英、贾彩霞：《妯娌遗址墓葬区薄葬现象辨析》，《河洛春秋》，2008年第3期。

扈晓霞：《北魏洛阳城与龙门石窟》，《河洛春秋》，2008年第3期。

扈晓霞、邢建洛：《大遗址保护中的隋唐洛阳城遗址》，《2008年古都学会论文集》。

吴迪：《邯郸——华夏民族融合第一都》，《2008年古都学会论文集》。

申建伟：《洛阳出土东周贝币简述》，《2008年古都学会论文集》。

申建伟、李德方：《分洛堰小考》，《2008年古都学会论文集》。

李德方：《孟津妯娌遗址考古发掘回想》，《黄河与河南论坛文集》，黄河水利出版社，2008年。

李德方：《孟津妯娌遗址与黄帝遗迹》，《河南科技大学学报》，2008年第4期。

程永建、岳金合：《洛阳市文物队藏古代花钱》，《洛阳钱币研究论文集》，科学出版社，2008年。

李长英、吴迪：《浅谈民俗类博物馆藏品的研究》，《洛阳民俗文化研究论文集》，三秦出版社，2008年。

邢富华、邢建洛、司马国红：《洛阳出土明孙氏父子墓志反映的孙氏世系及其他问题释略》，《洛阳民俗文化研究论文集》，三秦出版社，2008年9月

司马国红：《铜镜在中国民俗文化中的特殊用途》，《洛阳民俗文化研究论文集》，三秦出版社，2008年。

贺辉、邢建洛、吴倩：《先商文化南下路线试析》，《洛阳民俗文化研究论文集》，三秦出版社，2008年。

李德方：《从黄帝"洛汭祭天"追寻黄帝踪迹》，《河洛文化与闽台文化》，河南人民出版社，2008年。

李德方：《孟津寨根遗址出土仰韶文化火种器述考》，《庆祝林沄先生七十岁文集》，科学出版社，2008年。

周立：《论黄帝时代及其发明创造》，《新郑古代科技论集》，中国文艺出版社，2008年。

杜水生、刘富良、朱世伟、张敏：《河南卢氏发现黄土旧石器》，《第四纪研究》科学出版社，2008年。

孙新科：《"槐"、"棘"入典考辨二题》，《郑州大学七七、七八级考古专业纪念文集》，中州古籍出版社，2008年。

余扶危：《文物考古生涯纵横谈》，《洛阳博物馆建馆50周年论文集》，大象出版社，2008年。

潘付生、贾彩霞、薛方、李长英：《论东周王城为城郭制的城市布局》，《洛阳博物馆建馆50周年论文集》，大象出版社，2008年。

张剑：《洛阳夏商周考古概论》，《洛阳博物馆建馆50周年论文集》，大象出版社，2008年。

陈大好、裴学杰：《寨根遗址出土仰韶文化火种器用法考识》，《洛阳博物馆建馆50周年论文集》，大象出版社，2008年。

余黎星、杜灵芝、余扶危：《中国北方唐代墓葬壁画研究》，《洛阳博物馆建馆50周年论文集》，大象出版社，2008年。

扈晓霞、李德方：《中国古城出现于龙山时代》，《洛阳博物馆建馆50周年论文集》，大象出版社，2008年

李月娥、王玲珍：《新砦古城是中国古都营建史上的里程碑》，《洛阳博物馆建馆50周年论文集》，大象出版社，2008年。

潘付生、贾彩霞、薛方、李长英：《论东周王城为城郭制的城市布局》，《洛阳博物馆建馆50周年论文集》，大象出版社，2008年。

侯秀敏：《谈博物馆管理的创新》，《洛阳博物馆建馆50周年论文集》，大象出版社，2008年。

李长英、吴迪：《浅论博物馆藏品的研究》，《洛阳博物馆建馆50周年论文集》，大象出版社，2008年。

刘斌：《十六国北朝时期甲骑具装及甲骑具装俑研究》，《北朝研究》(第六辑)，科学出版社，2008年5月。

孙海岩、扈晓霞：《谈馆藏青铜器的去锈保护》，《洛阳博物馆建馆50周年论文集》，大象出版社，2008年。

潘付生：《洛阳龙门新村出土的一方隋代墓志》，《文物》2009年第11期。

李德方等：《孟津寨根遗址出土仰韶文化火种器考识》，《新果集》2009年1月。

李德方：《寨根类型裴李岗文化石磨棒的初步研究》，《河南科技大学学报》2009年第3期。

李德方：《中原文物考古研究二则》，《黄河文化专题研讨会文集》2009年4月。

司马秋丽、邢建洛：《洛阳匾额中涉及的道德观》，《洛阳匾额论文集》，三秦出版社，2007年。

霍宏伟：《成都蒲江南宋窖藏铁钱及相关问题》，《四川文物》2008年第2期。

霍宏伟：《中国钱文书法艺术新论》，《河南书法论文集（二）》，河南美术出版社，2008年。

王玲珍、扈晓霞：《妯娌大墓是史前社会步入文明时代的里程碑》，《河洛春秋》，2008年第1期。

王玲珍、潘付生：《洛阳龙门新村出土的一方隋代墓志》，《河洛春秋》，2008年第3期。

侯秀敏：《论汉画像砖石中有关社会活动方面的几种形式与内容》，《文物世界》，2008年第3期。

李长英、贾彩霞：《妯娌遗址墓葬区薄葬现象辨析》，《河洛春秋》，2008年第3期。

扈晓霞：《北魏洛阳城与龙门石窟》，《河洛春秋》，2008年第3期。

扈晓霞、邢建洛：《大遗址保护中的隋唐洛阳城遗址》，《2008年古都学会论文集》。

吴迪：《邯郸——华夏民族融合第一都》，《2008年古都学会论文集》。

申建伟：《洛阳出土东周贝币简述》，《2008年古都学会论文集》。

申建伟、李德方：《分洛堰小考》，《2008年古都学会论文集》。

李德方：《孟津妯娌遗址考古发掘回想》，《黄河与河南论坛文集》，黄河水利出版社，2008年。

李德方：《孟津妯娌遗址与黄帝遗迹》，《河南科技大学学报》，2008年第4期。

程永建、岳金合：《洛阳市文物队藏古代花钱》，《洛阳钱币研究论文集》，科学出版社，2008年。

李长英、吴迪：《浅谈民俗类博物馆藏品的研究》，《洛阳民俗文化研究论文集》，三秦出版社，2008年。

邢富华、邢建洛、司马国红：《洛阳出土明孙氏父子墓志反映的孙氏世系及其他问题释略》，《洛阳民俗文化研究论文集》，三秦出版社，2008年9月

司马国红：《铜镜在中国民俗文化中的特殊用途》，《洛阳民俗文化研究论文集》，三秦出版社，2008年。

贺辉、邢建洛、吴倩：《先商文化南下路线试析》，《洛阳民俗文化研究论文集》，三秦出版社，2008年。

李德方：《从黄帝"洛汭祭天"追寻黄帝踪迹》，《河洛文化与闽台文化》，河南人民出版社，2008年。

李德方：《孟津寨根遗址出土仰韶文化火种器述考》，《庆祝林沄先生七十岁文集》，科学出版社，2008年。

周立：《论黄帝时代及其发明创造》，《新郑古代科技论集》，中国文艺出版社，2008年。

杜水生、刘富良、朱世伟、张敏：《河南卢氏发现黄土旧石器》，《第四纪研究》科学出版社，2008年。

三、专著、图录

参加编著了《古都洛阳》、《新编全唐五代文》、《中国文物精华词典》、《中国美术全集》、《中国历代货币大系》，《洛阳唐三彩》、《洛阳名胜古迹》、《中原文化大典·文物典》（漆木器、金银器、杂项）。

自筹资金出版有《洛阳出土文物集粹》、《洛阳文物图案集》、《洛阳出土铜镜》、《洛阳出土历代墓志辑绳》、《洛阳历史考古文献目录》、《洛阳考古四十年》、《洛阳北窑西周墓》、《洛阳古代陶瓷纹样》、《洛阳皂角树》、《中国洛阳出土唐三彩全集》、《刺史行事录》、《黄河小浪底水库考古报告集（二）》、《洛阳出土瓦当》、《洛阳瞿家屯发掘报告》、《洛阳王城广场东周墓》、《2007年考古报告》等。

另外，我队自2005年开始编辑《洛阳市文物工作队考古年报》，作为每年工作的总结和回顾。

历程

1981·2011
洛阳市文物工作队三十年